W I Z A R D

トレードシステムはどう作ればよいのか ①

George's Corner
(June/July 1999-#6/2005)

トレーダーが最も知りたい検証のイロハ

ジョージ・プルート[著]
長尾慎太郎[監修]
山下恵美子[訳]

George's Corner (June/July 1999 - #1/2012)
Copyright © 2012 by George Pruitt, Futures Truth Company. All rights reserved.

監修者まえがき

　本書は、フューチャーズ・トゥルース社のリサーチマネジャーで、先物・株式市場におけるアルゴリズムシステムの開発および分析の責任者であるジョージ・P・プルートが、『フューチャーズ・トゥルース』誌に書いてきた原稿をまとめた"13 years of George's Corner"の邦訳である。フューチャーズ・トゥルース社では、世界中から送られてくるトレードシステムを検証しランキングを付けているが、プルートはそれに伴い、長年にわたってさまざまな角度からトレードシステムの解説を行ってきた。そういった取り組みを始めた当初は、米国でもいわゆるインチキなトレードシステムを売る輩が跋扈していたために、そうした詐欺的商材を次々と検証して、欠陥を指摘したプルートはいわれなき非難を浴びることになった。

　だが、トレードシステムを販売する業者のなかにも、少数だが真摯にマーケットの攻略に取り組んでいる人たちもいて、彼らは自分たちが開発したトレードシステムのデザインレビューをプルートに依頼した。そして、まことに驚くべきことであるが、本書のなかで紹介されているように、そのなかのいくつかのプログラムは今でも生き残って結果を出し続けている。こうして、プルートと『フューチャーズ・トゥルース』誌の存在は、まっとうなトレードシステム・ベンダーにとっては非常に心強い味方になった。

　ところで、チューリング賞を受賞した故ジム・グレイは、科学の発展段階を、「経験を記述する第１段階」「理論の構築による第２段階」「コンピューター・シミュレーションによる第３段階」「データ集約型アプローチによる第４段階」の４つのパラダイムに分け、これからの科学的な方法論はデータ集約型が主流になることを予言した（詳細は、Microsoft Research（2009）"The Fourth Paradigm"を参照の

こと)。

　一方で、マーケットを何らかのアルゴリズムで科学的に説明しようとするのは多くのトレーダーの夢であるが、残念ながら現実のマーケットの複雑性は第2のパラダイムの理論的アプローチによる解析解の発見をこれまでだれにも許していない。現在、多くの研究者は、第3のパラダイムであるコンピューター・シミュレーションによって数値解を求めることでマーケットを攻略しようと試みているが、今のところ断片的な成功にとどまっている。そこで、トレードにおける第4のパラダイムがどんな形で具現化されるのかについては、今後いろいろな形態がありうるだろうが、考えてみれば、著者がフューチャーズ・トゥルース社で20年来行ってきたことはその嚆矢であったのだ。その意味では、システムトレードの未来はこれから現れるのではなく、とっくに始まっていたことになる。これは大変興味深い事実である。であるならば、著者の功績はもっと評価されてよいはずだ。

　なお、原書は13年分の解説を集めただけあって非常に大部なものである。このため翻訳にあたっては13年間を2つに分けており、本書はその前半部分に該当する。後半部分の訳書もまもなく刊行予定である。翻訳にあたっては以下の方々に心から感謝の意を表したい。翻訳者の山下恵美子氏は分かりやすい翻訳を、そして阿部達郎氏は丁寧な編集・校正を行っていただいた。また本書が発行される機会を得たのはパンローリング社社長の後藤康徳氏のおかげである。

2013年9月

長尾慎太郎

目次

監修者まえがき　　　　　　　　　　　　　　　1
定義　　　　　　　　　　　　　　　　　　　　7

1999年6月・7月号
ダイナミックブレイクアウト・エンジンの移動平均線の
交差システムへの適用　　　　　　　　　　　　9

1999年8月・9月号
動的移動平均線の交差システム ── パート2　　13

1999年10月・11月号
S&Pデイトレーダーの最近の成績　　　　　　　19

1999年12月・2000年1月号
S&Pデイトレードシステム ── 現在の高ボラティリティ
のS&P市場ではどんな損切りがうまくいくのか　　25

2000年2月・3月号
先物トレードシステムは株式でどう機能するのか　　29

2000年4月・5月号
EミニS&Pは解決策になるのか　　　　　　　　37

2000年6月・7月号
S&P500のシステムはナスダック100ではどう機能する
のだろうか　　　　　　　　　　　　　　　　　43

2000年8月・9月号
良いシステムはどこに行った ── パート1（今日のボラ
ティリティの高い市場ではどのシステムが機能するのか）　45

2000年10月・11月号
良いシステムはどこに行った ── パート2（今日のクレ
イジーな市場でシステムが機能しなくなったときにやる
べきこと）　　　　　　　　　　　　　　　　　49

2000年12月・2001年1月号
システム対決　　　　　　　　　　　　　　　　57

CONTENTS

2001年2月・3月号
S&Pシステム対2000年　　　　　　　　　　　　63

2001年4月・5月号
スケールトレード　　　　　　　　　　　　　　69

2001年6月・7月号
静的から動的に　　　　　　　　　　　　　　　75

2001年8月・9月号
移動平均 ── 単純、指数、加重……とでは違いがあるのか？　83

2001年10月・11月号
適応型移動平均システム ── バトル・ロワイヤル　　89

2001年12月・2002年1月号
シーケンシャル ── 複雑なパターンは解決策になるのか　101

2002年2月・3月号
長期システムにおける利益目標 ── これは機能するのか　109

2002年4月・5月号
オーバーナイトトレードで翌朝の寄り付きの重要性は減少したのか　　　　　　　　　　　　　　115

2002年6月・7月号
勝てるトレードシステム開発の鍵　　　　　　　121

2002年8月・9月号
賭けのサイズ　　　　　　　　　　　　　　　133

2002年10月・11月号
イージーランゲージの落とし穴　　　　　　　143

2002年12月・2003年1月号
システム間の相関の測定　　　　　　　　　　149

目次

2003年2月・3月号
デイトレーダーのためのゾーン分析　　155

2003年4月・5月号
トレーリングストップはトレンドフォロワーの友だちか敵か　　161

2003年6月・7月号
オープンレンジブレイクアウトの再考　　169

2003年8月・9月号
それほどボラティリティの高くないS&P市場の手なずけ方　　183

2003年10月・11月号
資産曲線でトレードする　　191

2004年1月号
モンテカルロ法によるシステム開発　　199

2004年第2号
S&P500におけるギャップ・フェーディング　　205

2004年第3号
S&P500デイトレードで成功するテクニック　　215

2004年第4号
商品ポートフォリオの効果的な分散化　　223

2004年第5号
S&P500のデイトレードにおけるスケーリングテクニック　　231

2004年第6号
ジョージが選んだトップ10のトレードシステム　　237

2005年第1号
長期トレンドフォローシステムの強みと弱み　　247

CONTENTS

2005年第2号
タートル・トレーディング・アプローチに対する洞察　　255

2005年第3号
トレンドフォローは廃れたのか　　265

2005年第4号
5万ドルで長期トレードすべきか、すべきでないか──
それが問題だ　　273

2005年第5号
ホットな商品──買いのみの商品先物トレード　　281

2005年第6号
フューチャーズ・トゥルースの20年を振り返って　　291

定義

市場時間　全時間帯のうちシステムが実際に市場で稼働していた時間
平均損失　すべての損失の平均
平均トレード　すべてのトレードの平均
%Gain/Mr+DD　年次平均リターンの［最大ドローダウン＋当初の証拠金］に対する割合
市場時間平均リターン　システムが市場で実際に稼働していた時間の平均リターン
トレード日数　1つのトレードの平均日数
平均利益　総利益÷年数
最良トレード　これまでのなかで最高のトレード
最悪トレード　これまでのなかで最悪のトレード
買いの純損益　買いによって得られた純損益
売りの純損益　売りによって得られた純損益
純損益　買いと売りの両方によって得られた純損益
最長フラットタイム　システムが利益を生みださなかった時間。資産のピークから次にそのピークを上回る資産を記録したピークまでの時間
決済時最大DD（ドローダウン）　最後のトレードを手仕舞ったあとで発生した資産の最大下げ幅
値洗い時最大DD（ドローダウン）　値洗い評価額を含む資産の最大下げ幅
最大連敗数　負けが続いた最大回数
最大連勝数　勝ちが続いた最大回数
純利益・純損失比率　純利益÷純損失
シャープレシオ　平均月次リターン÷月次リターンの標準偏差

%Gain/20%DD 年間平均利益÷(最大ドローダウン×5)
Avg. Hi 年次ベースで平均的に高いドローダウンの回数

1999年6月・7月号
ダイナミックブレイクアウト・エンジンの移動平均線の交差システムへの適用

　単純なシステムでも市場適応型パラメーターを使うことで改善できることが、ダイナミックブレイクアウト・システム（DBS）で証明された。今回はDBSの適応エンジンを単純移動平均線の交差システムに適用してみることにする。

ルール

●ボラティリティを標準偏差で表す
1．昨日の終値から始まる過去20日の終値の標準編差を計算する。
2．今日の終値から始まる過去20日の終値の標準偏差を計算する。
3．昨日の終値から始まる過去30日の終値の標準偏差を計算する。
4．今日の終値から始まる過去30日の終値の標準偏差を計算する。
5．昨日と今日のボラティリティのデルタ（変動）を計算する（デルタ＝［今日のボラティリティ－昨日のボラティリティ］÷今日のボラティリティ）。長期のボラティリティは標本集団が大きいため、短期のボラティリティに比べるとそれほど頻繁には変化しない。

●2つの移動平均線を計算する
1．短期移動平均線は12日からスタートする。
2．長期移動平均線は41日からスタートする。

●2つの移動平均線の交差でトレードする

1．短期移動平均線が長期移動平均線を下から上に交差したら、翌日の寄り付きで買う。
2．短期移動平均線が長期移動平均線を上から下に交差したら、翌日の寄り付きで売る。

●移動平均線の長さを調整する
1．現在の短期移動平均線の長さに（1＋デルタ）を掛ける。
2．現在の長期移動平均線の長さに（1＋デルタ）を掛ける。
3．短期移動平均線が長期移動平均線を下回るようにするためと、2つの移動平均線を利益を生む範囲内に維持するために、次の制約を設ける必要がある。

　　●短期移動平均線の長さ
　　　　最小で12日
　　　　最大で23日

　　●長期移動平均線の長さ
　　　　最小で41日
　　　　最大で50日

●移動平均線を新しい長さで計算し直す。

```
+++  実行日  1999年6月11日                                                      +++
+++  使用したシステム  EXCALIBUR v1.17（フューチャーズ・トゥルース）              +++
+++  検証対象  商品                                                              +++
+++  用いたデータ  日足データ（検証期間  1983年1月1日～1999年4月30日）           +++
+++  プログラム  DMA                                                             +++
+++  証拠金の合計  2万0357ドル                                                   +++
+++  ※数値はすべて手数料とスリッページとして75ドルを差し引いたもの              +++
```

	総損益	年次平均損益	最大DD	過去12カ月の損益	過去12カ月のDD	年間トレード数	勝率	市場時間	勝:負	%Gain/Mr+DD	
Tボンド	21780	1333	47930	2460	13410	11	46.9	100	1.1	2.6	US
Tノート	51300	3141	15140	4440	6070	11	46.0	100	1.5	18.9	TY
英ポンド	16606	1017	62925	-8863	12450	11	38.3	100	1.1	1.6	BP
日本円	111525	6828	16863	17275	12175	11	49.4	100	1.9	35.1	JY
スイスフラン	89350	5470	27750	17188	8475	11	52.9	100	1.6	18.6	SF
ドイツマルク	61463	3763	20538	9725	4475	11	49.1	100	1.5	17.2	DM
綿花	37405	2290	25515	-11195	11805	13	42.2	100	1.3	8.6	CT
天然ガス	63000	7000	17980	-5390	15000	12	58.3	100	2.1	31.8	NG
原油	47270	3017	13720	-860	6520	13	42.8	100	1.5	19.2	CL
灯油	33172	2031	15985	3020	5607	15	43.3	100	1.3	11.3	HO

	純損益	最大DD	日付	トレード数	市場時間	必要平均証拠金	年次利益x10/最大DD	%Gain/Mr+DD	%Gain/20%DD
過去6カ月	19784	15861	981214	61	100	20357		109.3	
過去12カ月	21797	31444	981110	127	100	20357		42.1	
年平均	32603	34459	Avg. Hi16	112	100	18480		59.5	
トータル	532508	46839	940829	1832	100	18480	7.0	48.5	13.9

　次回は、パラメーターを市場環境に応じて変化させるこのシステムがパラメーターを固定するシステムよりも優れていることを証明してみたいと思う。トレードシステムを開発するときは、パラメーターは市場環境の関数にすることが重要だ。市場はいつ違うタイプの野獣に変化するとも限らないからだ（5年前のS&P500と今日のS&P500は明らかに違う）。

1999年8月・9月号
動的移動平均線の交差システム —— パート2

　10月・11月号では「市場適応型パラメーターは本当に機能するのか」という疑問を呈し、動的パラメーターは最適化されたものよりも優れていることを証明した。前回は同じ適応エンジンを移動平均線の交差システムに適用したが、15年の検証期間にわたって10の異なる市場で利益を上げた。

　今回は、市場適応型パラメーターが最適化されたものよりも優れていることを移動平均線の交差システムで証明してみたいと思う。今回は最適化パラメーターに有利になるようにやってみたいと思う。まずパラメーターを12年の検証期間にわたって最適化し、そのなかから最良のものを選ぶ。次に最適化パラメーターに対して1995年1月から1999年6月にわたって（4年半）ウォークフォワードテストを行う。データの大部分は最適化のために使い、アウトオブサンプルテストに使うデータは少ないため、これは最適化にとって有利になる。では結果を見てみよう。

カーブフィットしたバックテスト
検証期間──1983年1月1日～1994年12月31日
移動平均線の交差と最適化パラメーター

```
+++  実行日  1999年8月16日                                              +++
+++  使用したシステム  EXCALIBUR v1.17（フューチャーズ・トゥルース）      +++
+++  検証対象  商品                                                      +++
+++  用いたデータ  日足データ（検証期間 1983年1月1日～1994年12月31日）   +++
+++  プログラム  dma_curvefit                                            +++
+++  証拠金の合計  2万0357ドル                                          +++
+++  ※数値はすべて手数料とスリッページとして75ドルを差し引いたもの       +++
```

	総損益	年次平均損益	最大DD	過去12カ月の損益	過去12カ月のDD	年間トレード数	勝率	市場時間	勝:負	%Gain/Mr+DD	
Tボンド	40220	3352	25490	-6070	16780	10	44.1	100	1.3	11.9	US
Tノート	63190	5266	10440	1210	7370	10	46.3	100	1.9	44.2	TY
英ポンド	92656	7721	21625	-1788	8488	10	52.9	100	1.8	33.4	BP
日本円	68125	5677	12538	-1925	11925	9	48.1	100	1.9	37.6	JY
スイスフラン	85550	7129	12875	1600	5913	10	50.0	100	1.8	48.8	SF
ドイツマルク	70800	5900	12525	3663	5613	8	53.0	100	2.0	42.5	DM
綿花	72115	6010	11990	20390	4025	12	49.3	100	2.1	46.3	CT
天然ガス	36170	7751	9510	5390	6250	11	54.7	100	3.2	57.4	NG
原油	45920	4052	10550	-2670	5480	13	44.1	100	1.8	32.2	CL
灯油	41630	3469	14385	-1260	3746	11	50.4	100	1.5	21.1	HO

	純損益	最大DD	日付	トレード数	市場時間	必要平均証拠金	年次利益×10/最大DD	%Gain/Mr+DD	%Gain/20%DD
過去6カ月	-7103	25985	940908	62	100	20357		-30.7	
過去12カ月	13128	25985	940908	122	100	20357		28.3	
年平均	51347	28228	Avg. Hi12	95	100	17803		105.7	
トータル	616166	34340	880413	1145	100	17803	15.0	93.9	29.9

リアルタイムのウォークフォワードテスト
検証期間 —— 1995年1月1日～1999年6月30日
移動平均線の交差と最適化パラメーター

```
実行日    1999年8月16日
使用したシステム   EXCALIBUR v1.17（フューチャーズ・トゥルース）
実行対象    商品
用いたデータ    日足データ（検証期間 1995年1月1日～1999年6月30日）
プログラム    dma_real
証拠金の合計    2万357ドル
※数値はすべて手数料とスリッページとして75ドルを差し引いたもの
```

	総損益	年次平均損益	最大DD	過去12カ月の損益	過去12カ月のDD	年間トレード数	勝率	市場時間	勝:負	%Gain/Mr+DD	
Tボンド	23970	5327	13210	9100	13210	10	45.5	100	1.6	33.5	US
Tノート	9370	2082	9990	4680	8600	10	43.5	100	1.3	18.1	TY
英ポンド	-21600	-4800	24975	-7550	10125	12	32.1	100	0.5	-18.1	BP
日本円	87575	19461	13463	14725	13463	8	56.8	100	5.0	121.4	JY
スイスフラン	7375	1639	25475	6950	14575	12	43.6	100	1.1	6.0	SF
ドイツマルク	8075	1794	19025	6125	8825	9	51.2	100	1.3	8.8	DM
綿花	-13915	-3092	33290	-2495	11645	14	29.0	100	0.8	-9.0	CT
天然ガス	9340	2076	27600	-8100	13210	14	46.0	100	1.2	6.6	NG
原油	12880	2862	8540	1460	4120	13	46.6	100	1.5	27.1	CL
灯油	-4087	-908	13948	-323	6073	12	41.8	100	0.9	-5.7	HO

	純損益	最大DD	日付	トレード数	市場時間	必要平均証拠金	年次利益×10/最大DD	%Gain/Mr+DD	%Gain/20%DD
過去6カ月	20465	14203	990316	61	100	20357		118.4	
過去12カ月	18895	33218	990128	115	100	20357		35.3	
年平均	26421	32908	Avg. Hi 4	114	100	20357		49.6	
トータル	118894	38466	980728	514	100	20357	6.9	44.9	13.7

リアルタイムのウォークフォワードテスト
検証期間 —— 1995年1月1日～1999年6月30日
移動平均線の交差と動的パラメーター

```
実行日    1999年8月16日
使用したシステム   EXCALIBUR v1.17（フューチャーズ・トゥルース）
検証対象    商品
用いたデータ    日足データ（検証期間 1995年1月1日～1999年6月30日）
プログラム    DMA
証拠金の合計    2万357ドル
※数値はすべて手数料とスリッページとして75ドルを差し引いたもの
```

	総損益	年次平均損益	最大DD	過去12カ月の損益	過去12カ月のDD	年間トレード数	勝率	市場時間	勝:負	%Gain/Mr+DD	
Tボンド	29730	6607	13420	4030	13420	10	50.0	100	1.9	41.0	US
Tノート	12430	2762	8970	6770	6070	11	42.0	100	1.5	26.4	TY
英ポンド	-32550	-7233	35788	-4338	8225	14	27.9	100	0.4	-19.4	BP
日本円	65375	14528	15713	10950	12175	10	55.6	100	2.5	79.5	JY
スイスフラン	30200	6711	26075	19025	8475	11	52.9	100	1.8	24.1	SF
ドイツマルク	13925	3094	20538	11688	3700	10	48.9	100	1.5	14.1	DM
綿花	-7135	-1586	25515	-4935	11245	16	34.3	100	0.9	-6.0	CT
天然ガス	26560	5902	17980	-3180	10100	11	56.9	100	1.6	26.9	NG
原油	9440	2098	13110	20	6530	13	41.4	100	1.3	13.9	CL
灯油	1831	407	15179	-449	5607	15	40.6	100	1.1	2.4	HO

	純損益	最大DD	日付	トレード数	市場時間	必要平均証拠金	年次利益×10/最大DD	%Gain/Mr+DD	%Gain/20%DD
過去6カ月	31235	15155	990316	61	100	20357		175.9	
過去12カ月	33399	31444	981110	120	100	20357		64.5	
年平均	33266	34489	Avg. Hi 4	121	100	20357		60.7	
トータル	149696	44203	971017	544	100	20357	7.5	51.5	15.1

かろうじてだが今回も市場適応型パラメーターが最適化パラメーターに勝利した。動的システムは僅差で最適化システムに勝利したが、動的パラメーターには不利な状況であったにもかかわらず勝利したことは注目に値する。最適化パラメーターが優遇されたのかというと、けっしてそうではない。最適化システムを使いたいのであれば、できるだけ多くのヒストリカルデータを使ってパラメーターを決める必要がある。それと同時に、ウォークフォワードテストでも十分なデータを使い、パラメーターが堅牢なものであるかどうかを確かめる必要がある。最適化がこういった問題を生じるのならば、動的パラメーターを使えばよいのではないのか、と思うかもしれないが、これにはジレンマがある。

　前回を読み損ねた人のために、動的移動平均線の交差システムのロジックを下記に示しておく。

ルール

●ボラティリティを標準偏差で表す
1．昨日の終値から始まる過去20日の終値の標準編差を計算する。
2．今日の終値から始まる過去20日の終値の標準偏差を計算する。
3．昨日の終値から始まる過去30日の終値の標準偏差を計算する。
4．今日の終値から始まる過去30日の終値の標準偏差を計算する。
5．昨日と今日のボラティリティのデルタ（変動）を計算する（デルタ＝［今日のボラティリティ－昨日のボラティリティ］÷今日のボラティリティ）。長期のボラティリティは標本集団が大きいため、短期のボラティリティに比べるとそれほど頻繁には変化しない。

●2つの移動平均線を計算する

1．短期移動平均線は12日からスタートする。
2．長期移動平均線は41日からスタートする。

●2つの移動平均の交差でトレードする
1．短期移動平均線が長期移動平均線を下から上に交差したら、翌日の寄り付きで買う。
2．短期移動平均線が長期移動平均線を上から下に交差したら、翌日の寄り付きで売る。

●移動平均線の長さを調整する
1．現在の短期移動平均線の長さに（1＋デルタ）を掛ける。
2．現在の長期移動平均線の長さに（1＋デルタ）を掛ける。
3．短期移動平均線が長期移動平均線を下回り、2つの移動平均線を利益を生む範囲内に維持するために、次の制約を設ける必要がある。

　　●短期移動平均線の長さ
　　　最小で12日
　　　最大で23日

　　●長期移動平均線の長さ
　　　最小で41日
　　　最大で50日

●移動平均線を新しい長さで計算し直す

1999年10月・11月号
S&Pデイトレーダーの最近の成績

　優秀な成績を誇るS&Pデイトレードシステムのこの１年におけるパフォーマンスを見ておくことは何らかの参考になるはずだ。S&P500は若干弱気だが、ボラティリティは依然として高い。ここでは次のシステムに焦点を当てた。

FT S&Pデイトレード

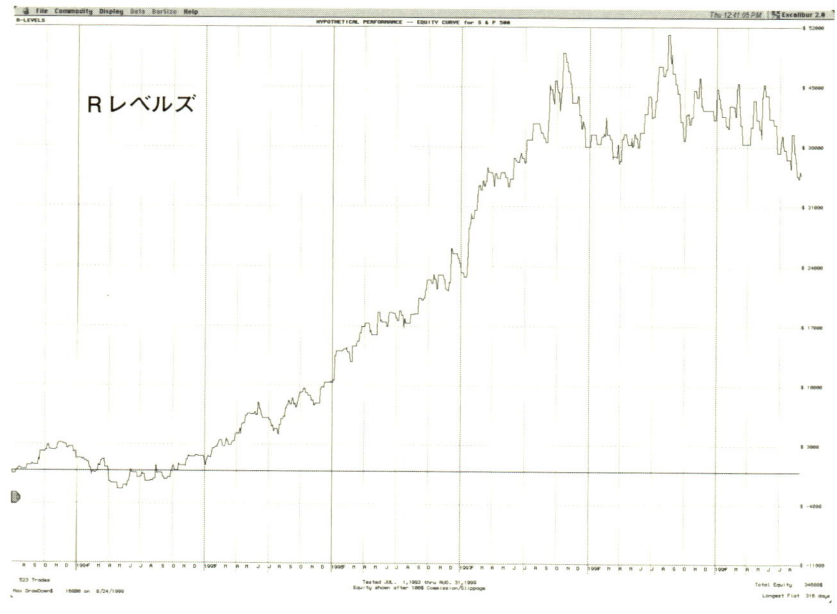

Rレベルズ

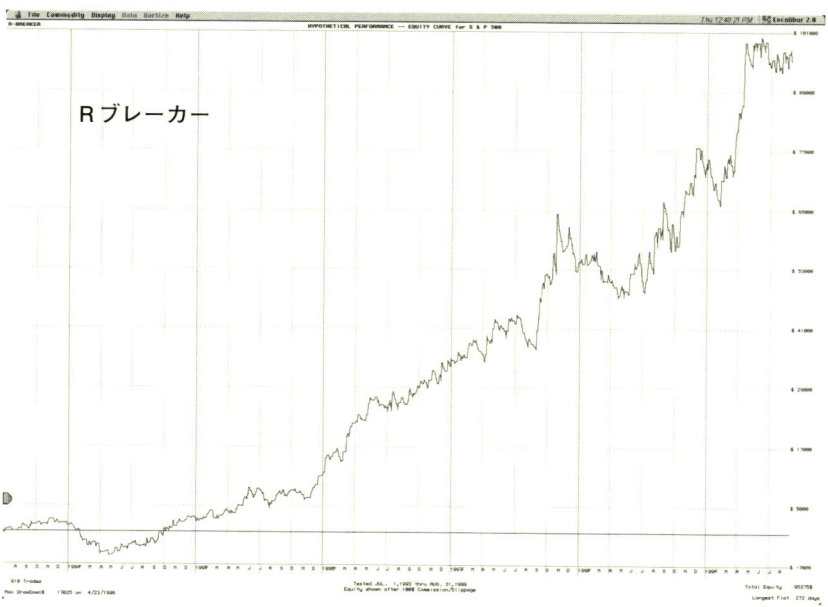

Rブレーカー

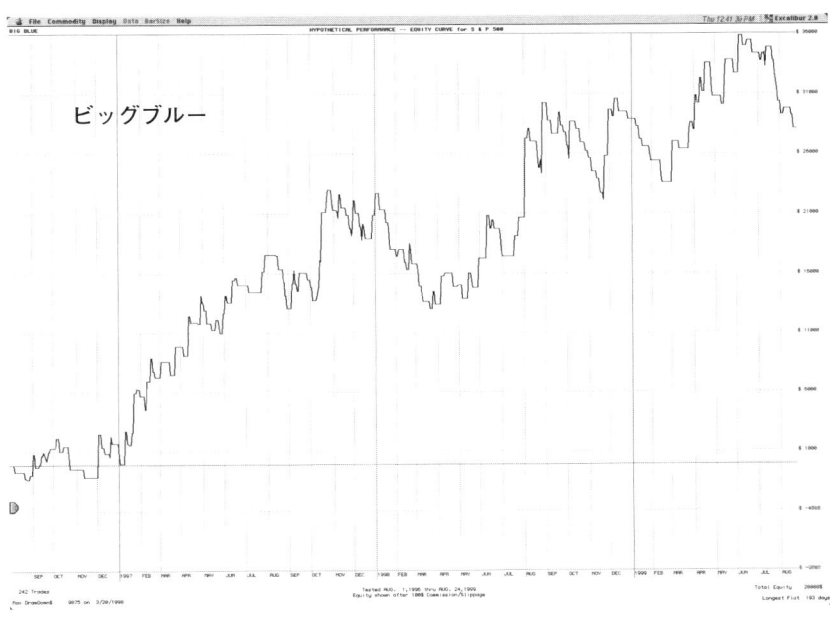

ビッグブルー

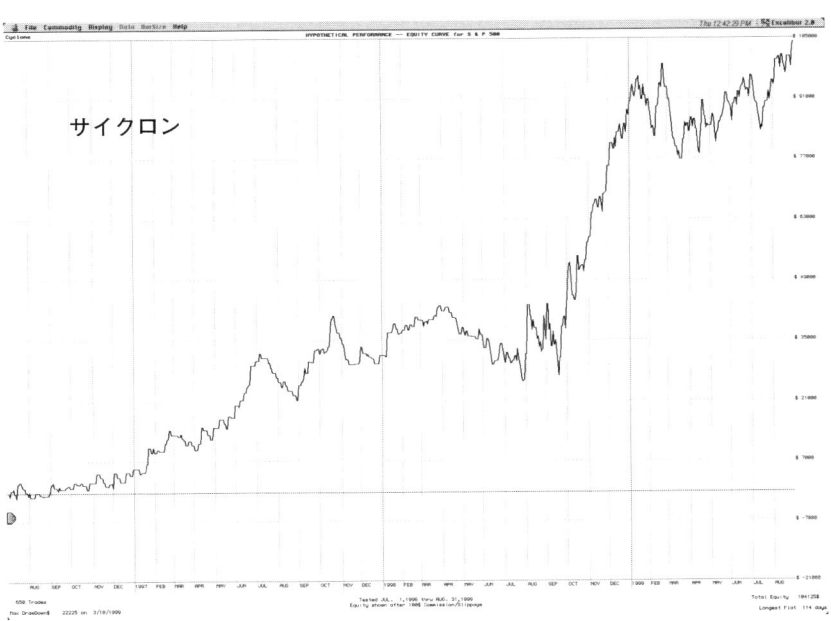

サイクロン

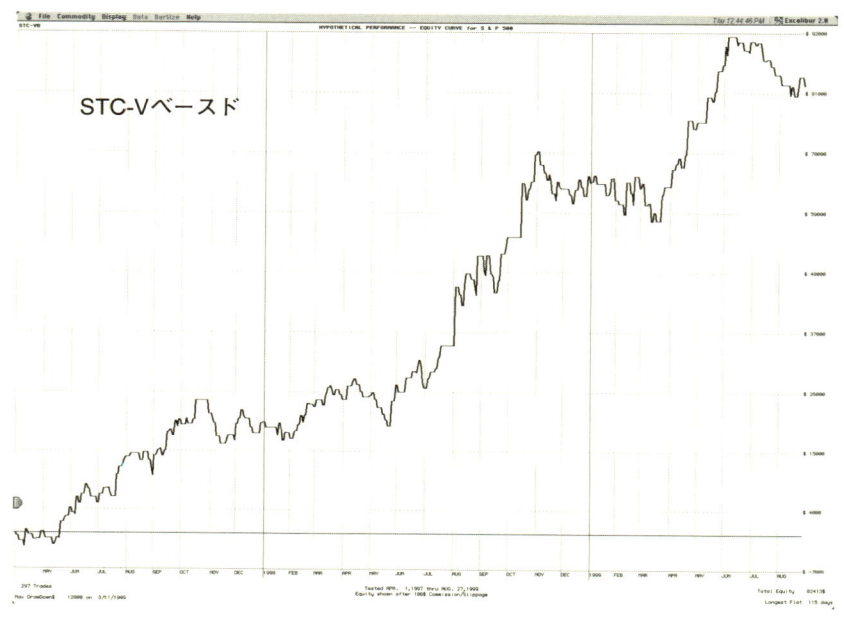

STC-Vベースド

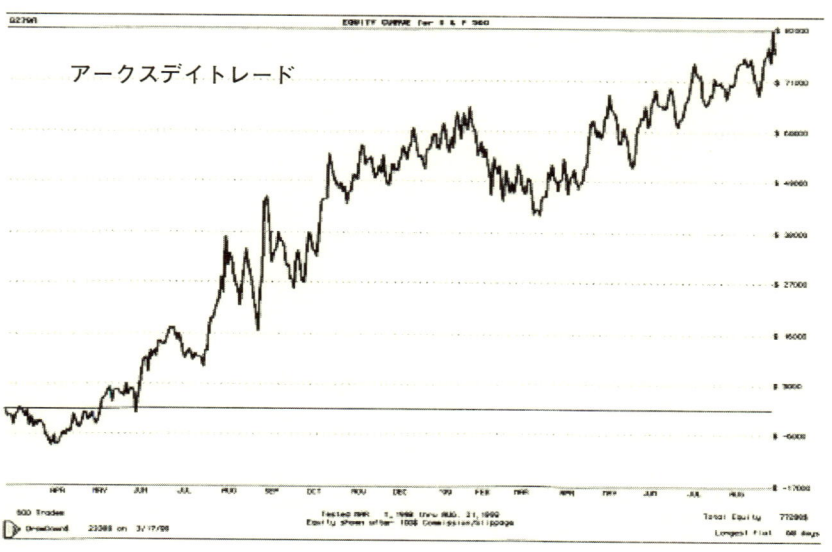

アークスデイトレード

FT S&Pデイトレード

純損益	86600$	年次平均純損益		11945$
勝ち月	49%	証拠金とDDに対する年次平均リターン		48%
決済時最大DD	18925$	利益・DD比率 0.62 1999年8月12日		
買いの純損益	93225$	売りの純損益		−6625$

	純損益	決済時最大DD	値洗い時最大DD	トレード数	勝率	平均勝ちトレード	連敗数	フラット日	市場時間	%Gain/Mr+DD	悲観的リターン
過去6カ月	350	18925	18925	78	29.5%	2197	9	69	23	5.7	0.92
過去12カ月	14375	18925	18925	157	28.0%	2709	12	69	21	58.3	1.07
トータル	86600	18925	18925	1073	38.9%	1037	13	927	25	48.4	1.24

Rレベルズ

純損益	34688$	年次平均純損益		5625$
勝ち月	65%	証拠金とDDに対する年次平均リターン		24%
決済時最大DD	17900$	利益・DD比率 0.32 1999年8月27日		
買いの純損益	7625$	売りの純損益		27063$

	純損益	決済時最大DD	値洗い時最大DD	トレード数	勝率	平均勝ちトレード	連敗数	フラット日	市場時間	%Gain/Mr+DD	悲観的リターン
過去6カ月	−6900	12250	12250	46	23.9%	2468	8	125	8	−153.3	0.67
過去12カ月	−11925	13375	13375	82	29.3%	1890	8	252	8	−62.4	0.73
トータル	34688	17900	17900	523	44.6%	878	9	316	12	23.8	1.20

Rブレーカー

純損益	95375$	年次平均純損益		15466$
勝ち月	64%	証拠金とDDに対する年次平均リターン		68%
決済時最大DD	17025$	利益・DD比率 0.91 1998年4月23日		
買いの純損益	58100$	売りの純損益		37275$

	純損益	決済時最大DD	値洗い時最大DD	トレード数	勝率	平均勝ちトレード	連敗数	フラット日	市場時間	%Gain/Mr+DD	悲観的リターン
過去6カ月	23525	7050	7050	78	37.2%	2392	5	61	20	735.2	1.44
過去12カ月	29550	11575	11575	152	35.5%	2305	8	76	19	170.6	1.26
トータル	95375	17025	17025	910	43.1%	1013	12	272	22	67.9	1.31

ビッグブルー

純損益	95575$	年次平均純損益		63717$
勝ち月	83%	証拠金とDDに対する年次平均リターン		219%
決済時最大DD	23400$	利益・DD比率 1.18 1998年3月20日		
買いの純損益	47250$	売りの純損益		48325$

	純損益	決済時最大DD	値洗い時最大DD	トレード数	勝率	平均勝ちトレード	連敗数	フラット日	市場時間	%Gain/Mr+DD	悲観的リターン
過去6カ月	37350	15950	15950	214	45.8%	1976	6	22	71	688.5	1.23
過去12カ月	50050	23400	23400	417	42.7%	2200	8	66	71	171.7	1.13
トータル	95575	23400	23400	615	42.8%	2144	8	66	74	218.9	1.19

サイクロン

純損益	104125$	年次平均純損益		32882$
勝ち月	71%	証拠金とDDに対する年次平均リターン		97%
決済時最大DD	22350$	利益・DD比率 1.47 1999年4月19日		
買いの純損益	78325$	売りの純損益		25800$

	純損益	決済時最大DD	値洗い時最大DD	トレード数	勝率	平均勝ちトレード	連敗数	フラット日	市場時間	%Gain/Mr+DD	悲観的リターン
過去6カ月	10400	17050	17050	143	34.3%	2288	14	76	41	145.7	1.05
過去12カ月	68975	22350	22350	275	37.1%	2647	14	114	42	203.8	1.31
トータル	104125	22350	22350	650	35.2%	2012	18	114	28	97.1	1.27

STC-Vベースド

純損益	82413$	年次平均純損益		34102$
勝ち月	72%	証拠金とDDに対する年次平均リターン		184%
決済時最大DD	12800$	利益・DD比率 2.68 1999年3月11日		
買いの純損益	63650$	売りの純損益		18763$

	純損益	決済時最大DD	値洗い時最大DD	トレード数	勝率	平均勝ちトレード	連敗数	フラット日	市場時間	%Gain/Mr+DD	悲観的リターン
過去6カ月	18775	10900	10900	62	45.2%	2087	4	61	22	451.1	1.44
過去12カ月	31225	12800	12800	120	43.3%	2339	4	115	21	168.3	1.32
トータル	82413	12800	12800	297	47.5%	1800	7	115	23	183.8	1.47

アークスデイトレード

純損益	95575$	年次平均純損益		63717$
勝ち月	83%	証拠金とDDに対する年次平均リターン		219%
決済時最大DD	23400$	利益・DD比率 2.20 1999年3月17日		
買いの純損益	47250$	売りの純損益		48325$

	純損益	決済時最大DD	値洗い時最大DD	トレード数	勝率	平均勝ちトレード	連敗数	フラット日	市場時間	%Gain/Mr+DD	悲観的リターン
過去6カ月	37350	15950	15950	214	45.8%	1976	6	22	71	688.5	1.23
過去12カ月	50050	23400	23400	417	42.7%	2200	8	66	71	171.7	1.13
トータル	95575	23400	23400	615	42.8%	2144	8	66	74	218.6	1.19

1999年12月・2000年1月号
S&Pデイトレードシステム —— 現在の高ボラティリティのS&P市場ではどんな損切りがうまくいくのか

　最近、優れたS&Pデイトレードシステムが最悪の最大ドローダウンを喫した。これはなぜなのだろうか。システムが破綻してしまったのだろうか。現在の市場状態を反映するように調整する必要があるのだろうか。私は個人的にはデイトレードシステムは今も昔も変わらず機能していると思っている。ただ1つだけ調整しなければならないのは、システムのパフォーマンスを現在のボラティリティの高い市場状態に関連づけて解釈することである。ドローダウンが1枚当たり2万ドルを下回る時代は終わった。少なくとも今のところは。これからは良いS&Pデイトレードシステムといえども、2万ドル以上のドローダウンを喫することになるだろう。この重苦しい雰囲気のなかでの明るい兆しは、S&Pデイトレードシステムがより多くの利益を稼ぎだしていることだ。そこで簡単なオープンレンジブレイクアウト・システムにおける手仕舞いテクニックを最適化して、S&P500市場がこの数年でどう変わったかを調べることにしよう。

　まず最初に、固定マネーマネジメントストップを最適化した。

　現在の市場状態では固定マネーマネジメントストップの幅は大きな値にする必要がある。市場は1日で大きく動く可能性があるからだ。市場のボラティリティが上昇する前は、600ドルから850ドルが最適だったが、今では1250ドルから1500ドルになっている。

　最近話をしたトレーダーの多くは利益目標を使ったことが幸いしたと話していた。そこで1500ドルのマネーマネジメントストップを使って利益目標を最適化してみた。

	総損益	年次平均損益	最大DD	過去12カ月の損益	過去12カ月のDD	年間トレード数	勝率	市場時間	勝ち：負け	%Gain/Mr+DD	シャープレシオ	
750	48950	12238	22875	-150	12950	111	33.6	14	1.2	42.8	0.17	SP
1000	74900	18725	17250	6325	9750	111	39.6	17	1.3	81.4	0.28	SP
1250	81588	20397	19525	7350	11325	111	42.6	18	1.3	80.7	0.27	SP
1500	75388	18847	17700	-3275	14650	111	45.3	20	1.3	80.4	0.25	SP
1750	72113	18028	20600	-5150	18650	111	46.4	21	1.2	68.4	0.22	SP
2000	71500	17875	23100	-3275	18700	111	47.7	22	1.2	62.0	0.22	SP
2250	48500	12125	24600	-13400	23300	111	47.7	22	1.1	40.0	0.15	SP
2500	42213	10553	25650	-11575	25600	111	48.0	22	1.1	33.6	0.14	SP
2750	35663	8916	29025	-17950	28975	111	48.2	23	1.1	25.6	0.12	SP
3000	35725	8931	28075	-13225	24550	111	48.2	23	1.1	26.4	0.12	SP
3250	35400	8850	30075	-14800	22700	111	48.6	24	1.1	24.7	0.12	SP
3500	29625	7406	30250	-17650	25600	111	48.6	24	1.1	20.6	0.10	SP
3750	21500	5375	31300	-21100	27700	111	48.6	24	1.1	14.5	0.07	SP
4000	20950	5238	31900	-17600	23325	111	48.6	24	1.1	13.9	0.07	SP
4250	25350	6338	32625	-9775	24600	111	48.9	24	1.1	16.5	0.08	SP
4500	23350	5838	33625	-9750	24600	111	48.9	24	1.1	14.8	0.07	SP
4750	25975	6494	33625	-4550	23225	111	48.9	24	1.1	16.5	0.08	SP
5000	23050	5763	34375	-6675	24600	111	48.9	24	1.1	14.4	0.07	SP

	総損益	年次平均損益	最大DD	過去12カ月の損益	過去12カ月のDD	年間トレード数	勝率	市場時間	勝ち：負け	%Gain/Mr+DD	シャープレシオ	
400	22275	5569	13975	2175	9450	111	58.8	11	1.1	28.2	0.17	SP
600	36175	9044	21500	11925	9350	111	52.0	13	1.2	33.2	0.23	SP
800	45975	11494	21525	11600	13425	111	48.4	15	1.2	42.1	0.26	SP
1000	63625	15906	19650	12575	12850	111	46.8	16	1.3	62.6	0.34	SP
1200	59125	14781	16825	8725	15500	111	45.0	17	1.2	65.5	0.31	SP
1400	49625	12406	20525	7125	13800	111	43.9	17	1.2	47.2	0.24	SP
1600	53200	13300	20650	7900	12275	111	43.7	18	1.2	50.4	0.23	SP
1800	50038	12510	20150	8450	11325	111	43.0	18	1.2	48.3	0.23	SP
2000	42338	10585	19650	8725	11325	111	42.6	18	1.2	41.7	0.21	SP
2200	46563	11641	19525	10800	11325	111	42.6	18	1.2	46.1	0.22	SP
2400	51213	12803	19525	12300	11325	111	42.6	18	1.2	50.7	0.23	SP
2600	50913	12728	19525	9000	11325	111	42.6	18	1.2	50.4	0.24	SP
2800	53663	13416	19525	9775	11325	111	42.6	18	1.2	53.1	0.24	SP
3000	53838	13460	19525	7350	11325	111	42.6	18	1.2	53.3	0.25	SP
3200	56238	14060	19525	7350	11325	111	42.6	18	1.2	55.6	0.25	SP
3400	58738	14685	19525	7350	11325	111	42.6	18	1.2	58.1	0.26	SP
3600	61238	15310	19525	7350	11325	111	42.6	18	1.2	60.6	0.26	SP
3800	63738	15935	19525	7350	11325	111	42.6	18	1.2	63.0	0.26	SP
4000	66238	16560	19525	7350	11325	111	42.6	18	1.2	65.5	0.27	SP

さらに、プロテクティブストップをブレークイーブンに動かすときの利益閾値も最適化してみた。

	総損益	年次平均損益	最大DD	過去12カ月の損益	過去12カ月のDD	年間トレード数	勝率	市場時間	勝ち：負け	%Gain/Mr+DD	シャープレシオ	
400	46588	11647	9150	5575	7500	111	21.6	10	1.4	78.2	0.26	SP
500	46713	11678	9875	4125	8400	111	23.9	12	1.3	74.7	0.25	SP
600	52788	13197	12125	-150	9675	111	25.9	13	1.3	73.8	0.23	SP
700	56213	14053	12550	-1150	10675	111	27.3	13	1.3	76.8	0.24	SP
800	66663	16666	11675	-4000	11675	111	30.4	14	1.4	95.6	0.29	SP
900	62213	15553	12250	1675	10300	111	31.5	14	1.3	86.4	0.28	SP
1000	67900	16975	12250	-2100	10300	111	33.3	15	1.4	94.3	0.30	SP
1100	74500	18625	14250	400	10300	111	34.5	15	1.4	93.1	0.31	SP
1200	72150	18038	15250	1425	7275	111	34.7	15	1.4	85.9	0.30	SP
1300	73075	18269	15250	425	7275	111	35.1	15	1.4	87.0	0.30	SP
1400	73800	18450	15250	3650	7275	111	35.8	16	1.4	87.9	0.31	SP
1500	67825	16956	16250	650	8275	111	36.3	16	1.3	77.1	0.28	SP
1600	67100	16775	17963	2925	8275	111	36.9	16	1.3	70.7	0.27	SP
1700	78075	19519	16250	1925	9275	111	37.2	16	1.4	88.7	0.28	SP
1800	79200	19800	16250	4050	9275	111	37.6	16	1.4	90.0	0.29	SP
1900	79950	19988	16250	4800	9275	111	37.8	16	1.4	90.9	0.29	SP
2000	76950	19238	16250	3800	9275	111	37.8	16	1.3	87.4	0.28	SP

　利益と最大ドローダウンを除いてあまり大きな変化はない。純粋な利益目標は大きくしなければあまり役には立たず、トレーリングストップのほうが利益目標よりも機能するようだ。S&P500はいつもと同じような動きをしているように思えるが、唯一の違いは動きの大きさである。

2000年2月・3月号
先物トレードシステムは株式でどう機能するのか

　この6カ月かそこらの間で多くの先物トレーダーが株式に移行した。その原因はいくつかあるが、先物市場にトレンドがない、ハイテク株のボラティリティが非常に高い、手数料が安くなった、ナスダックのレベル2といったリアルタイムの株式トレードツールが登場したことなどが挙げられる。買いの意思決定をファンダメンタル分析に依存し、買ったら何カ月も保有してきた株式投資家たちにとって、短期トレードはまったく新しい概念だが、先物トレーダーはテクニカル分析によるトレードを教え込まれてきたので、ボラティリティの高い株式への移行はそれほど難しくはなかったはずだ。

　そこで、単純でメカニカルな先物システムを株式で検証してみることにしよう。検証に使ったのはハイテク株とインターネット株で、3年にわたって100株トレードした。ただし、手数料は含まれない。

　まず最初に検証したのはバイ・アンド・ホールドである。

バイ・アンド・ホールド

	総損益	年次平均損益	最大DD	過去12カ月の損益	過去12カ月のDD	年間トレード数	勝率	市場時間	勝ち：負け	%Gain/Mr+DD	
アップル	7056	1764	2293	7056	2293	25	100.0	100	0.0	73.7	AP
インテル	6797	1699	2418	6797	2418	25	100.0	100	0.0	67.5	IC
アマゾン	7372	2765	6231	7372	6231	38	100.0	100	0.0	43.7	AZ
ヤフー	42673	11379	9988	42673	9988	27	100.0	100	0.0	112.8	YH
シスコ	9894	2474	1240	9894	994	25	100.0	100	0.0	184.6	CS
デル	4989	1247	2097	4989	2097	25	100.0	100	0.0	56.8	DL
マイクロソフト	10577	2644	1869	10577	1869	25	100.0	100	0.0	134.3	MS
IBM	8504	2126	4750	8504	4750	25	100.0	100	0.0	43.8	IM
MCIワールドコム	4143	1036	1902	4143	1902	25	100.0	100	0.0	51.7	WC

	純損益	最大DD 日付	トレード数	市場時間	必要平均証拠金	年次損益×10÷最大DD	%Gain/Mr+DD	%Gain/20%DD
過去6カ月	41150	10274 19990804	900	100	900		736.5	
過去12カ月	56617	15780 19990614	900	100	900		339.4	
年平均	25501	11399 Avg. Hi 4	225	100	859		207.3	
トータル	102005	15780 19990614	900	100	859	16.2	152.9	32.3

次に単純なボラティリティ・ブレイクアウト・システムを検証した。これは買いのみを行い、売りシグナルで手仕舞うというものだ。

ボラティリティブレイクアウトシステム ── 買いのみ

	総損益	年次平均損益	最大DD	過去12カ月の損益	過去12カ月のDD	年間トレード数	勝率	市場時間	勝ち：負け	%Gain/Mr+DD	
アップル	6783	1696	2645	6339	2645	1950	39.7	82	1.8	61.8	AP
インテル	7195	1799	2095	3997	2095	1400	50.0	90	2.2	82.0	IC
アマゾン	8274	3103	5900	2958	5900	1425	60.5	91	2.2	51.7	AZ
ヤフー	39725	10593	9951	29977	9951	1493	55.4	90	4.9	105.4	YH
シスコ	8761	2190	1204	5687	1037	1800	58.3	86	4.2	167.9	CS
デル	3511	878	2866	675	2866	1450	51.7	91	2.3	29.6	DL
マイクロソフト	7321	1830	3096	2697	3096	1800	50.0	89	2.0	57.3	MS
IBM	6452	1613	5194	753	5194	1350	42.6	90	1.7	30.5	IM
MCIワールドコム	1904	476	2327	-667	2327	2200	39.8	82	1.3	19.6	WC

	純損益	最大DD 日付	トレード数	市場時間	必要平均証拠金	年次損益×10÷最大DD	%Gain/Mr+DD	%Gain/20%DD
過去6カ月	34190	11222 19990809	8100	100	855		564.1	
過去12カ月	44890	17928 19990614	15700	100	847		238.4	
年平均	22482	10671 Avg. Hi 4	14300	100	810		194.3	
トータル	89926	17928 19990614	57200	100	810	12.5	119.4	25.1

先物をトレードする大きなメリットの1つは売ることができることだ。ほとんどの株式投資家は売らないが、先物同様、株式も売ること

ができる。そこでボラティリティ・ブレイクアウト・システムで買いと売りの両方を検証してみた。

ボラティリティブレイクアウトシステム ── 買いと売り

	総損益	年次平均損益	最大DD	過去12カ月の損益	過去12カ月のDD	年間トレード数	勝率	市場時間	勝ち／負け	%Gain/Mr+DD	
アップル	6515	1629	2997	5696	2997	3875	38.7	100	1.6	52.6	AP
インテル	7610	1903	2149	4002	2149	2800	51.8	100	1.8	84.6	IC
アマゾン	9176	3441	6844	3697	6844	2850	50.0	100	1.9	49.6	AZ
ヤフー	36777	9807	10108	26237	10108	2960	44.1	100	3.2	96.1	YH
シスコ	7636	1909	1474	4810	1474	3575	48.3	100	2.2	121.3	CS
デル	2035	509	3894	-491	3894	2875	42.6	100	1.4	12.7	DL
マイクロソフト	4075	1019	5774	252	5774	3575	39.9	100	1.3	17.3	MS
IBM	4412	1103	5995	-1025	5995	2700	39.8	100	1.3	18.1	IM
MCIワールドコム	-320	-80	3570	-2489	3570	4375	36.0	100	1.0	-2.2	WC

	純損益	最大DD 日付	トレード数	市場時間	必要平均証拠金	年次損益×10÷最大DD	%Gain/Mr+DD	%Gain/20%DD
過去6カ月	27230	12287 19990809	15700	100	900		413.0	
過去12カ月	33163	20958 19990603	30800	100	900		151.7	
年平均	19479	9436 Avg. Hi 4	28450	100	858		188.5	
トータル	77916	20958 19990603	113800	100	858	9.3	89.1	18.6

このシステムは短期システムで、トレード回数は1カ月に3～4回だ。次に示すのはこれらの銘柄に対する中期および長期アプローチの結果である。

指数移動平均システム ── 買いのみ

	総損益	年次平均損益	最大DD	過去12カ月の損益	過去12カ月のDD	年間トレード数	勝率	市場時間	勝ち:負け	%Gain/Mr+DD	
アップル	5863	1466	2293	5994	2293	400	31.3	63	3.8	61.3	AP
インテル	1653	413	2582	571	2582	400	31.3	67	1.5	15.4	IC
アマゾン	3583	1344	5257	2770	5257	300	62.5	81	2.9	25.1	AZ
ヤフー	38563	10283	10619	36044	10619	293	54.5	82	12.4	95.9	YH
シスコ	7494	1874	1208	6654	994	300	66.7	85	9.2	143.3	CS
デル	1353	338	3909	-718	3909	325	46.2	81	1.5	8.4	DL
マイクロソフト	5216	1304	3301	3449	3301	400	43.8	79	2.7	38.3	MS
IBM	2239	560	3670	1156	3670	500	45.0	67	1.5	14.9	IM
MCIワールドコム	1135	284	2018	895	2018	325	30.8	70	1.5	13.4	WC

	純損益	最大DD 日付	トレード数	市場時間	必要平均証拠金	年次損益×10÷最大DD	%Gain/Mr+DD	%Gain/20%DD
過去6カ月	30280	7204 19990726	2500	100	652		747.3	
過去12カ月	36345	15679 19990726	4700	100	648		219.2	
年平均	16775	8006 Avg. Hi 4	3125	100	625		188.4	
トータル	67099	15679 19990726	12500	100	625	10.7	101.2	21.4

指数移動平均システム ── 買いと売り

	総損益	年次平均損益	最大DD	過去12カ月の損益	過去12カ月のDD	年間トレード数	勝率	市場時間	勝ち:負け	%Gain/Mr+DD	
アップル	4220	1055	3605	5695	2293	775	32.3	100	1.9	28.5	AP
インテル	-3437	-859	6335	-2864	5811	775	19.4	100	0.6	-13.3	IC
アマゾン	-219	-82	8039	-297	8039	563	40.0	100	1.0	-1.0	AZ
ヤフー	34215	9124	13481	33182	13481	560	33.3	100	5.4	67.2	YH
シスコ	5174	1294	2132	5770	1288	575	39.1	100	2.5	58.0	CS
デル	-2282	-571	6621	-3330	6621	625	28.0	100	0.6	-8.5	DL
マイクロソフト	-107	-27	6283	467	6283	775	22.6	100	1.0	-0.4	MS
IBM	-3732	-933	6061	-1951	5389	975	25.6	100	0.7	-15.1	IM
MCIワールドコム	-1873	-468	2978	-129	2978	650	19.2	100	0.6	-15.2	WC

	純損益	最大DD 日付	トレード数	市場時間	必要平均証拠金	年次損益×10÷最大DD	%Gain/Mr+DD	%Gain/20%DD
過去6カ月	19410	10661 19990830	4600	100	900		335.8	
過去12カ月	16073	29500 19990830	8600	100	900		52.9	
年平均	7990	13418 Avg. Hi 4	6050	100	822		55.8	
トータル	31959	29500 19990830	24200	100	822	2.7	26.3	5.4

　最後のシステムはアベレイションと呼ばれる長期システムだ。買いのみと、買いと売りの両方で検証した。

アベレイション —— 買いのみ

	総損益	年次平均損益	最大DD	過去12カ月の損益	過去12カ月のDD	年間トレード数	勝率	市場時間	勝ち：負け	%Gain/Mr+DD	
アップル	5469	1367	2293	5374	2293	150	50.0	51	7.5	57.1	AP
インテル	1664	416	2419	1771	1718	200	50.0	51	2.0	16.5	IC
アマゾン	1993	747	6911	1093	6911	188	60.0	68	1.6	10.7	AZ
ヤフー	37364	9964	7881	35425	7881	133	80.0	69	4.3	124.8	YH
シスコ	3697	924	1223	3771	1223	300	50.0	61	3.8	69.8	CS
デル	1409	352	2480	-383	2480	150	83.3	71	3.0	13.6	DL
マイクロソフト	4128	1032	2863	2516	2863	225	66.7	63	3.2	34.8	MS
IBM	4866	1217	1925	4300	1925	200	75.0	51	6.1	60.1	IM
MCIワールドコム	818	205	1967	422	1967	225	44.4	52	1.5	9.9	WC

	純損益	最大DD 日付	トレード数	市場時間	必要平均証拠金	年次損益×10÷最大DD	%Gain/Mr+DD	%Gain/20%DD
過去6カ月	28824	5927 19991013	1500	100	425		883.2	
過去12カ月	39170	15213 19990218	2400	100	475		243.1	
年平均	15352	9399 Avg. Hi 4	1700	99	475		149.1	
トータル	61408	15213 19990218	6800	99	475	10.1	95.3	20.2

アベレイション ── 買いと売り

	総損益	年次平均損益	最大DD	過去12カ月の損益	過去12カ月のDD	年間トレード数	勝率	市場時間	勝ち：負け	%Gain/Mr+DD	
アップル	4649	1162	2582	5374	2293	300	41.7	64	3.1	43.3	AP
インテル	243	61	3357	1421	2018	300	33.3	60	1.1	1.8	IC
アマゾン	2052	770	6911	1093	6911	225	66.7	69	1.6	11.0	AZ
ヤフー	33109	8829	11463	30987	11463	213	75.0	68	8.4	76.4	YH
シスコ	3155	789	1223	3771	1223	350	50.0	68	2.7	59.6	CS
デル	369	92	3318	-1221	3318	225	55.6	74	1.2	2.7	DL
マイクロソフト	3022	756	2863	2516	2863	300	50.0	64	2.0	25.5	MS
IBM	2832	708	2662	3950	2662	325	46.2	59	1.9	25.6	IM
MCIワールドコム	-82	-21	2219	170	2219	325	30.8	66	1.0	-0.9	WC

	純損益	最大DD 日付	トレード数	市場時間	必要平均証拠金	年次損益×10÷最大DD	%Gain/Mr+DD	%Gain/20%DD
過去6カ月	27553	4966 19991001	1900	100	510		972.6	
過去12カ月	32942	15225 19990726	2900	100	542		204.3	
年平均	12337	11305 Avg. Hi 4	2475	100	570		101.1	
トータル	49349	15225 19990726	9900	100	570	8.1	76.5	16.2

結論

　投資アプローチ（バイ・アンド・ホールド）が一番優れているという結果が出た。トレードシステムは、特に売りの場合はパフォーマンスが悪かった。それはなぜなのだろうか。それは、過去4年にわたり強気相場が続いたため、手仕舞ったり売ったりするシステムは失敗する運命にあったからである。この数年に見られた強気相場はいずれは終わる（1月と2月の相場はこれを暗示するものである）。そうなると、売ることができるメカニカルなトレードシステムは静的なバイ・アンド・ホールド戦略をアウトパフォームすると私は思っている。これらのシステムのパフォーマンスについては随時更新していくつもりだ。

動的移動平均交差システム

　動的移動平均交差システムのイージーランゲージコードは以下のとおりである。プロテクティブストップを入れるのを忘れないようにしよう。

vars: x(0),y(0),xx(0),yy(0),delta_vol2(0),delta_vol1(0),var_a(12),var_b(41),old_var_a(0),
　　　ceiling1(23),ceiling2(50),floor1(12),floor2(41),old_var_b(0);

x = Stddev(close,20);
y = Stddev(close[1],20);
xx = Stddev(close,30);
yy = Stddev(close[1],30);

delta_vol1 = (x-y)/x;
delta_vol2 = (xx-yy)/xx;

old_var_a = var_a;
var_a = old_var_a*(1+delta_vol1);
var_a = MaxList(var_a,floor1);
var_a = MinList(var_a,ceiling1);

old_var_b = var_b;
var_b = old_var_b*(1+delta_vol2);
var_b = MaxList(var_b,floor2);
var_b = MinList(var_b,ceiling2);

{print(date," ",var_a," ",var_b);
print(average(close,var_a));
print(average(close,var_b));}

if(average(close,round(var_a,0))>average(close,round(var_b,0)))then
    begin
            buy tomorrow at open;
    end;
if(average(close,round(var_a,0))<average(close,round(var_b,0)))then
    begin
            sell tomorrow at open;
    end;

2000年4月・5月号
EミニS&Pは解決策になるのか

　ボラティリティの高さと証拠金の高さゆえ、ラージサイズのS&P500先物をトレードするトレーダーが減ってきた。その代わりとして彼らが始めたのがEミニだ。これはラージサイズの5分の1のサイズのS&Pだ。Eミニは電子化されているため、私が話をしたほとんどのトレーダーは注文が楽になったと喜んでいる。このEミニは完璧なる解決策のように聞こえるが、本当にそうなのだろうか。確かにEミニはリスクが5分の1になるが、それと同時に実入りも5分の1になる。さらに、スリッページは5分の1になるが、手数料はそうはならない。2つの市場の動きが同じで、執行コストが5分の1になったら、予想される利益も5分の1になる。そこで2つの異なるS&PシステムをEミニとラージサイズのS&P500で検証してみた。その結果は**表A**に示したとおりである。ラージサイズのS&P500の場合、手数料とスリッページは100ドルとし、Eミニの場合は20ドル（最良のシナリオ）とした。

表A　システムA ── Eミニ（1998年1月～2000年2月）

純損益	3493$	年次平均損益	1612$
幾何平均損益	6$	悲観的リターン	1.05
オプティマルf	0.08	幾何平均	1.0005
勝ち月	54%	%Gain/Mr+DD	30%
市場時間平均リターン	159%		
決済時最大DD	4303$	利益・DD比率0.37	1999年9月14日
値洗い時最大DD	4303$	利益・DD比率0.37	1999年9月14日
最良トレード	2193$	最悪トレード	－970$

平均トレード	11$	純利益・純損失比率	1.1
平均勝ちトレード	411$	平均損失	−204$
買いの純損益	−2598$	売りの純損益	6090$
トレード数	311	年間平均トレード数	144
勝ちトレード	109	勝率	35.0%
負けトレード	202	最大連敗数	9
平均トレード日数	0.3	最長フラットタイム	225日
市場時間	19%	シャープレシオ	0.15

システムA ── ラージサイズのS&P（1998年1月～2000年2月）

純損益	73675$	年次平均損益	34004$
幾何平均損益	104$	悲観的リターン	1.35
オプティマルf	0.12	幾何平均	1.0078
勝ち月	62%	%Gain/Mr+DD	189%
市場時間平均リターン	917%		
決済時最大DD	12270$	利益・DD比率2.77	2000年1月20日
値洗い時最大DD	12270$	利益・DD比率2.77	2000年1月20日
最良トレード	11250$	最悪トレード	−1600$
平均トレード	221$	純利益・純損失比率	1.4
平均勝ちトレード	2119$	平均損失	−964$
買いの純損益	19228$	売りの純損益	54448$
トレード数	333	年間平均トレード数	154
勝ちトレード	128	勝率	38.4%
負けトレード	205	最大連敗数	9
平均トレード日数	0.3	最長フラットタイム	113日
市場時間	21%	シャープレシオ	0.46

システムB ── Eミニ（1998年1月～2000年2月）

純損益	−635$	年次平均損益	−293$
幾何平均損益	0$	悲観的リターン	0.97
オプティマルf	0.00	幾何平均	1.0000

勝ち月	46%	%Gain/Mr+DD	－3%
市場時間平均リターン	－16%		
決済時最大DD	7575$	利益・DD比率－0.04	1999年12月13日
値洗い時最大DD	7575$	利益・DD比率－0.04	1999年12月13日
最良トレード	2180$	最悪トレード	－2958$
平均トレード	－2$	純利益・純損失比率	1.0
平均勝ちトレード	407$	平均損失	－275$
買いの純損益	－545$	売りの純損益	－90$
トレード数	258	年間平均トレード数	119
勝ちトレード	103	勝率	39.9%
負けトレード	155	最大連敗数	13
平均トレード日数	0.5	最長フラットタイム	377日
市場時間	22%	シャープレシオ	－0.02

システムB ── ラージサイズのS&P（1998年1月～2000年2月）

純損益	58470$	年次平均損益	26986$
幾何平均損益	106$	悲観的リターン	1.31
オプティマルf	0.20	幾何平均	1.0061
勝ち月	65%	%Gain/Mr+DD	79%
市場時間平均リターン	360%		
決済時最大DD	28313$	利益・DD比率0.95	1999年12月13日
値洗い時最大DD	28313$	利益・DD比率0.95	1999年12月13日
最良トレード	10810$	最悪トレード	－3463$
平均トレード	223$	純利益・純損失比率	1.3
平均勝ちトレード	2037$	平均損失	－1240$
買いの純損益	35118$	売りの純損益	23353$
トレード数	262	年間平均トレード数	121
勝ちトレード	117	勝率	44.7%
負けトレード	145	最大連敗数	5
平均トレード日数	0.5	最長フラットタイム	186日
市場時間	22%	シャープレシオ	0.34

ラージサイズのS&Pの代わりにEミニをトレードしてもうまくい

かないようだ。EミニからのリポはラージサイズのS&Pよりもはるかに少なかった。これはなぜなのだろうか。トレードごとの分析によれば、EミニはラージサイズのS&Pをただ単にスケールダウンしたものではなかったのである。Eミニは微妙なニュアンスとそれ固有の性質を持つまったく異なる市場だったのだ。多くの場合、動きはラージサイズのS&Pよりも速く、日中の動きもラージサイズのS&Pよりも大きい。これらのS&Pデイトレードシステムがうまくいかなかったのは、複雑なアルゴリズムであることと、EミニではなくラージサイズのS&P500をトレードするように設計されていたことによる。もしEミニをトレードしたいのであれば、システムはEミニ用に設計しなければならない。アイデアやリサーチはラージサイズのS&P500から引き継ぐことはできる（**表B**を参照）が、これらのアイデアもEミニ用に調整しなければならない。

表B ── Eミニ（1998年1月〜2000年2月）

純損益	2595$	年次平均損益	1198$
幾何平均損益	3$	悲観的リターン	1.03
オプティマルf	0.04	幾何平均	1.0001
勝ち月	46%	%Gain/Mr+DD	8%
市場時間平均リターン	19%		
決済時最大DD	13180$	利益・DD比率0.09	1999年12月17日
値洗い時最大DD	13180$	利益・DD比率0.09	1999年12月17日
最良トレード	3243$	最悪トレード	-1845$
平均トレード	6$	純利益・純損失比率	1.0
平均勝ちトレード	432$	平均損失	-376$
買いの純損益	5293$	売りの純損益	-2698$
トレード数	414	年間平均トレード数	191
勝ちトレード	196	勝率	47.3%
負けトレード	218	最大連敗数	7
平均トレード日数	0.6	最長フラットタイム	217日
市場時間	44%	シャープレシオ	0.04

表B —— ラージサイズのS&P（1998年1月〜2000年2月）

純損益	7325$	年次平均損益	3381$
幾何平均損益	9$	悲観的リターン	1.01
オプティマル f	0.02	幾何平均	1.0000
勝ち月	50%	%Gain/Mr+DD	5%
市場時間平均リターン	12%		
決済時最大DD	57563$	利益・DD比率0.06	1999年12月17日
値洗い時最大DD	57563$	利益・DD比率0.06	1999年12月17日
最良トレード	16288$	最悪トレード	−9175$
平均トレード	17$	純利益・純損失比率	1.0
平均勝ちトレード	2150$	平均損失	−1949$
買いの純損益	30650$	売りの純損益	−23325$
トレード数	421	年間平均トレード数	194
勝ちトレード	202	勝率	48.0%
負けトレード	219	最大連敗数	7
平均トレード日数	0.6	最長フラットタイム	217日
市場時間	44%	シャープレシオ	0.02

　この場合はEミニはうまくいっている。というのは、この単純なシステムは日中の動き、時間、あるいは市場に含まれる微妙なニュアンスを無視しているからだ。しかし、Eミニの検証ではスリッページと手数料をわずか20ドルに想定しており、これは最良のシナリオであるという点を忘れてはならない。

結論

　ラージサイズのS&PをEミニで置き換えても損益は単純に5分の1になるわけではない。EミニはラージサイズのS&Pとはまったく異なる市場であり、動きも違う。S&P500で機能した単純なアイデアはおそらくはEミニでも機能するだろうが、S&P500の日中の動きとボラティリティを基に設計されたもっと複雑なシステムはEミニでは

機能しないだろう。これからやろうと思っている研究の1つは、Eミニをこ S&P500とはまったく異なる市場としてトレードする方法である。この方法を使ったトレーダーの何人かは非常にうまくいっている。

2000年6月・7月号
S&P500のシステムはナスダック100ではどう機能するのだろうか

　この2年、ナスダック100は驚異的なボラティリティを示している。残念ながら、この市場は歴史が浅いため、システムはまだそれほど多く開発されていない。そこでS&P500のシステムがナスダック100でどう機能するかを見ていくことにしよう。

　ナスダック100はフレンドリーでリッチな新顔だ。だれもが友だちになりたいような新入りだ。この2年間で巨大な利益を稼いだという話は聞いたことがあると思う。ほとんどの短期システムやデイトレードシステムのベンダーはナスダックバージョンを発売している。この市場は短期スイングシステムやデイトレードシステムにとって最高の市場なのだ。素晴らしく聞こえるが、問題はないのだろうか。

　この市場でトレードを始めるに当たって必要となる資金がノンデイトレーダーで5万ドル（本書執筆の時点では、証拠金取引によって日計りのレバレッジを上げることは認められていない）、しかも歴史が浅いため、強い強気相場に対してのみ開発されたトレードシステムでトレードするのは難しい。ナスダック100の短期のデータベースに基づいて開発されたどのシステムも強気のバイアスがかかっている。もしナスダックのシステムを開発して、それで売りをやって損をしたとすると、それでトレードを続ける気になるだろうか。ほかの市場と同じく、この市場も弱気の傾向を示している。もしあなたのシステムが弱気相場に対応できないようなものだとすると、それは奈落への道を一直線に突き進むようなものだ。でもくよくよする必要はない。ほとんどのトレーダーはミニナスダック（ラージサイズのナスダックの5

分の1のサイズ）をトレードしており、使っているのはすでに存在しているS&Pシステムである。これらのシステムもバイアスがかかっているんじゃない、って思うかもしれないが、S&P500先物が始まって以来、この市場では長期の弱気相場は発生していない。とはいえ、この市場は短期の弱気相場が何回か発生している。S&P500とナスダックには明らかに相関があるが、まったく同じ動きではない。今回は、S&Pの短期システムおよびデイトレードシステムでナスダック100をトレードしたときのパフォーマンスを示しておく。

注意──この結果は強い強気相場に基づくものである。

	1996	1997	1998	1999	2000年3月	2000年4月	12ヵ月の損益	12ヵ月のDD	総損益	最大DD
ボルパット	-125	-7065	10035	47610	-15345	-16875	7730	46570	39505	46670
トレーダーズ・プロフィット・モーティブ	1930	30865	82135	28325	1730	71083	68260	102545	226305	100545
ミラクル・システム	-8195	-16475	-14785	-36895	-47540	-23300	-11235	113655	-140490	140490
STC S&P #1	-1855	82585	11470	46945	30825	-13420	41335	19370	73945	19370
ブルー・マンデー	650	-4530	1025	17135	5200	-8600	2780	14100	11030	14100
Rレベルズ	-2720	1850	-4125	25385	-9493	-4900	39150	16100	35790	16100
Rブレーカー	-4090	5785	-11325	46720	-7675	-6290	53885	16415	40750	19980
シングル・バリアブル・リフレックス	14835	103225	107575	218795	9855	83508	282260	78705	627615	78705
SP/U	325	19705	-8725	2283	1950	10810	44285	14690	54465	14690
ビッグブルー	710	-4000	3680	20680	-360	-600	11310	5250	16590	8885
サイクロン	-3055	5085	31325	83595	111200	-13410	199480	53610	303250	53610
STC Vベース S&P	-15	900	21335	56050	32905	-8615	96870	34995	148985	34995
マグネット	-2155	-10925	-38320	45110	-6415	8600	3905	52100	-17205	55700
アークス・デイトレード	-5235	5425	38505	60565	13085	26550	116850	31915	194995	31915
アークス・プラス	270	9315	45203	83240	3820	4230	84500	17830	187450	17830
ペンデュラム	1655	34765	2025	47320	53700	-26275	28825	38115	104485	38115

2000年8月・9月号
良いシステムはどこに行った ── パート１（今日のボラティリティの高い市場ではどのシステムが機能するのか）

　良い市場は一体どこに行ったのか？　最新のフューチャーズ・トゥルース・トップ10には、予想もしなかった名前がいくつか含まれている。長期システムは（一時的に）ことごとく脇に追いやられてしまっている。これはシステム開発の稚拙さが原因なのだろうか、それとも最近の市場の動きが原因なのだろうか。私は後者が原因と思っている。良いシステムといえどもパフォーマンスの振るわないときはあり、そんなときはフラットタイムが長引く。今がそのときだと思っている。マネージド・アカウント・リポートによれば、平均的なシステムトレーダーは６月までの１年でおよそ３％パフォーマンスが低下し、トレンドフォロワーは５％もパフォーマンスが低下した。私たちがトラッキングするなかで常にパフォーマンスの高いシステムの大部分は長期トレンドフォローシステムだ。**表A**は私たちがトラッキングしているシステムが過去12カ月の間にトレンド市場（最近はトレンド市場ではない）で平均的にどのようなパフォーマンスを上げたかを示したものである。

表A

Ｔボンド	−30％	原油	＋67％
日本円	−15％	灯油	＋181％
スイスフラン	−40％	天然ガス	＋115％
コーヒー	−3％	大豆	−166％
ユーロ通貨	＋12％	S&P500	＋31％

エネルギーセクターは好調だ。もしこれらの市場が良くなかったら、CTA（商品投資顧問業者）の全体的なパフォーマンスはもっと悪かっただろう。

もちろんこの時期に利益を上げたシステムはいくつかあった。**表B**は**表A**の市場で最高のパフォーマンスを上げたシステムを示したものだ。

表B

商品	システム	システムの説明
Tボンド	ユニバーサルLT	中期ボラティリティブレイクアウト
日本円	トレンドチャネル	チャネルブレイクアウト
スイスフラン	スイング・インデックス	短期スイングシステム
コーヒー	トップテン＊	短期移動平均交差システム
ユーロ通貨	アベレイション・プラス	長期トレンドフォローシステム
原油	ダイナミック・ブレイクアウト	適応型長期チャネルブレイクアウト
灯油	ベイシス	オシレーター系トレンドフォロワー
天然ガス	アークス	オシレーター系トレンドフォロワー
大豆	ユニバーサル	短期ボラティリティブレイクアウト
S&P500	ボルパット	広い損切りを使ったボラティリティ・ブレイクアウト・デイトレードシステム

＊ランキング1位の非ブラックボックスシステム

この期間中は短期スイングシステムとブレイクアウトシステムはそこそこのパフォーマンスを上げた。これは昨年の方向感がなくトレンドもない相場によるところが大きい。市場に方向感のない保ち合いからブレイクアウトすると、伝統的な市場をトレードする実績のある長期システムはトップテンから姿を消すだろう。

システムトレーダーは、「システムが今の市場状態と歩調が合わないとき、資産が下落するのをどうやって防げばよいのだろうか？」と思うかもしれない。それは、分散、分散、分散しかない。市場の大部分は－3％よりもはるかにパフォーマンスが悪かった。これはシステ

マティックなCTAのパフォーマンスを見ても分かる。この12カ月のCTAのパフォーマンスを支えたのはエネルギーセクターなどのいくつかの市場である。さらに、システマティックなCTAは2つ以上のシステムを使っている。**表C**は小さなポートフォリオにおけるアベレイション・システムのパフォーマンスを示したものだ。

表C（1984年～2000年6月）

	総損益	年次平均損益	最大DD	過去12カ月の損益	過去12カ月のDD	年間トレード数	勝率	市場時間	勝ち：負け	%Gain/Mr+DD	
Tボンド	62290	3775	22760	-5830	10000	5	51.3	62	2.0	14.8	US
日本円	123575	7489	13975	6550	9425	5	52.6	69	2.9	46.4	JY
コーヒー	64294	3897	90581	-9263	21900	5	41.6	59	1.4	4.1	KC
原油	57020	3456	10800	11880	5530	7	55.8	72	2.1	24.4	CL
綿花	52870	3204	12420	-460	4415	6	44.2	66	1.7	23.9	CT

	純損益	最大DD 日付	トレード数	市場時間	必要平均証拠金	年次損益×10÷最大DD	%Gain/Mr+DD	%Gain/20%DD
過去6カ月	-2856	14838 20000523	15	100	7792		-19.7	
過去12カ月	1318	33169 20000523	29	100	9543		2.8	
年平均	21821	22653 Avg. Hi 16	28	100	9097		59.3	
トータル	360044	50475 19970909	458	100	9097	4.3	33.8	8.6

過去12カ月のこのシステムのパフォーマンスは比較的良かった。ドローダウンは若干大きいが、長期トレードシステムを使うのであれば、それを有効に活用したほうがよい。この典型的なポートフォリオの必要最低資金は5万ドルである。市場やシステムを追加することでパフォーマンスは向上することもある。**表D**はTボンドのみをトレードしたユニバーサルシステムのパフォーマンスを示したものである。

表D（1984年～2000年6月）

	総損益	年次平均損益	最大DD	過去12カ月の損益	過去12カ月のDD	年間トレード数	勝率	市場時間	勝ち：負け	%Gain/Mr+DD	
Tボンド	166830	10111	25920	6350	5300	69	46.6	100	1.4	35.3	US

　アベレイションとユニバーサル（逆相関のシステム）を組み合わせれば、この12カ月におけるドローダウンは3000ドル減少し、利益は6350ドル増えただろう。

2000年10月・11月号
良いシステムはどこに行った ── パート2（今日のクレイジーな市場でシステムが機能しなくなったときにやるべきこと）

　前の号から数カ月たつが、この質問の答えはまだ出ていない。7月はあまり良い月ではなく、8月はそこそこ、9月は最悪だった。リチャード・デニス（キング・タートル）はまたもや破産した。ショーのフォーリン・ファイナンシャル・プログラムは9年間も機能したが、ついに破綻した。これはどういうことなのだろうか。今の市場はトレードモードにはないということか。市場からはいったん手を引き、システムが再び機能し始めるのを待ったほうがよいのだろうか。株式市場に投資すべきなのだろうか。システムを変えたほうがよいのだろうか。

　これらの質問に唯一の正解はない。9月はトレンドフォロワーにとっても、短期ブレイクアウトトレーダーにとっても最悪だった。これらの質問に答えるために、3つの異なるシステム（長期システム、中期システム、短期システム）を検証してみることにする。これら3つのシステムは異なるシナリオの下で検証する。各システムは15年にわたり当初資金10万ドルで市場バスケットをトレードするものとする。用いたシナリオは以下のとおりである。

1．全体的なドローダウンが当初資金の20％に達したらトレードをいったん中止し、資産が新たにピークに達するまで待つ。
2．システムはパフォーマンスに基づき1年ごとに変える。ただし、例えば長期システムが過去12カ月で最もうまくいったら、それを次の12カ月でも使う。
3．3つのシステムはすべて同時にトレードする。

シナリオ１の結果

　このシナリオは短期システムでは最もうまくいったが、ほかの２つのシステムではあまりうまくいかなかった。これの主な理由は、長期システムは仕掛けるのに時間がかかり、成功するかどうかは長期トレンドをとらえられるかどうかにかかっているからである。長期システムがうまくいったのであれば、それはトレンド相場が長続きしたことを物語っている。しかし、トレンドに乗り損なえば、動きの大部分は取り損なう可能性が高い。これはこれらのシステムの資産曲線によく現れている。資産が新たなピークを更新したあと、ドローダウンが頻繁に発生するのが分かる。短期システムは長いトレンドにそれほど依存することがないため、ときにはスイング相場でも利益を出すことがある。短期システムがうまくいったのであれば、市場に素早く参入し現在の市場状態を活用できたことになる。

　結論―― できれば終始一貫してすべてのシステムを使うことが望ましい（現在の市場は出来高も低く、流動性も低い）。資産曲線の向上を望むのであれば、短期システムを使うことだ。それではチャート（図１～図６）を見てみよう。

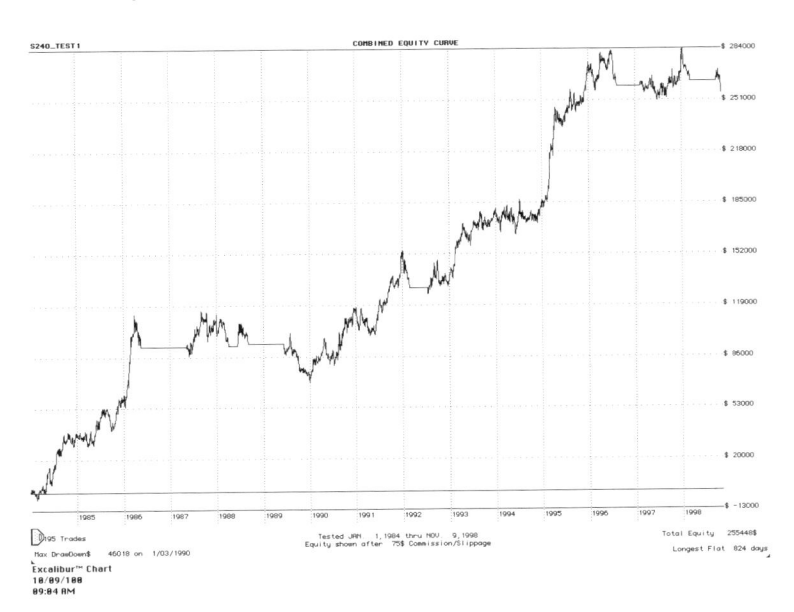

図1　中期システム ── フルタイムでトレード

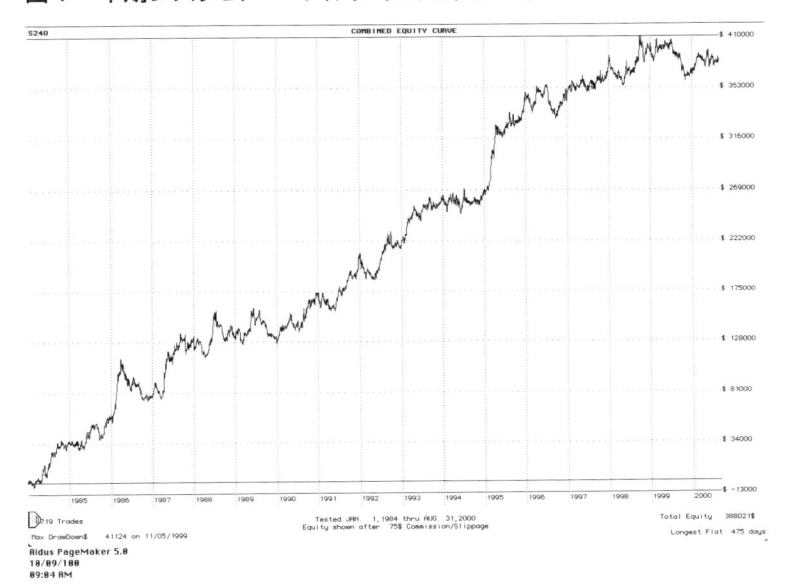

図2　中期システム ── ドローダウンが当初資金の20%に達したらトレードをいったん中止し、資産が新たなピークを更新するまで待つ

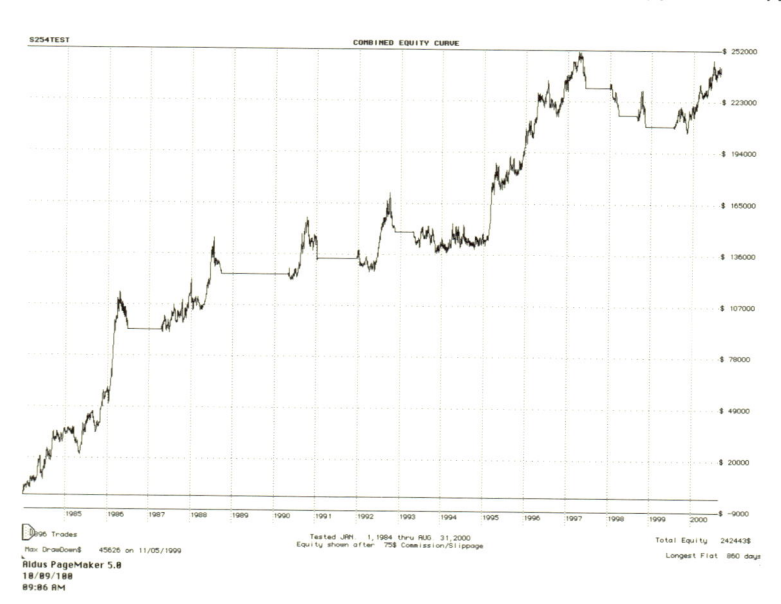

図3　長期システム ── フルタイムでトレード

図4　長期システム ── ドローダウンが当初資金の20％に達したらトレードをいったん中止し、資産が新たなピークを更新するまで待つ

図5　短期システム ── フルタイムでトレード

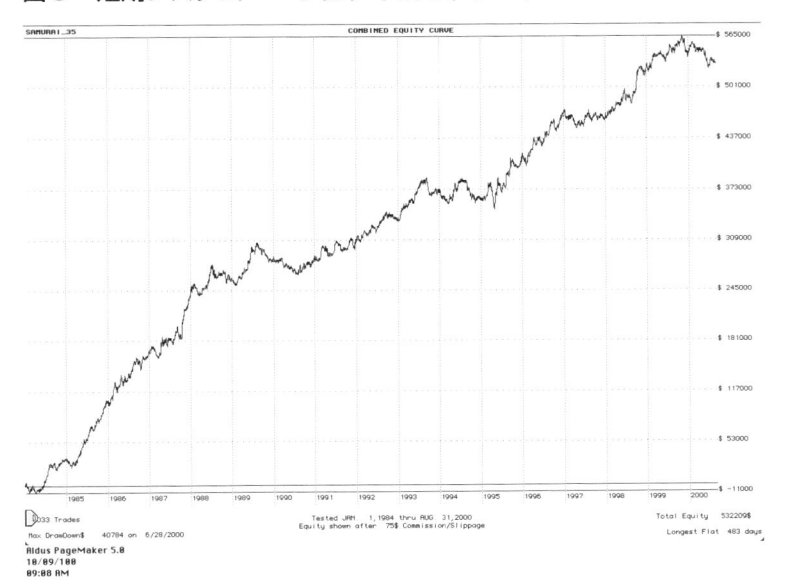

図6　短期システム ── ドローダウンが当初資金の20%に達したらトレードをいったん中止し、資産が新たなピークを更新するまで待つ

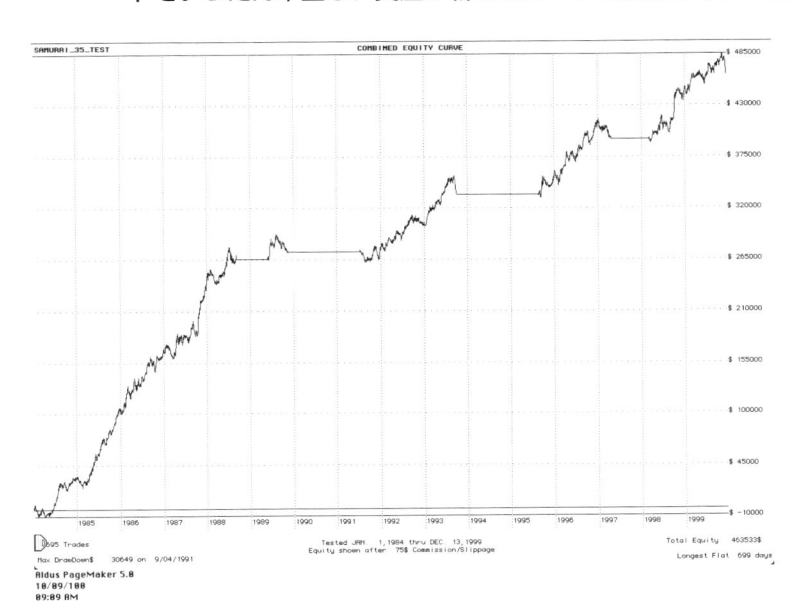

シナリオ２の結果

正直言ってこの結果には驚いた。私は最適化されたシステム選択は短期間でダメになると思っていた（例えシステムが過去12カ月でうまくいったとしても、次の12カ月でうまくいくとは限らない）。この検証により、ときとしてパフォーマンスの持ち越しがあり、システムによってうまくいく市場状態が異なることが判明した。

図7　パフォーマンスに基づき１年ごとにシステムを変える

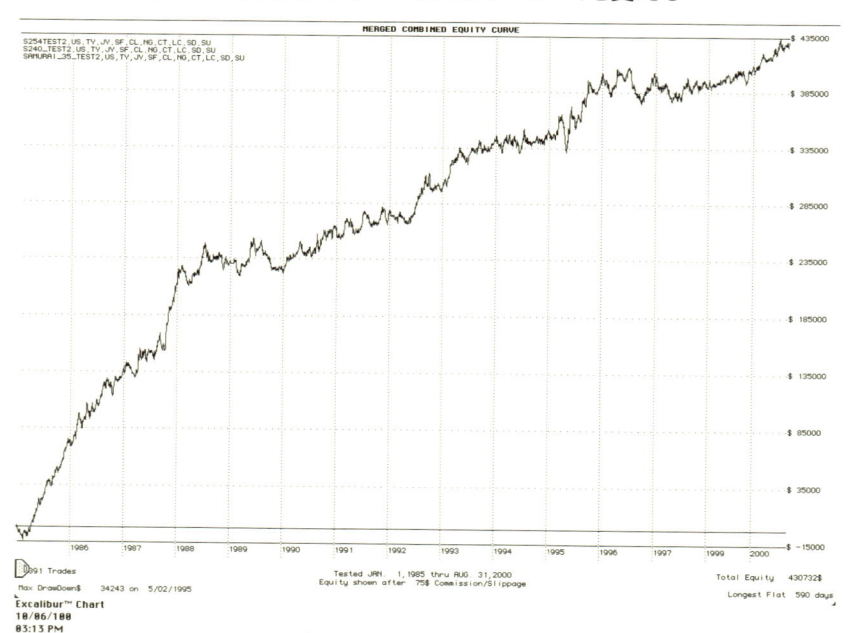

結論——十分な資金がないのであれば、今うまくいっているシステムを使うのがよい。

シナリオ３の結果

　このアプローチは実行する価値があり、リスクエクスポージャーも最も大きい。十分な資金があり、主な目的がドローダウンを抑えながら利益を最大化することなのであれば、これは最良のアプローチだ。下のチャートを参照してもらいたい。

　良いシステムは一体どこに行ったのか。実はどこにも行っていないのである。良いシステムはまだここにあるのである。悪い時期は過去にもあったし、将来的にもあるだろう。大きなトレンドがいつ始まるのかは分からず、市場が好転してトレードに打ってつけになるのがいつなのかも分からない。重要なのは市場に参加し、いつそんなときが来てもトレードできる準備をしておくことである。システムのパフォーマンスに対する期待は調整する必要があり、痛みの閾値も広げる必要があるかもしれない。これをやったにもかかわらず依然として痛みが大きすぎるのであれば、そのときは潔く手仕舞うことである。

図8　短・中・長期システムを常にすべて使ってトレード

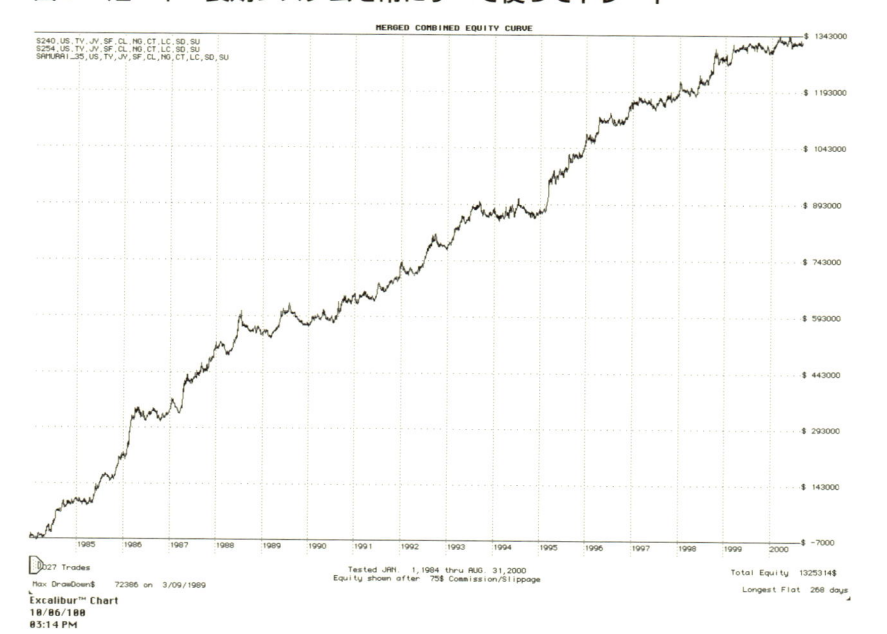

2000年12月・2001年1月号
システム対決

　今追跡している最良のシステムを競わせるのに、今ほど好機はない。CTA（商品投資顧問業者）や先物ファンドのほとんどはやられ、回復の兆しは見えない。人々はマネージド・フューチャーズ・プログラムに疑問を抱いている。しかし18カ月もの間、成績が不振だといっても、マネージド・フューチャーズ・プログラムを非難することはできない。このコーナーでは過去2回にわたって、システムが失敗したら何をすべきかについて解決策を模索してきた。最良の解決策は、嵐をやり過ごすこと。これ以外にない。最良のシステムはこのトレンドのないボラティリティの非常に高い時期をどう切り抜けたのか。私は商品に依存しない5つのトレンドフォローシステムを選び、1983年1月から2000年10月までの期間にわたって検証してみた。そして、システムのなかから最も優れた1つを選びだすためにシステムをランク付けしてみた。システムは総利益、最大ドローダウン、平均ドローダウン、過去12カ月の利益、過去12カ月の最大ドローダウン、最長フラットタイムを基にランク付けした。ベンチマークとしては、単純なドンチャンの4週ブレイクアウトシステムを加えた。検証対象は、Tボンド、ユーロドル、Tノート、日本円、スイスフラン、原油、天然ガス、綿花、銅、生牛、オレンジジュース、砂糖、トウモロコシからなるポートフォリオである。

　検証したシステムは以下のとおりである。

●トレンドチャネル（サイエンティフィック・トレーディング・ソリューション。ジョン・トーランとスティーブ・マーシャル作成）

- ゴールデンSX──非最適化バージョン（マインド・ファイヤー・システムズ。ランディー・スタッキー作成）
- ダイナミックブレイクアウト（フューチャーズ・トゥルース作成）
- ベーシス２（アルファネット・システムズ。ジアド・チャハール作成）
- アベレイション（トレードシステム。キース・フィッチェン作成）

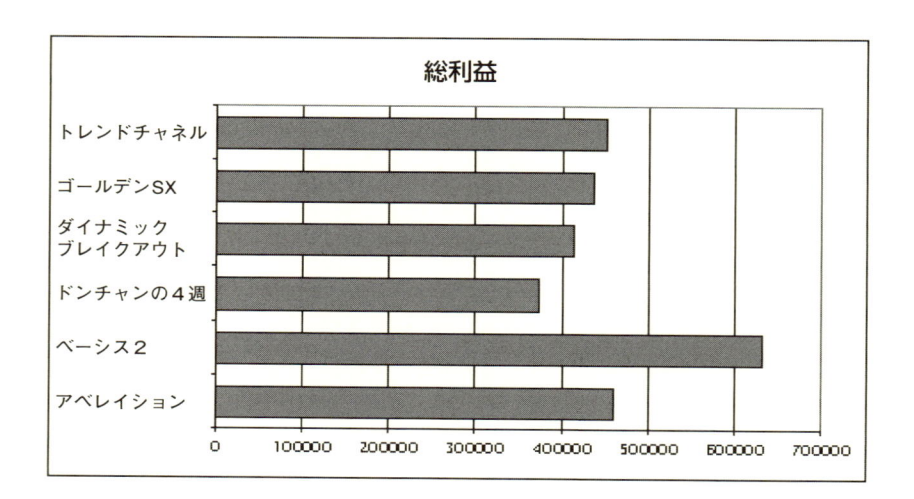

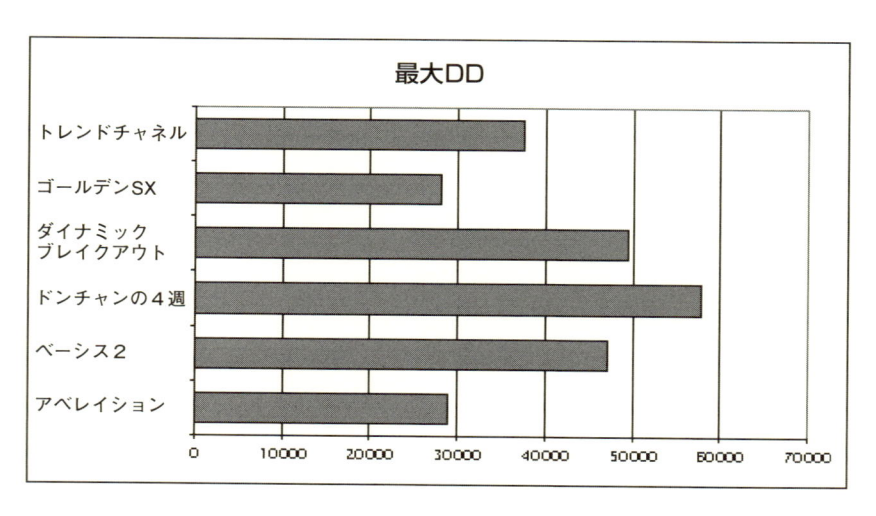

総利益

トレンドチャネル	~450000
ゴールデンSX	~430000
ダイナミックブレイクアウト	~410000
ドンチャンの4週	~370000
ベーシス2	~620000
アベレイション	~460000

最大DD

トレンドチャネル	~38000
ゴールデンSX	~28000
ダイナミックブレイクアウト	~50000
ドンチャンの4週	~58000
ベーシス2	~47000
アベレイション	~28000

	総利益		最大DD		平均DD	
アベレイション	459982	2	28993	2	22362	2
ベーシス2	631978	1	47154	4	22502	3
ドンチャン4週	374069	6	57834	6	28253	6
ダイナミックブレイクアウト	413809	5	49552	5	25775	5
ゴールデンSX	436861	4	28052	1	20853	1
トレンドチャネル	452208	3	37494	3	23508	4

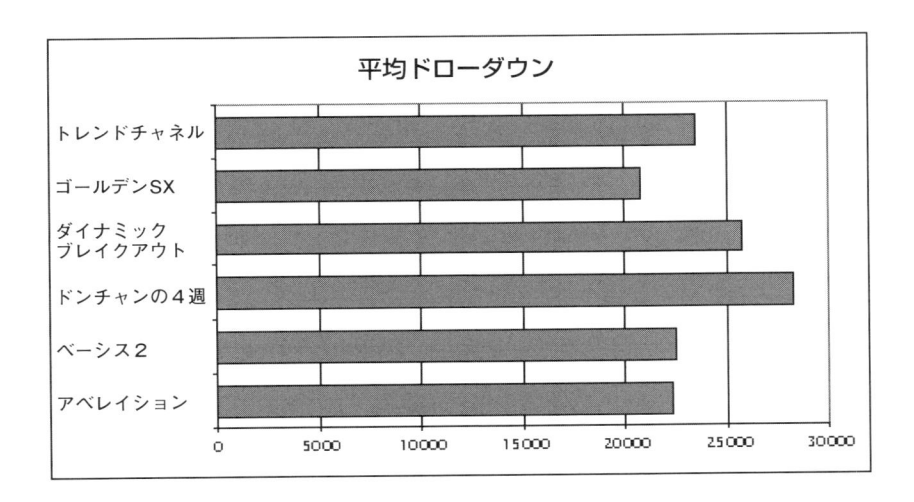

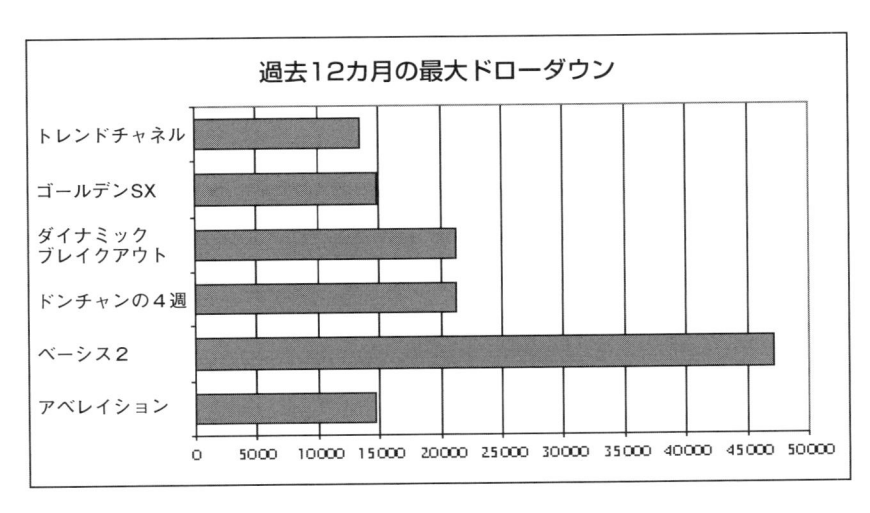

平均ドローダウン

過去12カ月の最大ドローダウン

	過去12カ月の利益		過去12カ月のDD		最長フラットタイム	
アベレイション	9916	3	14601	2	351	3
ベーシス2	-6716	6	47154	6	185	1
ドンチャン4週	1694	5	21219	4	422	4
ダイナミックブレイクアウト	4046	4	21315	5	524	6
ゴールデンSX	18593	2	14873	3	288	2
トレンドチャネル	25651	1	13478	1	484	5

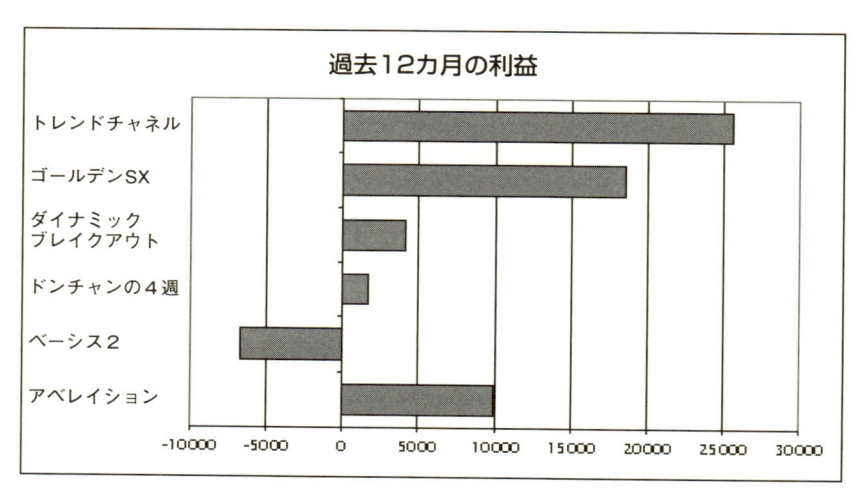

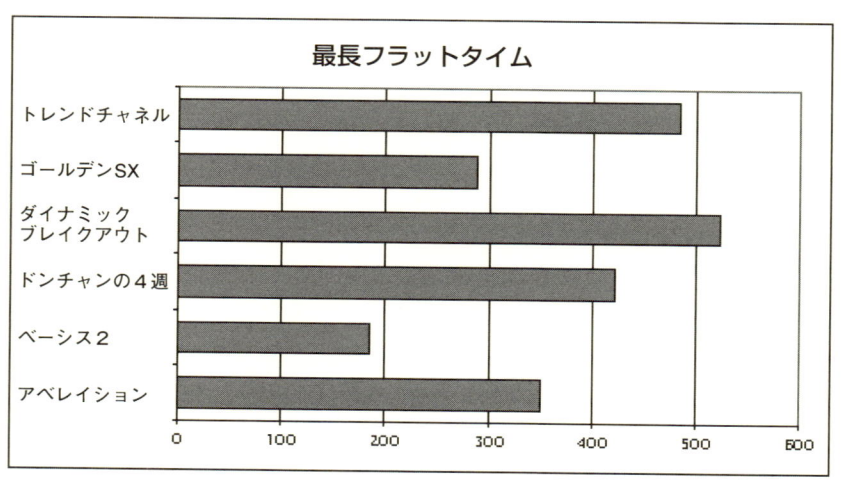

この分析によれば、勝者はアベレイション、ゴールデンSX、トレンドチャネルの3つだった。これら3つのシステムはパフォーマンスが似通っているため、どれが最良かを選ぶのは難しい。しんがりはベーシス2とダイナミックブレイクアウトだ。ベーシス2は最大ドローダウンが低ければもう少しマシだったと思う。ベーシス2は最大ドローダウンが過去12カ月の間に発生しているためダブルパンチを食らった。ダイナミックブレイクアウトは予想どおりドンチャン・ブレイクアウトよりパフォーマンスは若干良かった。成功したシステムの鍵を握るのは、分散化と体系的なプラン作りである。

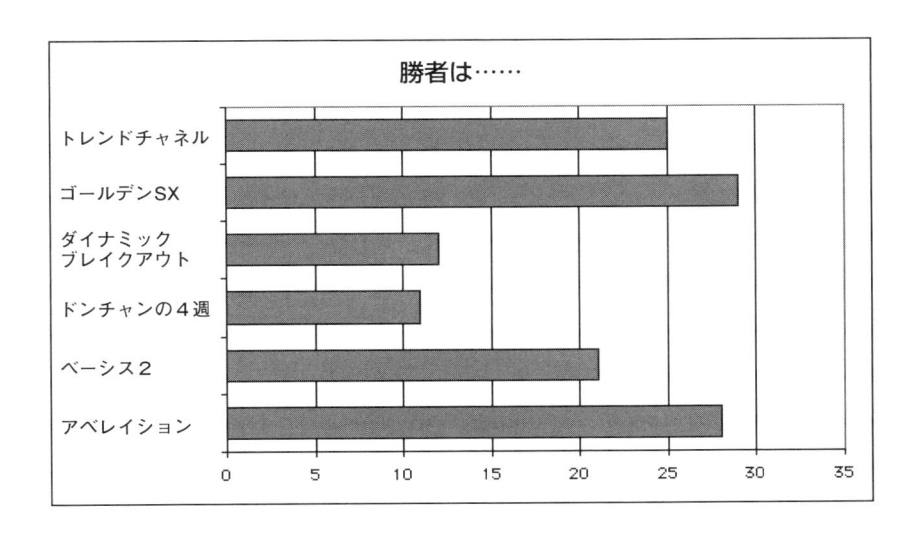

勝者は……

システム	値
トレンドチャネル	25
ゴールデンSX	29
ダイナミックブレイクアウト	12
ドンチャンの4週	11
ベーシス2	21
アベレイション	28

2001年2月・3月号
S&Pシステム対2000年

　2000年は何ともクレイジーな年だった。規則正しく上げていると思ったら、突如下げ相場に変わってしまったのだから。先物トレーダーたちは市場が一定の方向に動いているかぎり、どちらに動こうと気にしない。S&P500のチャートを見ると、ほとんどのトレーダーやシステムはボラティリティの高いスイングの一部はとらえられたのではないかと思うだろう。確かに、動きの一部をとらえたトレーダーやシステムはあったが、非常に高いリスクを払ってのことだった。2000年、S&Pでトラッキングしたシステムのいくつかは高いパフォーマンスを上げたが、それと同時に最悪のドローダウンを喫してしまった。日中ボラティリティが異常に高かったため、最悪の年になったシステムもあった。事実、システムのなかには１回も勝てずに、10いくつかの連敗を喫したものもあった。14連敗するときの気持ちって想像できるだろうか。

　これらのシステムが困難を極めた（今もそうかもしれない）のは、未知の領域で仕掛けたからである。この２年ほどボラティリティの高かった期間はない。ほとんどのシステムはこれよりもはるかに安定したデータで開発されたものである。今日の市場における500ドルのプロテクティブストップは1992年とはまったく異なる。新しいデータで開発した新しいシステムのこの間の検証結果は良かったが、1986年のバックテストでは最悪のパフォーマンスだった。S&Pトレーダーはにっちもさっちもいかない状態だ。彼らは、過去のパフォーマンスは良いが今日の市場ではパフォーマンスの悪いシステムをトレードするのだろうか、それとも今はパフォーマンスは良いが過去のパフォーマ

ンスの悪いシステムをトレードするのだろうか。システムベンダーは基本的に2つのグループに分けられる。グループAは、市場は変わらず、つまるところ需要と供給の市場原理に帰着すると信じ、グループBは、市場は絶えず変化し、アルゴリズムトレードは現在の市場の性質に基づいて変更する必要があると信じている。私は個人的にはこの問題に関してはどっちつかずだ。今日のS&Pの動きは5年前と同じであるとは言えないが、S&P始まって以来ずっと高いパフォーマンスを上げ続けているシステムがある。つまり、時を超え、多様性を超える市場原理というものが存在するということである。

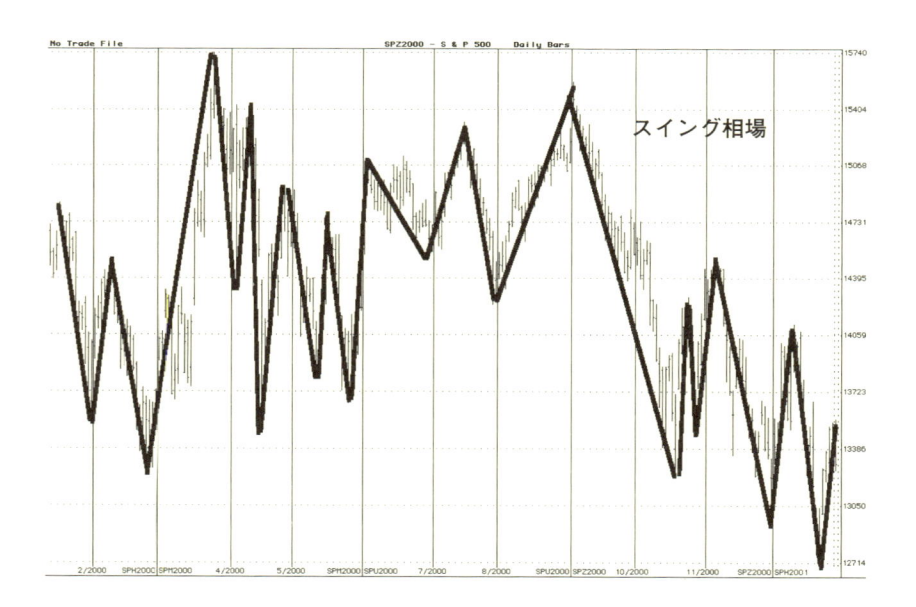

スイング相場

2000年は困難な年だったので、今回のこのコーナーでは私たちがトラッキングしているすべてのS&Pシステムのパフォーマンスを示すことにしよう。また、1993年から使われ続け、利益・ドローダウン比率が最も高いシステムのパフォーマンスも示す。2000年は何年も地下室に眠っていた多くのシステムが日の目を見た年でもある。準備はよいだろうか？　幼児や小さなペットが不快に感じるものをあなたは目にするかもしれない。

S&Pの2000年の典型的なトレード日（10分足チャート）

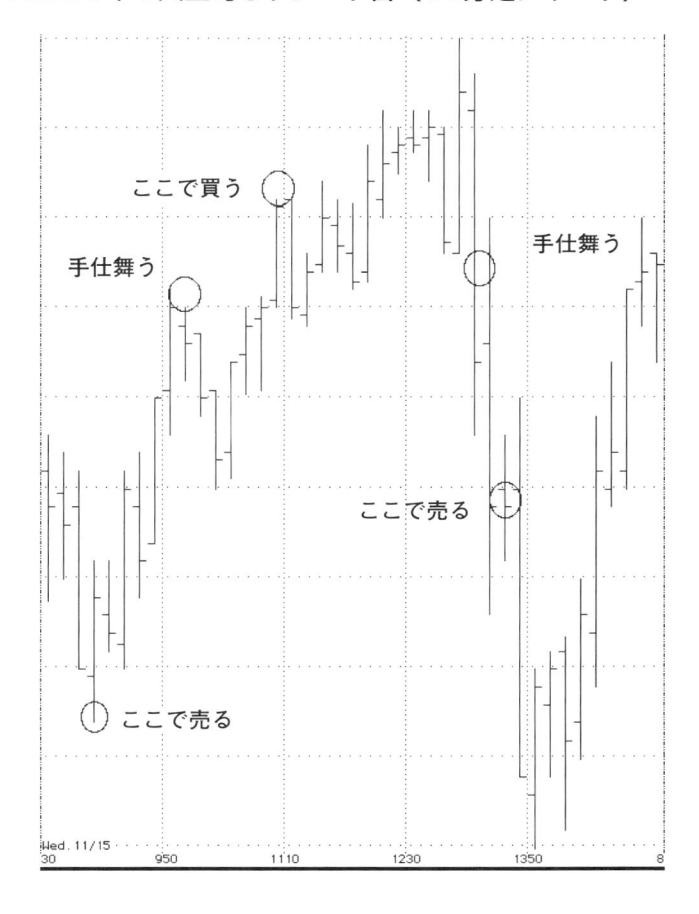

	2000年の利益	2000年のDD	総利益	総DD
トレンダー	150175	29425	68188	183825
ボルバット	66668	19555	93735	51495
アークス・プラス	55750	34600	40200	34600
サポート・レジスタンス	55618	33615	42343	77548
ETCデイトレード	49150	24025	64398	24025
シングル・バリアブル・リフレックス	96863	60350	288343	70563
Rメサ	46500	24600	151903	24600
スラストリバーザー	42650	13950	42650	13950
オニックス	83350	42825	83350	42825
Rブレーカー	38465	18250	151928	18250
アークス	37393	26845	102335	43953
ミッキー	35725	7775	35725	7775
クアッド	69560	24905	65235	60130
ETSインテリム	63300	22550	147263	40800
Rレベルズ	30375	11585	70215	21078
バウンダー	27043	13158	27043	13158
トレーダーズ・プロフィット・モーティブ	47713	54350	173835	58813
オーバーナイトA	41625	43750	19525	75950
ミラクル・トレーディング・メソッド	33675	35700	50938	96938
ペンジュラム	33625	29500	33625	29500
ウィーバーST	33125	27375	33125	27375
ベガ	28513	16150	48988	30350
SP/U	27525	11950	105463	22150
デスゾーン	8800	18825	8800	18825
パルサー・ボラティリティ	15425	33183	86253	33183
ターンキー	6998	9963	-3003	10478
サイクロン	5273	44805	105753	44805
デニスRSI	9400	20750	56363	25025
ブルー・マンデー	3025	12350	-2588	25525
STC S&P デイトレード	2953	27418	69343	30375
スイング・インデックス・システム	-400	57450	-1950	182150
マーケット・マッピング	-2458	12130	37863	17243
ゼニス1000	-2775	31625	25950	46313
パルサー・インパルス・パターン	-3450	36200	-50763	64175
ダイナモ	-2623	20358	42913	20358
マグネット	-15900	27418	104020	32768
パフォーマンス・ポートフォリオ3(中期)	-21275	52813	-21275	52813
パフォーマンス・ポートフォリオ3(短期)	-23100	26813	-7900	26813
デルタ・スレショールド	-12850	27850	-67963	83313
セカンド・インカム	-23600	44025	-74145	84270
PT S&P デイトレード	-30280	57723	50250	57723
ザ・ビッグ・ブルー	-33203	34055	1590	44848
タイム・トレンド3	-77500	77500	128613	80850
ETS デイリー	-128750	128750	-130013	190125

　Rブレーカーはほかのシステム同様、過去のボラティリティの影響を受けているが、ドローダウンは何とか2万ドルを下回っている。

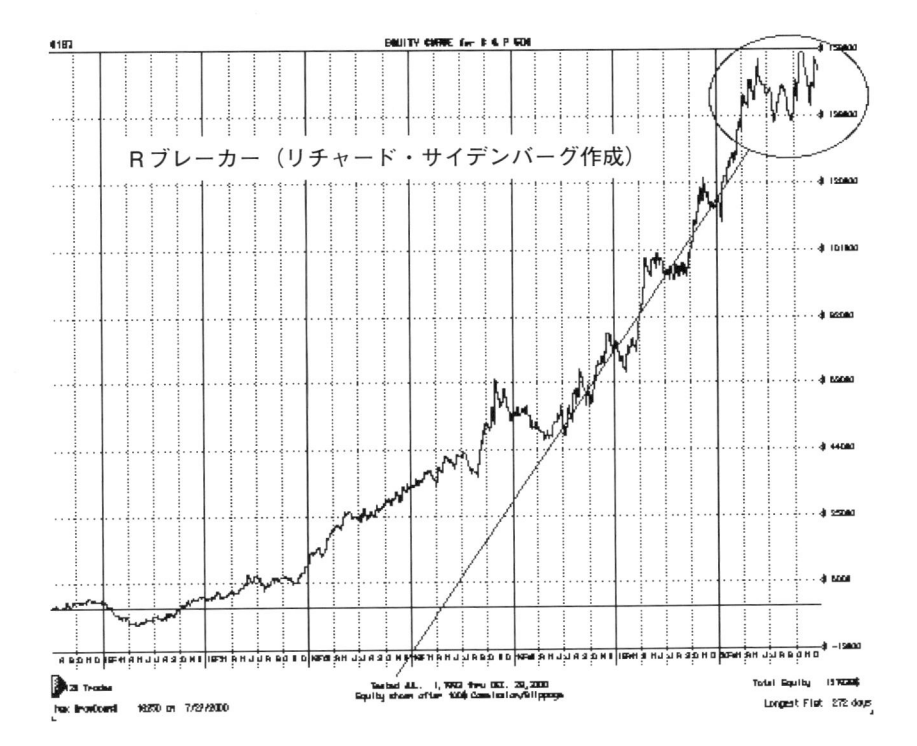

Rブレーカー（リチャード・サイデンバーグ作成）

2001年4月・5月号
スケールトレード

　だんだんとナンピンしていって、すべての玉に利が乗る。何という素晴らしい響き。でもこんなことは現実にはあり得ないのではないだろうか。事実そうである。この種のトレードでは、実は最後のポジションが曲者なのだ。

　スケールトレードは心臓の弱い人や資金の少ないトレーダーには向かない。これから説明する手法は概念は単純で、市場は必ず均衡点に戻ることを前提とするものである。この手法が最もうまくいくのは、全体的にトレンドがある短期の保ち合い相場である。

　このスケールシステムは市場がXだけ下落したときに指値で買い、Xだけ上昇したら利食いする。つまり、市場が下落したら（より良い価格で）買い、ポジションの1つが利益になったときにのみ手仕舞うということである。この手法は次第により良い価格で増し玉し、市場が全体的なトレンドの向きに動いているときに利食いする。この検証は単なる実験であって、教育目的のためだけに行うものであることを忘れないでほしい。スケールトレードはあなたのツールボックスに入れておくべきものだが、ここで説明するのとは違った使い方をすべきである。

　S&Pモデル —— S&Pを20ドル下がるたびに買い、20ドルの利益が出たら利食いする。

　それではトレード例を見てみよう。

```
20000103 09:30 BUY IT         GO>>LONG   1 147650
20000103 10:00 BUY IT         ADD+LONG   2 145650
20000104 11:40 BUY IT         ADD+LONG   3 143650
20000104 14:05 BUY IT         ADD+LONG   4 141650
20000105 08:55 BUY IT         ADD+LONG   5 139650
20000105 10:10 TAKING PROFI   SUB-LONG   4 141650   4900   929563
20000107 12:25 TAKING PROFI   SUB-LONG   3 143650   4900   934463
20000107 15:00 TAKING PROFI   SUB-LONG   2 145650   4900   939363
20000110 08:40 TAKING PROFI   SUB-LONG   1 147650   4900   944263
20000111 13:55 BUY IT         ADD+LONG   2 145650
20000114 08:30 TAKING PROFI   SUB-LONG   1 147800   5275   949538
20000120 11:05 BUY IT         ADD+LONG   2 145650
20000124 12:45 BUY IT         ADD+LONG   3 143650
20000124 14:20 BUY IT         ADD+LONG   4 141650
20000127 13:50 BUY IT         ADD+LONG   5 139650
20000128 12:00 BUY IT         ADD+LONG   6 137650
20000131 14:45 TAKING PROFI   SUB-LONG   5 139650   4900   954438
20000201 14:20 TAKING PROFI   SUB-LONG   4 141650   4900   959338
20000203 15:05 TAKING PROFI   SUB-LONG   3 143650   4900   964238
```

　何とも素晴らしい結果だ。日付に注目すると、このシステムがなぜこれほどの利益を上げたのか分かるはずだ。これは全体的なトレンドが強気で、短期の保ち合いのときに行ったトレードの一部を示したものである。全体的にトレンド相場にあり、短期の保ち合いというのは完璧なシナリオだ。では、市場が下降に転じたあとの結果を見てみよう。

```
20000906 14:15 BUY IT          ADD+LONG    5 151800
20000913 08:30 BUY IT          ADD+LONG    6 149650
20000918 10:30 BUY IT          ADD+LONG    7 147850
20000920 10:25 BUY IT          ADD+LONG    8 145850
20000922 08:30 BUY IT          ADD+LONG    9 143850
20000922 14:00 TAKING PROFI    SUB-LONG    8 145850    4900    1262013
20000927 13:55 BUY IT          ADD+LONG    9 143850
20000928 09:45 TAKING PROFI    SUB-LONG    8 145850    4900    1266913
20000928 14:10 TAKING PROFI    SUB-LONG    7 147850    4900    1271813
20000929 14:40 BUY IT          ADD+LONG    8 145850
20001004 08:30 BUY IT          ADD+LONG    9 143850
20001005 08:50 TAKING PROFI    SUB-LONG    8 145850    4900    1276713
20001006 09:35 BUY IT          ADD+LONG    9 143850
20001006 14:05 BUY IT          ADD+LONG   10 141850
20001010 14:10 BUY IT          ADD+LONG   11 139850
20001011 09:50 BUY IT          ADD+LONG   12 137850
20001011 11:40 TAKING PROFI    SUB-LONG   11 139850    4900    1281613
20001011 14:05 BUY IT          ADD+LONG   12 137850
20001012 08:55 BUY IT          ADD+LONG   13 135850
20001013 12:40 TAKING PROFI    SUB-LONG   12 137850    4900    1286513
20001017 13:00 BUY IT          ADD+LONG   13 135850
20001018 08:30 BUY IT          ADD+LONG   14 133850
20001018 10:00 TAKING PROFI    SUB-LONG   13 135850    4900    1291413
20001019 08:30 TAKING PROFI    SUB-LONG   12 137850    4900    1296313
20001019 13:40 TAKING PROFI    SUB-LONG   11 139850    4900    1301213
20001020 12:30 TAKING PROFI    SUB-LONG   10 141850    4900    1306113
20001025 08:30 BUY IT          ADD+LONG   11 139300
20001025 14:10 BUY IT          ADD+LONG   12 137850
20001026 10:05 BUY IT          ADD+LONG   13 135850
20001026 14:25 TAKING PROFI    SUB-LONG   12 137850    4900    1311013
20001027 15:10 TAKING PROFI    SUB-LONG   11 139850    4900    1315913
20001030 14:20 TAKING PROFI    SUB-LONG   10 141850    6275    1322188
20001031 13:20 TAKING PROFI    SUB-LONG    9 143850    4900    1327088
20001108 14:55 BUY IT          ADD+LONG   10 141850
20001109 08:35 BUY IT          ADD+LONG   11 139850
20001109 12:45 BUY IT          ADD+LONG   12 137850
20001109 13:30 TAKING PROFI    SUB-LONG   11 139850    4900    1331988
20001110 14:50 BUY IT          ADD+LONG   12 137850
20001113 08:30 BUY IT          ADD+LONG   13 135850
20001113 10:50 BUY IT          ADD+LONG   14 133850
20001113 13:25 TAKING PROFI    SUB-LONG   13 135850    4900    1336888
20001114 08:30 TAKING PROFI    SUB-LONG   12 137850    4900    1341788
20001114 11:50 TAKING PROFI    SUB-LONG   11 139850    4900    1346688
20001116 14:40 BUY IT          ADD+LONG   12 137850
20001120 08:40 BUY IT          ADD+LONG   13 135850
20001121 09:10 BUY IT          ADD+LONG   14 133850
20001121 13:05 TAKING PROFI    SUB-LONG   13 135850    4900    1351588
20001122 09:15 BUY IT          ADD+LONG   14 133850
20001127 08:30 TAKING PROFI    SUB-LONG   13 136050    5400    1356988
20001128 14:55 BUY IT          ADD+LONG   14 133850
20001130 10:30 BUY IT          ADD+LONG   15 131850
20001130 13:20 BUY IT          ADD+LONG   16 129850
20001130 14:20 TAKING PROFI    SUB-LONG   15 131850    4900    1361888
20001130 15:10 end contract    GO--FLAT   15 132150  -490225    871663
20001130 00:00 rollover        GO>>LONG   15 134120
```

どのトレードも勝ちトレードになっていることに注目しよう。最後の「rollover」というトレードを見てみよう。15枚すべてを手仕舞って、49万0225ドルの損失を出しているではないか！　最後のポジションが曲者と言ったのはこういうわけである。このケースの場合、問題は、死を決定づけたシステムをトレードし始めたのがいつなのかということである。1996年からトレードしていれば、このシステムによる損失は一時的な敗北で済んだはずである。しかし、トレードし始めたのがほんの数カ月前だとすれば、推して知るべしである。
　私はこのシステムをいくつかの市場で検証した（下落で買い、上昇で売る）。以下にそのパフォーマンスを示す。

S&Pを20ポイント下落したら買い、20ポイントの利益が出たら利食いする（勝率に注目）

純損益	581738$	平均年次損益	112594$
勝ち月	77%	%Gain/Mr+DD	14%
決済時最大DD	780150$	利益・DD比率0.14	2001年2月28日
値洗い時最大DD	780150$	利益・DD比率0.14	2001年2月28日
トレード数	385	年間平均トレード数	75
勝ちトレード	302	勝率	78.4%

S&Pを20ポイント上昇したら売り、20ポイントの利益が出たら利食いする

純損益	569800$	平均年次損益	110284$
勝ち月	42%	%Gain/Mr+DD	4%
決済時最大DD	1965375$	利益・DD比率0.06	2000年8月31日
値洗い時最大DD	2744388$	利益・DD比率0.04	2000年3月24日
トレード数	696	年間平均トレード数	135
勝ちトレード	383	勝率	55.0%

1000ドル下落したら買い、1000ドルの利益が出たら利食いする

	総損益	年次平均損益	最大DD	過去12カ月の利益	過去12カ月のDD	年間トレード	勝率	市場時間	勝ち：負け	%Gain/Mr+DD
Tボンド	163010	31550	276330	183570	113530	86	69.5	97	1.5	10.3
英ポンド	-18663	-3612	177675	-87475	161125	51	61.3	95	1.0	-1.9
日本円	-579088	-112082	1115688	-485475	743650	176	50.3	100	0.7	-9.5
スイスフラン	-1130475	-218802	1434300	-122450	488613	168	40.7	100	0.4	-14.7
コーヒー	-2429194	-470167	2913394	-1372856	1871363	418	57.2	98	0.6	-15.0

	純損益	最大DD 日付	トレード数	市場時間	必要平均証拠金	年次損益×10 ÷最大DD	%Gain/Mr+DD
過去6カ月	-942668	4051099 20010216	493	100	643490		-39.8
過去12カ月	-1884566	4051099 20010216	1065	100	603337		-39.8
年平均	-773040	857465 Avg. Hi 5	899	100	384869		-50.3
トータル	-3994039	4104144 20010216	4647	100	384869	-1.9	-16.2

1000ドル上昇したら売り、1000ドルの利益が出たら利食いする

	総損益	年次平均損益	最大DD	過去12カ月の利益	過去12カ月のDD	年間トレード	勝率	市場時間	勝ち：負け	%Gain/Mr+DD
Tボンド	-84330	-16322	467180	-171440	221980	98	55.6	99	0.9	-3.2
英ポンド	134250	25984	91025	67225	16100	61	72.9	99	1.8	24.9
日本円	397025	76844	376500	239125	189488	103	75.1	88	1.7	18.9
スイスフラン	187563	36303	88875	16925	37800	48	79.1	84	3.8	38.4
コーヒー	873244	169015	5716950	799069	543825	421	78.3	100	1.2	2.8

	純損益	最大DD 日付	トレード数	市場時間	必要平均証拠金	年次損益×10 ÷最大DD	%Gain/Mr+DD
過去6カ月	367693	177147 20001017	226	100	250619		157.5
過去12カ月	950969	504600 20000718	563	100	285972		109.3

2001年6月・7月号
静的から動的に

　今回は私たちの本『**究極のトレーディングガイド──全米一の投資システム分析家が明かす「儲かるシステム」**』(パンローリング)のために開発したシステムについて見ていくことにする。このS&Pデイトレードシステムはなかなかの可能性を秘めているが、過去12カ月はうまくいかなかった。問題は静的なマネーマネジメントストップにあるのではないかと思っている。動的なプロテクティブストップと利益目標で検証して、このシステムを改善できるかどうか調べることにしよう。

　まずシステムの説明から始めよう。

● 過去10日のATR（真の値幅の平均＝アベレージトゥルーレンジ）を算出し、これをボラティリティ測度とする。
● 過去10日の始値－終値の平均レンジを算出する。
● 過去10日の始値－終値の平均レンジを過去10日のATRで割り、この値が0.5より小さいときはトレードは行わない。
● 今日の高値、安値、終値を足し合わせ、3で割って今日のキープライスを算出する。
● 明日が買いに適した日なのか売りに適した日なのかを決定する。今日の終値が今日のキープライスよりも高ければ、明日は買いに適した日となり、今日の終値が今日のキープライスよりも低ければ、明日は売りに適した日となる。
● 明日が買いに適した日の場合、ボラティリティ測度に30％を掛け、それを始値に足して買いの逆指値を算出する。売りの逆指値は、ボ

ラティリティ測度に60％を掛け、そこから始値を差し引いて算出する。
- 明日が売りに適した日の場合、ボラティリティ測度に30％を掛け、そこから始値を差し引いて売りの逆指値を算出する。買いの逆指値は、ボラティリティ測度に60％を掛け、それに始値を足し合わせて算出する。
- 今日のATRの75％を今日のキープライスから差し引いて、明日の押し・戻りの買いトリガーを算出する。押し・戻りの買い価格は今日のキープライスから今日のATRの25％を差し引いた値になる。価格が押し・戻りの買いトリガーを下回ったら、押し・戻りの買い価格で買いポジションを建てる。
- 今日のATRの75％を今日のキープライスに足して、押し・戻りの売りトリガーを算出する。押し・戻りの売り価格は今日のキープライスに今日のATRの25％を足し合わせた値になる。価格が押し・戻りの売りトリガーを上回ったら、押し・戻りの売り価格で売りポジションを建てる。
- 午前10時（東部時間）以前と、午後3時半（東部時間）以降はトレードしない。
- 1日に行えるトレードは最大で2トレードまでで、互いに反対ポジションでなければならない（つまり、買いと売りを行うということ）。つまり、1日に買いポジション1つと売りポジション1つは建てられるが、同じ方向に2つのポジションを建てることはできない。
- 300ポイントのプロテクティブストップを使う。
- 今日の引けですべてのポジションを手仕舞う。

それでは、1990年から2001年4月までのパフォーマンスを見てみよう。

純損益	83265$	年次平均損益	7347$
幾何平均損益	28$	悲観的リターン	1.14
オプティマル f	0.07	幾何平均	1.0009
勝ち月	44%	%Gain/Mr+DD	17%
決済時最大DD	38175$	利益・DD比率0.19	2001年4月17日
値洗い時最大DD	38175$	利益・DD比率0.19	2001年4月17日
最良トレード	18650$	最悪トレード	−2150$
平均トレード	58$	純利益・純損失比率	1.2
平均勝ちトレード	1134$	平均損失	−616$
買いの純損益	70715$	売りの純損益	12550$
トレード数	1448	年間平均トレード数	128
勝ちトレード	557	勝率	38.5%
負けトレード	891	最大連敗数	30
1トレード当たりの平均日数	0.4	最長フラットタイム	1595日
市場時間	23%	シャープレシオ	0.13

	純損益	最大DD 決済	最大DD 値洗い	トレード数	勝率	平均勝ちトレード	連敗数	フラット日	市場時間	%Gain/Mr+DD	悲観的リターン
過去6カ月	-33423	38175 04/17/2001	38175 04/17/2001	64	10.9%	2035	30	123	10	-304.4	0.21
過去12カ月	-20908	38175 04/17/2001	38175 04/17/2001	155	20.6%	2593	30	123	15	-47.6	0.72

　過去12カ月は最悪だった。損失を出し、ドローダウンも大きかった。システムの設計が悪かったのだろうか、それとも手仕舞いの方法が悪かったのだろうか。私は後者のほうだと思う。システムは健全な原理に基づくもので、仕掛けテクニックは良い。このシステムを設計したとき、思いつくままに300ポイントのストップを使った。300ポイントは750ドルに相当する。750ドルはほとんどのトレーダーが任意のトレードに対して取るリスクとして安心できる水準だ。300ポイントのストップがベストだったかどうかを調べてみることにしよう。次の表はプロテクティブストップをいろいろに変えた場合のパフォーマンスを示したものだ。

	総損益	年次平均損益	最大DD	過去12カ月の利益	過去12カ月のDD	年間トレード数	勝率	市場時間	勝ち：負け	%Gain/Mr÷DD
200	14125	1246	37000	-15275	37000	128	32.2	19	1.0	2.9
250	47213	4166	41975	-28200	41975	128	35.3	21	1.1	8.7
300	83615	7378	38175	-20950	38175	128	37.8	23	1.2	16.8
350	89813	7925	37275	-15075	37275	128	39.2	24	1.2	18.4
400	90088	7949	33075	-11250	33075	128	40.6	24	1.1	20.5
450	105600	9318	26325	-6325	26325	128	41.6	25	1.2	29.1
500	103750	9154	31950	-15425	31950	128	42.2	26	1.2	24.3
550	84200	7429	37450	-20500	37450	128	42.7	26	1.1	17.2
600	77263	6817	32300	-14975	32300	128	43.2	26	1.1	17.9
650	67150	5925	29975	-15200	29975	128	43.6	27	1.1	16.6
700	47088	4155	38250	-24950	36550	128	43.8	27	1.1	9.4
750	41313	3645	40750	-26575	38550	128	44.1	27	1.1	7.8
800	28313	2498	48675	-33625	43725	128	44.3	27	1.0	4.6
850	24563	2167	44475	-31950	42025	128	44.5	28	1.0	4.3
900	23850	2104	47550	-34475	43075	128	44.7	28	1.0	3.9
950	17900	1579	45450	-31750	41125	128	44.8	28	1.0	3.1
1000	21175	1868	43675	-23925	43675	128	45.0	28	1.0	3.8
1050	21075	1860	44000	-21225	44000	128	45.1	28	1.0	3.7
1100	27450	2422	46425	-18525	46425	128	45.2	28	1.0	4.6
1150	29513	2604	46700	-10100	46700	128	45.4	29	1.0	5.0
1200	24838	2192	48100	-14050	48100	128	45.4	29	1.0	4.1
1250	17563	1550	50350	-14250	50350	128	45.4	29	1.0	2.8
1300	7575	668	52600	-18650	52600	128	45.4	29	1.0	1.1
1350	11550	1019	45975	-13050	45975	128	45.4	29	1.0	2.0
1400	16875	1489	40725	-4825	40725	128	45.5	29	1.0	3.2
1450	14500	1279	39875	-4150	39875	128	45.6	29	1.0	2.8
1500	17650	1557	41375	-7500	41375	128	45.6	29	1.0	3.3

　これを見ると300ポイントのストップはベストではなかったが、最悪でもなかったことが分かる。最もよいのは350と500の間あたりのようだ。この最適化をどう利用すればよいのだろうか。プロテクティブストップを450ポイントに変更すべきなのだろうか。手仕舞いテクニックを現在の市場状態に合うように設計すべきなのだろうか。過去12カ月においてはストップは広くしたほうがよかったことに注意しよう。過去12カ月はボラティリティが非常に高かった。固定マネーマネジメントストップをボラティリティの関数にするというのはどうだろうか。次の表は、プロテクティブストップとして10日ATRの一定パーセンテージを使った場合のパフォーマンスを示したものだ。

	総損益	年次平均損益	最大DD	過去12カ月の利益	過去12カ月のDD	年間トレード数	勝率	市場時間	勝ち：負け	%Gain/Mr+DD
10	-2600	-229	42350	-19250	39250	128	18.5	10	1.0	-0.5
15	60288	5320	32038	-9575	28475	128	25.6	14	1.1	14.1
20	75325	6646	32088	-11575	30950	128	31.2	17	1.1	17.6
25	56900	5021	36900	-19950	36900	128	35.3	19	1.1	11.8
30	30388	2681	43950	-28150	43800	127	38.0	21	1.0	5.4
35	40538	3577	38525	-20725	38525	128	40.6	23	1.1	8.1
40	59823	5279	42850	-8200	42850	128	42.6	24	1.1	10.9
45	64338	5677	34800	475	34800	128	43.9	25	1.1	14.0
50	44438	3921	35900	-2525	35900	128	44.2	26	1.1	9.4
55	39988	3528	39475	900	39475	128	44.5	27	1.1	7.8
60	28763	2538	41900	-5350	41900	128	44.8	28	1.0	5.3
65	11450	1010	44775	-10950	44775	128	45.0	28	1.0	2.0
70	7725	682	40175	-10400	40175	128	45.2	28	1.0	1.5
75	24450	2157	43150	-3375	43150	128	45.5	29	1.0	4.4
80	19525	1723	38075	1725	35800	128	45.5	29	1.0	3.9
85	39875	3518	35275	20675	33250	128	45.6	29	1.0	8.6
90	42613	3760	35275	22500	32350	128	45.8	29	1.1	9.2
95	38650	3410	37925	22800	27950	128	45.8	29	1.0	7.8
100	39450	3481	38150	22300	27950	128	45.8	30	1.0	7.9

　これも革新的なアイデアではないように思える。適応型ストップはボラティリティの高い期間においては機能した（過去12カ月のパフォーマンスと、静的ストップを使った場合の過去12カ月のパフォーマンスを比較してもらいたい）。つまり、プロテクティブストップは適応型にしなければならないということなのである。ただし、単なるパーセンテージストップでは不十分である。複数のストップを組み合わせたらどうなるだろう。ボラティリティの低い期間では、10日ATRの低パーセンテージではタイトすぎることが分かった。そこで、300ポイントの静的ストップと10日ATRの20％の大きいほうを使ってみることにしよう。

純損益	79815$	年次平均損益	7043$
幾何平均損益	25$	悲観的リターン	1.12
オプティマル f	0.06	幾何平均	1.0007
勝ち月	45%	%Gain/Mr+DD	18%
		市場時間平均リターン	78%
決済時最大DD	32400$ 利益・DD比率0.22	2001年4月17日	
値洗い時最大DD	32400$ 利益・DD比率0.22	2001年4月17日	
最良トレード	18650$	最悪トレード	-2150$
平均トレード	55$	純利益・純損失比率	1.1

平均勝ちトレード	1223$	平均損失	−723$
買いの純損益	73578$	売りの純損益	6238$
トレード数	1448	年間平均トレード数	128
勝ちトレード	579	勝率	40.0%
負けトレード	869	最大連敗数	13
1トレード当たりの平均日数	0.5	最長フラットタイム	1595日
市場時間	24%	シャープレシオ	0.12

	純損益	決済時最大DD	値洗い時最大DD	トレード数	勝率	平均勝ちトレード	連敗数	フラット日	市場時間	%Gain/Mr+DD	悲観的リターン
過去6カ月	−23925	28275	28275	64	23.4%	2655	10	123	15	−281.3	0.54
		04/17/2001	04/17/2001								
過去12カ月	−17500	30875	30875	155	29.0%	2695	10	127	20	−47.8	0.82
		04/17/2001	04/17/2001								

それほど印象的な結果ではないが、トータルドローダウンは減少し、過去12カ月のパフォーマンスは上がった。次に、動的な利益目標について見てみよう。単純な利益目標は機能しないことが分かった。トレーリングストップは利食いする前に市場が変動する余地を与えるので、こちらのほうが利益目標よりも優れている。このシステムでは、10日ATRの20％の利益を達成したあと、ブレークイーブンストップを置くとどうなるか見ていくことにしよう。つまり、市場が10日ATRの20％だけ私たちに有利な方向に動いたあと、仕掛けた位置にストップを移動させるということである。結果は以下のとおりである。

純損益	80490$	年次平均損益	7102$
幾何平均損益	25$	悲観的リターン	1.15
オプティマルf	0.08	幾何平均	1.0009
勝ち月	50%	%Gain/Mr+DD	26%
		市場時間平均リターン	139%
決済時最大DD	21350$	利益・DD比率0.33	2001年4月17日
値洗い時最大DD	21350$	利益・DD比率0.33	2001年4月17日
最良トレード	18650$	最悪トレード	−2150$
平均トレード	56$	純利益・純損失比率	1.2

平均勝ちトレード	1302$	平均損失	−445$
買いの純損益	53315$	売りの純損益	27175$
トレード数	1448	年間平均トレード数	128
勝ちトレード	415	勝率	28.7%
負けトレード	1033	最大連敗数	22
1トレード当たりの平均日数	0.4	最長フラットタイム	1012日
市場時間	19%	シャープレシオ	0.14

	純損益	決済時最大DD	値洗い時最大DD	トレード数	勝率	平均勝ちトレード	連敗数	フラット日	市場時間	%Gain/Mr+DD	悲観的リターン
過去6カ月	−9250	21350	21350	64	18.8%	3008	11	81	13	−136.5	0.66
		04/17/2001	04/17/2001								
過去12カ月	−4150	21350	21350	155	21.3%	2894	11	98	17	−15.3	0.87
		04/17/2001	04/17/2001								

これは非常に効果的で、利益は上昇し、ドローダウンは減少した。市場のボラティリティが非常に高いとき、売り買いは問題ではない。こんなときは損切りになる可能性が非常に高いので、利食いをしたほうが賢明だ。それでは元のシステムで静的な300ポイントのストップと300ポイントの利益目標を使ったときのパフォーマンスを見てみよう。

純損益	67778$	年次平均損益	5980$
幾何平均損益	21$	悲観的リターン	1.14
オプティマルf	0.08	幾何平均	1.0008
勝ち月	45%	%Gain/Mr+DD	20%
		市場時間平均リターン	96%
決済時最大DD	24025$ 利益・DD比率0.25	2001年4月17日	
値洗い時最大DD	24025$ 利益・DD比率0.25	2001年4月17日	
最良トレード	18650$	最悪トレード	−2150$
平均トレード	47$	純利益・純損失比率	1.2
平均勝ちトレード	1054$	平均損失	−464$
買いの純損益	62803$	売りの純損益	4975$
トレード数	1448	年間平均トレード数	128

勝ちトレード	487	勝率	33.6%
負けトレード	961	最大連敗数	30
1トレード当たりの平均日数	0.4	最長フラットタイム	1595日
市場時間	21%	シャープレシオ	0.12

	純損益	決済時最大DD	値洗い時最大DD	トレード数	勝率	平均勝ちトレード	連敗数	フラット日	市場時間	%Gain/Mr+DD	悲観的リターン
過去6カ月	-19050	24025	24025	64	10.9%	2036	30	123	6	-255.9	0.31
		04/17/2001	04/17/2001								
過去12カ月	-7125	24025	24025	155	16.1%	2624	30	123	10	-23.9	0.79
		04/17/2001	04/17/2001								

　これは最初のときよりも良くなっているが、動的なストップを使ったときほどではない。この検証を通して、いくつか重要なことが分かった。そのうちの2つは、動的パラメーターを使うことと、トレーリングストップを使うことの重要性だ。

2001年8月・9月号
移動平均──単純、指数、加重……とでは違いがあるのか？

　移動平均アプローチはいまだ健在でうまくいっている。私たちが今トラッキングしているシステムのほとんどは何らかの移動平均を使っている。移動平均はトレンドの変化を察知するのに非常に有効なテクニックだ。しかし、移動平均はトレンドの変化に遅行しすぎるため使い物にならないと感じているテクニカルアナリストが多い。遅行があることは認めるが、この遅行がちゃぶつきを防ぐのに役立つ場合が多いのだ。

　移動平均は３つのタイプに分けられる。

● 単純移動平均（SMA）　算術移動平均とも言い、これは価格を単純に平均したもの。計算方法は、一定期間にわたる価格を足し合わせてその期間数で割る。例えば、終値の９日単純移動平均は、過去９日分の終値の値を足し合わせて、９で割って算出する。これを毎日繰り返す。

● 指数移動平均（EMA）　指数関数的に重みを減少させた移動平均。最初のEMAの値は単純移動平均を使って計算し、次からのEMAの値は次のように計算する。

平滑化係数（a）＝ 2 ÷（EMAの期間 + 1）
EMA ＝（今日の価格 × a）+（前日のEMA ×［1 − a］）

　例えば、９日の終値のEMAの値を計算するには、まず１日目は過

去9日間の単純移動平均を計算しそれを1日目のEMAとする。2日目以降は次のように計算する。

$a = 2 ÷ (9 + 1) = 0.20$
EMA =（今日の終値×0.20）+（前のEMA×0.80）

指数移動平均は単純移動平均よりも最近のデータをより重視する。

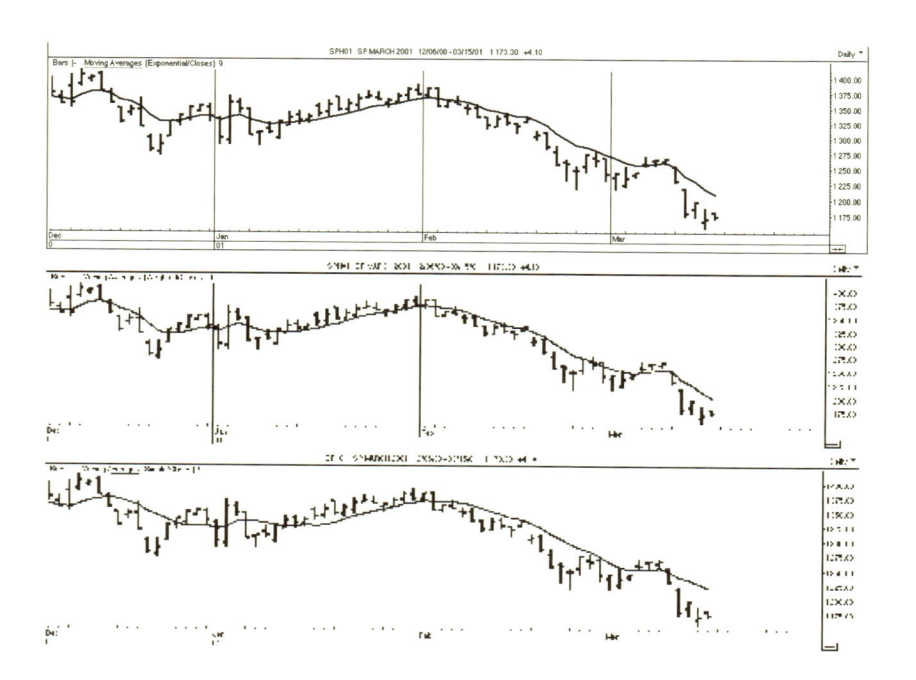

●**加重移動平均（WMA）** 加重移動平均は個々のデータに異なる重みをつけて平均を計算するもので、最近のデータを最も重視する。各データの重みは最も現在に近い日の重みを最も重くし、そこから重みを線形に減らしていく。

例えば、4日の終値のWMAを計算する場合、重みは次のようになる。

日	重み	終値	重み付けした終値
1	1	10	10
2	2	12	24
3	3	14	42
4	4	16	64
トータル	10		140

WMA = 140 ÷ 10 = 14

このプロセスを毎日繰り返す（移動平均の説明はビーソフトのPRO/TAによる）。

　図を見ると分かるように、3つの移動平均にそれほど大きな違いはない。しかし、この小さな違いが大きな違いを生むのだ。そこで3つの移動平均システムをプログラミングして、ポートフォリオで検証してみた。

トレード対象	単純			指数			加重		
	損益	最大DD	年間トレード数	損益	最大DD	年間トレード数	損益	最大DD	年間トレード数
Tボンド	39750	35050	11	18300	35250	10	42940	29700	12
Tノート	46480	16550	10	37220	13850	10	46530	14750	13
ミニボンド	41620	19820	11	-9490	49940	11	22000	20900	13
英ポンド	31681	53663	11	23600	61875	11	21975	53063	13
ユーロ通貨(独マルク)	59138	31763	11	126838	28725	10	98738	43750	12
日本円	122288	23013	10	138050	28550	9	147850	18075	12
スイスフラン	54563	25425	11	73325	23663	10	43913	27200	13
原油	54640	18990	13	21540	27680	13	13580	20830	15
灯油	33680	25809	14	21752	22562	12	-30022	52387	15
天然ガス	99670	29090	12	105170	27490	11	109470	19420	14
綿花	54185	19770	13	43490	44300	12	14750	30320	14
コーヒー	-5981	97969	12	3769	133988	12	-27863	106988	15
砂糖	1579	14638	12	7627	10842	10	-2766	21974	13
大豆	-43045	62570	14	-23230	57805	12	-12955	43960	16
トウモロコシ	-9200	18463	12	10450	14125	11	-125	13613	14
小麦	-21000	31600	13	-7775	24225	12	-12850	26100	14
銀	-90900	109665	14	-37020	40985	12	-44100	53105	15
金	-24010	30520	13	-25420	26530	13	-8040	21010	15
生牛	-20764	25348	15	-15708	25752	12	-22616	24408	17

　この表は9日移動平均線が39日移動平均線を交差したときに買ったパフォーマンスを示したものだ。移動平均線が交差したあとの日の寄り付きで仕掛けた。往復手数料およびスリッページとして75ドルが含まれている。検証期間は1983年から2001年6月までである。

　最もパフォーマンスが高かったのは指数移動平均線システムである。このシステムはトレンド相場で高いパフォーマンスを上げているが、トレンド相場でなくてもそれほど大きな打撃は受けていない（表の最後のトレード対象を参照）。単純移動平均線システムと加重移動平均線システムは五分五分だった。全体的にそれほど大きな違いはないが、市場ベースで見ると大きな違いのあることが分かる。どの移動平均線を使うべきだろうか。直近の市場状態に速やかに合わせたいのであれば、指数移動平均線システムか加重移動平均線システムがよいだろう。これらのシステムは何らかの利食いテクニックを併用するとうまくいくことがある。また、トレンドに乗りたいのであれば単純移動平均線システムがよいだろう。

どの移動平均線システムを使うにしても、次に述べることは知っておかなければならない（ダレル・ジョブマンの『ハンドブック・オブ・テクニカル・アナリシス（Handbook of Technical Analysis)』より）。

　移動平均は、
● 完璧な指標ではない。
● トレンドが長く続くときに最もよく機能する。これはトレンドフォローシステムと同じ。
● 計算が簡単で、だれにでも簡単に使えるか、非常に複雑になるかのいずれか。
● 底や天井をとらえるのには使えないので、ほかの手法に比べるとそれほど大きな利益にはならない。最もよいのは動きの一部をとらえ、それが利益に結びつくことを祈るしかない。
● 機械的で感情が入らないため、大きな動きに乗ることができる。
● 期間が短すぎるとダマシのシグナルに引っかかることが多い。市場がトレンド相場からレンジ相場に突然変わると、ちゃぶつくこともある。これは移動平均システムには付き物である。これはトレードに対するあなたの規律を試す大きな試練になることもある。

動的移動平均線の交差システム

```
vars: x(0),y(0),xx(0),yy(0),delta_vol2(0),
delta_vol1(0),var_a(12),var_b(41),
old_var_a(0),ceiling1(23),ceiling2(50),
floor1(12),floor2(41),old_var_b(0);

x = Stddev(close,20);
y = Stddev(close[1],20);
```

```
xx = Stddev(close,30);
yy = Stddev(close[1],30);
delta_vol1 = (x-y)/x;
delta_vol2 = (xx-yy)/xx;

old_var_a = var_a;
var_a = old_var_a*(1+delta_vol1);
var_a = MaxList(var_a,floor1);
var_a = MinList(var_a,ceiling1);

old_var_b = var_b;
var_b = old_var_b*(1+delta_vol2);
var_b = MaxList(var_b,floor2);
var_b = MinList(var_b,ceiling2);

if(average(close,round(var_a,0))>average(close,round(var_b,0))) buy tomorrow at open;
if(average(close,round(var_a,0))<average(close,round(var_b,0))) sell tomorrow at open;
```

2001年10月・11月号
適応型移動平均システム──バトル・ロワイヤル

検証対象

- ●39日単純移動平均システム
- ●KAMA（ペリー・カウフマン作成）
- ●VIDYA（トゥーシャー・シャンデ作成）
- ●MAMA（ジョン・エーラース作成）

　適応型アプローチは長年にわたって使われてきたが、まだ広く普及するには至っていない。今日のハイテク指向のトレーダーたちは、最近の堅牢な手法に適応型アプローチを適用し始めている。この研究の中心的存在は移動平均線システムだ。すでにお分かりのように、移動平均線の長さによって機能する時期は異なる。ときには、9日移動平均線が39日移動平均線よりも機能することがある。そこで、移動平均線の長さをどうするかという問題が生じる。移動平均線の長さはどうも時期によって変える必要があるようだ。今回のこのコーナーでは、これまでの移動平均線システムの仲間に加えることができる人気の適応型エンジンを検証したいと思う。適応型エンジンがうまくいくのかどうか調べてみることにしよう。

　まずベンチマークとして39日単純移動平均線の交差システムを検証してみることにしよう。このシステムは、その日の終値が移動平均線を下から交差した場合、翌日の始値で買い、その日の終値が移動平均線を上から交差した場合、翌日の終値で売るというものだ。

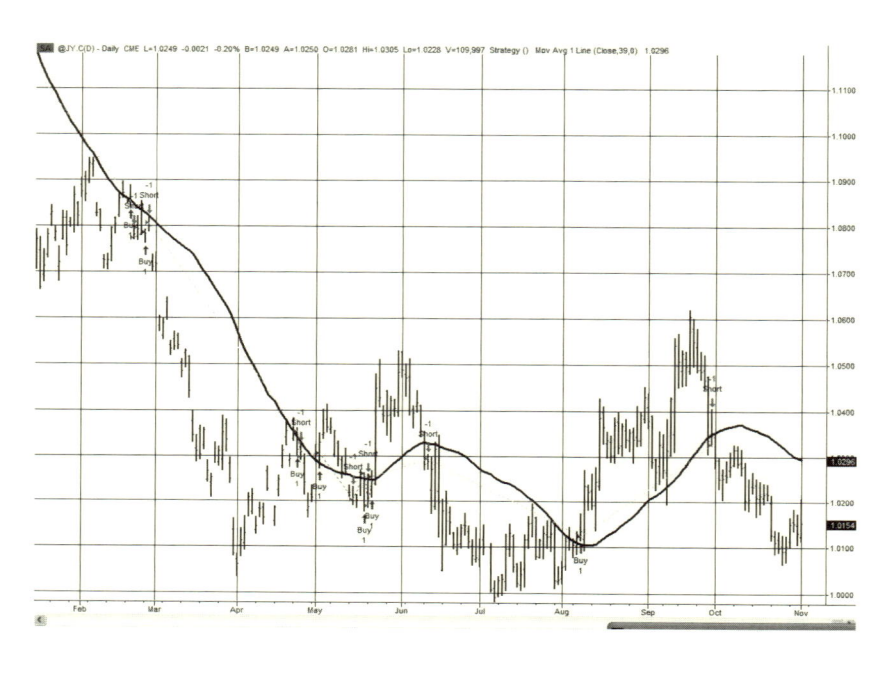

純利益	$120,150.00	プロフィットファクター	1.59
総利益	$325,200.00	総損失	($205,050.00)
総トレード数	357	勝率	34.73%
勝ちトレード数	124	負けトレード数	229
損益ゼロのトレード	4		
1トレードの平均損益	$336.55	ペイオフレシオ	2.93
平均勝ちトレード	$2,622.58	平均負けトレード	($895.41)
最大勝ちトレード	$24,562.50	最大負けトレード	($5,812.50)
最大連勝数	5	最大連敗数	11
勝ちトレードの平均日数	28.44	負けトレードの平均日数	5.81
トレードの平均日数	13.67		
最大枚数	1	必要口座サイズ	$24,362.50
口座リターン	120.15%	年間リターン	4.38%
リターンリトレースメントレシオ	0.10	RINAインデックス	74.05
トレード期間	18年7日	市場時間	99.98%
口座最高額	$129,137.50		
日中での最大DD		決済時最大DD	
額	($32,225.00)	額	($24,362.50)
純利益の対DD比	372.85%	純利益の対DD比	493.18%
1トレードでの最大DD	($7,062.50)		

パフォーマンスは悪くはないが、それほど素晴らしいとは言えないというお馴染みの結果だ。単純移動平均システムは機能するときもあるが、トレードツールに加えるほどの安定性はない。

　次に、適応型エンジンが解決の糸口になるのかどうか調べることにしよう。まず、ペリー・カウフマンのKAMAを検証する。ペリー・カウフマンはこのシステムを1995年の彼の書『スマーター・トレーディング（Smarter Trading）』のなかで発表した。KAMAは、ノイズの大きな市場はノイズの少ない市場よりもトレンドがゆっくりと形成されなければならないことをベースとするものである。つまり、ノイズの大きな（ボラティリティの高い）市場では遅延の大きな移動平均を使い、トレンド市場では遅延の小さな移動平均を使用すべきということである。移動平均は長さが長いほど、遅延は大きくなる。ボラティリティの高い市場は多くのアップダウンが発生するが、方向性は定まらない。どうしてこんな相場でトレードして、ちゃぶつきのリスクを抱える必要があるのか。KAMAは過去x日の終値の変化率と過去x日の終値の資本収益率との関係を測定して、移動平均の速度を変化させる。

　（昨日の終値－10日前の終値）の絶対値÷（今日の終値－昨日の終値）の絶対値の10日間の和

　これはボラティリティの極めて動的な計算方法だ。ほとんどのボラティリティが特定の期間における高値と安値の差を計算するのに対して、ペリーは「価格が上下動しているときはノイズはもっとアクティブなものとしてとらえなければならない」と指摘する。価格が特定の安値から特定の高値に動くのはそれほど重要でなく、どのように下がるかというパターンが重要というわけである。価格が安値から高値へ、そしてまた高値から安値へと変動する市場は、単に安値から高

値に動く市場よりも明らかにボラティリティが高く、ノイズも大きい。KAMAはノイズのこの測度を使って指数移動平均線の速度をパラメーターaからパラメーターbへと変化させる。最初の検証では移動平均線のパラメーターを9から39に変化させ、単純移動平均線システムと同じ方法で仕掛けと手仕舞いを行った。パフォーマンスは単純移動平均線システムより若干良い程度だった。ペリーはより長期の遅い移動平均線（30日）を提案している。30日は平方すると900日になる。これで実質的には方向感のない市場では移動平均線の傾きはゼロに維持される。方向感のない市場でのトレードを抑制するには追加的フィルターが必要になる。そのため私は遅行移動平均線（LAMA）をKAMAに追加した。私はこのアイデアをジョン・エーラースの『**ロケット工学投資法**』（パンローリング）より得た。平滑化定数の1/2を使うことでLAMAはKAMAに追随するが、縦の動きがあまりよくない。LAMAをKAMAに追随させることで、市場の方向感がなくなったときのちゃぶつきを避けることができる。

　イージーランゲージのコードは以下のとおりである。

myVolat = absvalue(close-close[10])/summation(absvalue(close-close[1]),10);
　fastMovAvg = 3 {長さを2乗するので。9の平方根は3}
　slowMovAvg = 6 {39の平方根はおよそ6}

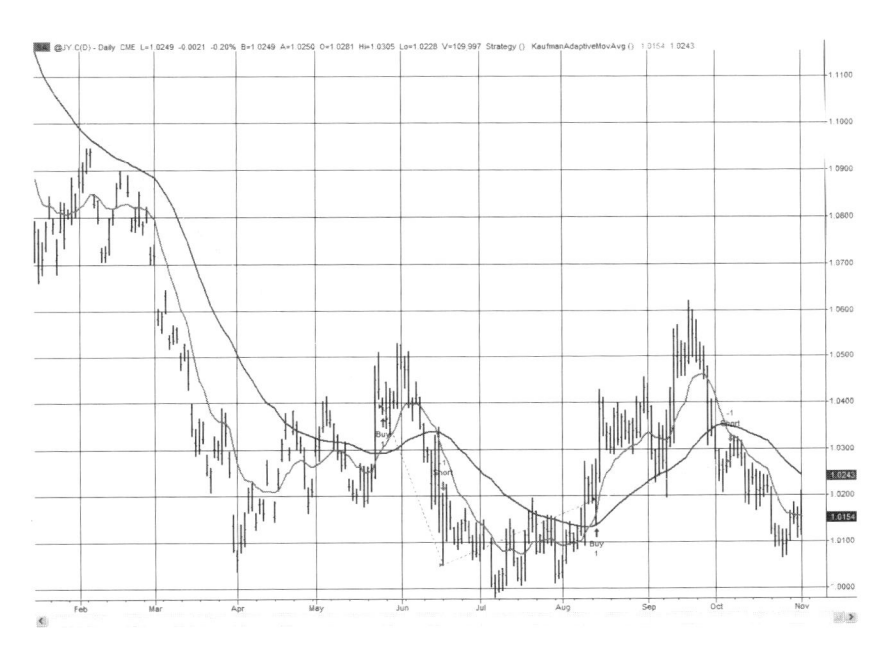

純利益	$147,200.00	プロフィットファクター	2.34
総利益	$257,400.00	総損失	($110,200.00)
総トレード数	101	勝率	45.54%
勝ちトレード数	46	負けトレード数	55
損益ゼロのトレード	0		
1トレードの平均損益	$1,457.43	ペイオフレシオ	2.79
平均勝ちトレード	$5,595.65	平均負けトレード	($2,003.64)
最大勝ちトレード	$32,362.50	最大負けトレード	($6,525.00)
最大連勝数	4	最大連敗数	9
勝ちトレードの平均日数	77.22	負けトレードの平均日数	19.56
トレードの平均日数	45.82		
最大枚数	1	必要口座サイズ	$19,337.50
口座リターン	147.20%	年間リターン	5.02%
リターンリトレースメントレシオ	0.10	RINAインデックス	70.18
トレード期間	18年7日	市場時間	99.97%
口座最高額	$161,725.00		
日中での最大DD		決済時最大DD	
額	($27,775.00)	額	($19,337.50)
純利益の対DD比	529.97%	純利益の対DD比	761.22%
1トレードでの最大DD	($7,162.50)		

fastSmo = 2/ (fastMovAvg + 1);
slowSmo = 2/ (slowMovAvg + 1);

KAMA = KAMA[1] + (myVolat *(fastSmo - slowSmo) + slowSmo)^2)*(close - KAMA[1]);
LAMA = LAMA[1] + .5*((myVolat*(fastSmo - sllowSmo) + slowSmo)^2)*(KAMA - LAMA [1])

　ボラティリティを適応型エンジンとして使っているもう1つのシステムはトゥーシャー・シャンデのVIDYA（Variable Index Dynamic Average）である。KAMAと同じように、VIDYAも指数平滑移動平均線を毎日のトレンドの速度を変化させるのに使っている。しかし、VIDYAは平滑化定数として定数を使っており、相対ボラティリティに基づくファクターを使ってトレンドの速度を変化させ、平滑化定数の影響を多くしたり少なくしたりしている。条件をできるだけ一定にするため、私は39日指数移動平均線を固定平滑化定数として使った。

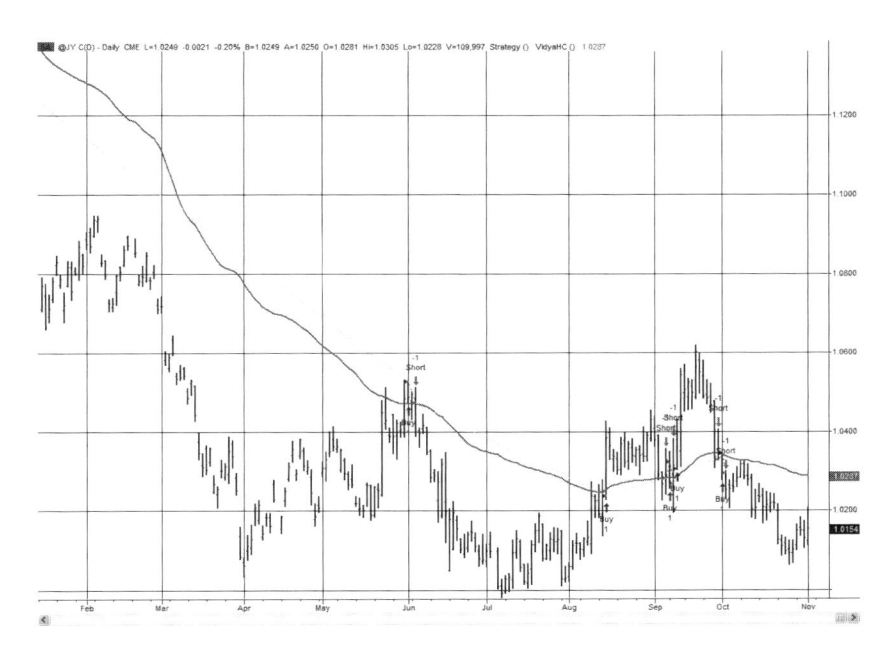

純利益	$149,337.50	プロフィットファクター	2.36
総利益	$259,037.50	総損失	($109,700.00)
総トレード数	199	勝率	33.67%
勝ちトレード数	67	負けトレード数	131
損益ゼロのトレード	1		
1トレードの平均損益	$750.44	ペイオフレシオ	4.62
平均勝ちトレード	$3,866.23	平均負けトレード	($837.40)
最大勝ちトレード	$29,725.00	最大負けトレード	($3,387.50)
最大連勝数	3	最大連敗数	7
勝ちトレードの平均日数	57.48	負けトレードの平均日数	6.64
トレードの平均日数	23.73		
最大枚数	1	必要口座サイズ	$11,775.00
口座リターン	149.34%	年間リターン	5.07%
リターンリトレースメントレシオ	0.10	RINAインデックス	114.87
トレード期間	18年7日	市場時間	99.97%
口座最高額	$160,025.00		
日中での最大DD		決済時最大DD	
額	($22,862.50)	額	($11,775.00)
純利益の対DD比	653.20%	純利益の対DD比	1268.26%
1トレードでの最大DD	($3,587.50)		

k=stddev*(close,period) / stddev(close, histper);
sc = 2/(pperiod+1)
VIDAY = k*sc*close + (1k*sc)*VIDAY [1]

　VIDYAは最初に設定した39日よりも長い指数移動平均線を使っているようだ。これによって39日単純移動平均線よりもトレード数ははるかに少ない。
　サイクル分析の第一人者として知られるジョン・エーラースは、ほかとはまったく異なる適応型エンジンを考案した。これまではボラティリティに基づく適応性についてのみ議論してきたが、ここではジョンのサイクルをベースにしたアプローチについて調べていくことにしよう。
　「MAMA（mesa adaptive moving averages）の基本的な考え方は、位相の変化率を指数移動平均線の a に関連付けることで、指数移動平均線を適応性のあるものにする」

　前回のこのコーナーでは、指数移動平均線について議論した。a は指数移動平均線の計算に用いる平滑化係数を意味する。a の値が小さいほど、現在の値の前の値に対する依存度は高くなる。
　「サイクルの周期は360°で、0°から360°までが1サイクルになる。位相は途切れることなく継続するが、各サイクルの初めは位相は必ず0°に戻る。したがって、位相の変化率は1サイクルにつき360°である。サイクルが短いほど、位相の変化率は速くなる。例えば、36本の足のサイクルの位相の変化率は1の足につき10°で、100本の足のサイクルの位相の変化率は1本の足につき3.6°である。市場がトレンドモードにあるとき、サイクルの周期は長くなる」
　MAMAはヒルベルト変換の位相の変化率を使って適応型移動平均線をフィルターとして機能させている。MESA、MAMA、ヒルベル

ト変換についてさらに詳しく知りたい人は、ジョン・エーラースの『ロケット工学投資法』をチェックしてもらいたい。私はMAMAを同じく9日と39日（速い移動平均線と遅い移動平均線）の移動平均線の交差システムを使って検証した。つまり、KAMAと同じ方法を使ったということになる。前に述べたように、これはジョン・エーラースによって提案されたものである。

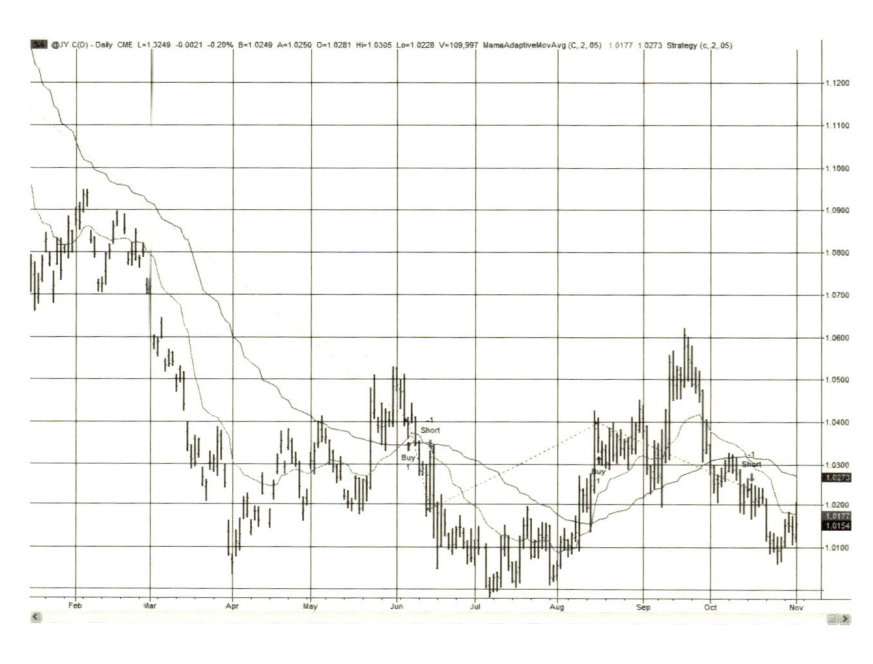

純利益	$148,437.50	プロフィットファクター	3.07
総利益	$220,187.50	総損失	($71,750.00)
総トレード数	67	勝率	46.27%
勝ちトレード数	31	負けトレード数	36
損益ゼロのトレード	0		
1トレードの平均損益	$2,215.49	ペイオフレシオ	3.56
平均勝ちトレード	$7,102.82	平均負けトレード	($1,993.06)
最大勝ちトレード	$31,712.50	最大負けトレード	($4,100.00)
最大連勝数	4	最大連敗数	5
勝ちトレードの平均日数	115.52	負けトレードの平均日数	28.22
トレードの平均日数	68.61		
最大枚数	1	必要口座サイズ	$11,012.50
口座リターン	148.44%	年間リターン	5.05%
リターンリトレースメントレシオ	0.10	RINAインデックス	71.01
トレード期間	18年7日	市場時間	99.88%
口座最高額	$161,037.50		
日中での最大DD		決済時最大DD	
額	($17,887.50)	額	($11,012.50)
純利益の対ＤＤ比	829.84%	純利益の対ＤＤ比	1347.90%
1トレードでの最大DD	($5,037.50)		

適応型システムが有効な方法であることに疑問の余地はない。適応型システムはよりダイナミックで、静的システムよりも現在の市場状態をうまくとらえることができる。これらのシステムを使う前に、理解しておかなければならない重要なことが2つある。適応型エンジンがどのように機能するのかと、用いるパラメーターである。KAMAシステムの場合、9日と36日の指数移動平均線に対応する3と6をパラメーターとして用いるべきであることが分からなかった。また、KAMAとMAMAの場合、移動平均線のトレンドがゼロに近づくときにシステムを助ける追加的平滑化係数を使わなければならなかった。「これらのシステムがそれほど素晴らしいものなのであれば、なぜ追加的フィルターが必要なのか」と疑問に思う人もいるだろう。KAMAとMAMAの目的は市場に方向感がないとき、移動平均線を遅くすることでトレードを避けることである。多くの場合、これらの移動平均線は保ち合い相場の真っただ中で速度を落とした。もし単純な終値の交差システムを使っていれば、毎日トレードするハメになっただろう。追加的フィルターがなければ、トレードの回避効果はなくなってしまうのである。

2001年12月・2002年1月号
シーケンシャル──複雑なパターンは解決策になるのか

　テクニカルアナリストのほとんどは市場分析をするときに何らかのパターン認識を使っている。オープンレンジブレイクアウトは単純なパターンだ。ドンチャン・ブレイクアウトもそうである。パターンは単純であればあるほどよく発生する。統計学的有意性は母集団の大きさが大きいほど大きくなる。年に45回発生するパターンの分析は、年に10回程度しか発生しない複雑なパターンの分析よりもより堅牢性がある。一方、もしパターンがより多くの市場データの入力を必要とするのであれば、それはより信頼のおけるものになるのではないだろうか。

　今回のこのコーナーでは、トム・デマークのシーケンシャル分析を通じて複雑なパターンに関する質問に答えていきたいと思う。シーケンシャル法はまだ発展途上にある手法である。シーケンシャル法には仕掛けテクニックのさまざまなバリエーションがあるが、これらのテクニックについては詳しくは、**『トム・デマークのチャート分析テクニック』**（パンローリング）を参照してもらいたい。私がシーケンシャルを選んだのは、人気が高く複雑だからだ。これまで複雑な手法をルール化することで、現在の市場状態の微妙なニュアンスを見失うことがたびたびあった。

　ところで、トム・デマークのシーケンシャルとはそもそもどういうものなのだろうか。シーケンシャルとは22本の足のデータからなるパターンのことをいう。このパターンのセットアップには少なくとも1カ月分の日々のデータが必要だ。シーケンシャルは市場が極度の状態になる（市場が強まったときに売り、弱まったときに買う）領域を見

つけようとするものだ。ここでは買いのセットアップについて説明する。売りのセットアップは買いのセットアップの逆である（安値の代わりに高値を使う）。

買いのセットアップ
　終値が4日前の終値よりも安い日が9日続く。これは9日間続かなければならない。1日でも条件に合わない日が発生すれば、最初からやり直さなければならない。

買いのインターセクション
　8日目またはそれ以降の日の高値が、セットアップの初日を含め3日以上前の安値より高いか等しいこと。これによって強い下落相場での買いを避けることができる。インターセクションの条件が整わなくても、最初からやり直す必要はない。条件に合わない日はカウントせず、9日までカウントを加算していけばよい。

買いのカウントダウン
　9日のカウントが終了したら、終値が2日前の安値より安い日をカウントする。カウントダウンは連続する必要はない。13までカウントしたら終了（買う）。カウントダウンは次の状態が発生したら無効になる。
　　1．新たに買いのセットアップが形成され始める。これをリサイクルという。
　　2．新たに売りのセットアップが形成され始める。
　　3．高値がセットアップ期間の最高値を上回る。
　カウントダウンが途中で無効になったら、最初からカウントし直す。

仕掛け・手仕舞いテクニック

　カウントダウンで13までカウントしたら、過去4日の最高値の位置に買いの逆指値を入れる。これによって市場がわれわれの望む方向に動きだしたところで買うことができる。仕掛けから2000ドル下にプロテクティブストップを入れ、仕掛けから4000ドル上に利益目標を置く。

　次のチャートは2000年12月限の綿花先物におけるシーケンシャルの売りのセットアップを示したものである。

シーケンシャルの売りパターン

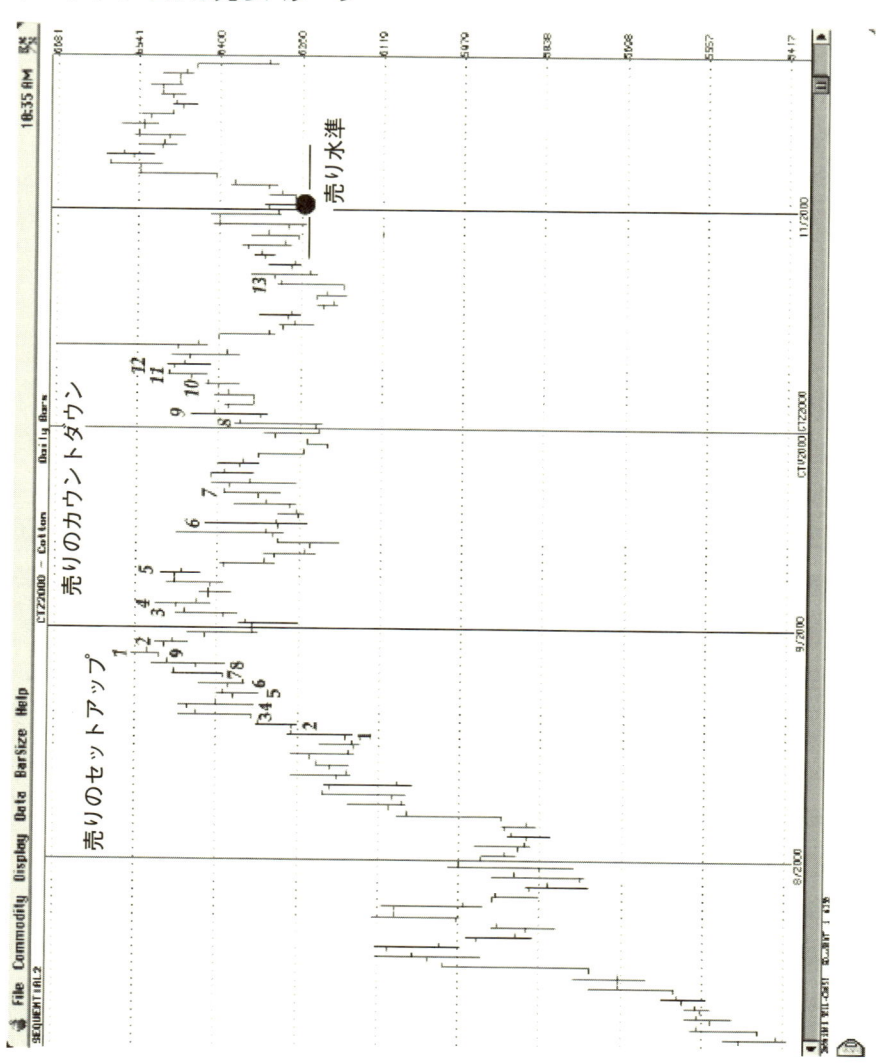

104

ロールオーバー

ここで売る

良いシーケンシャルの売り

暴落

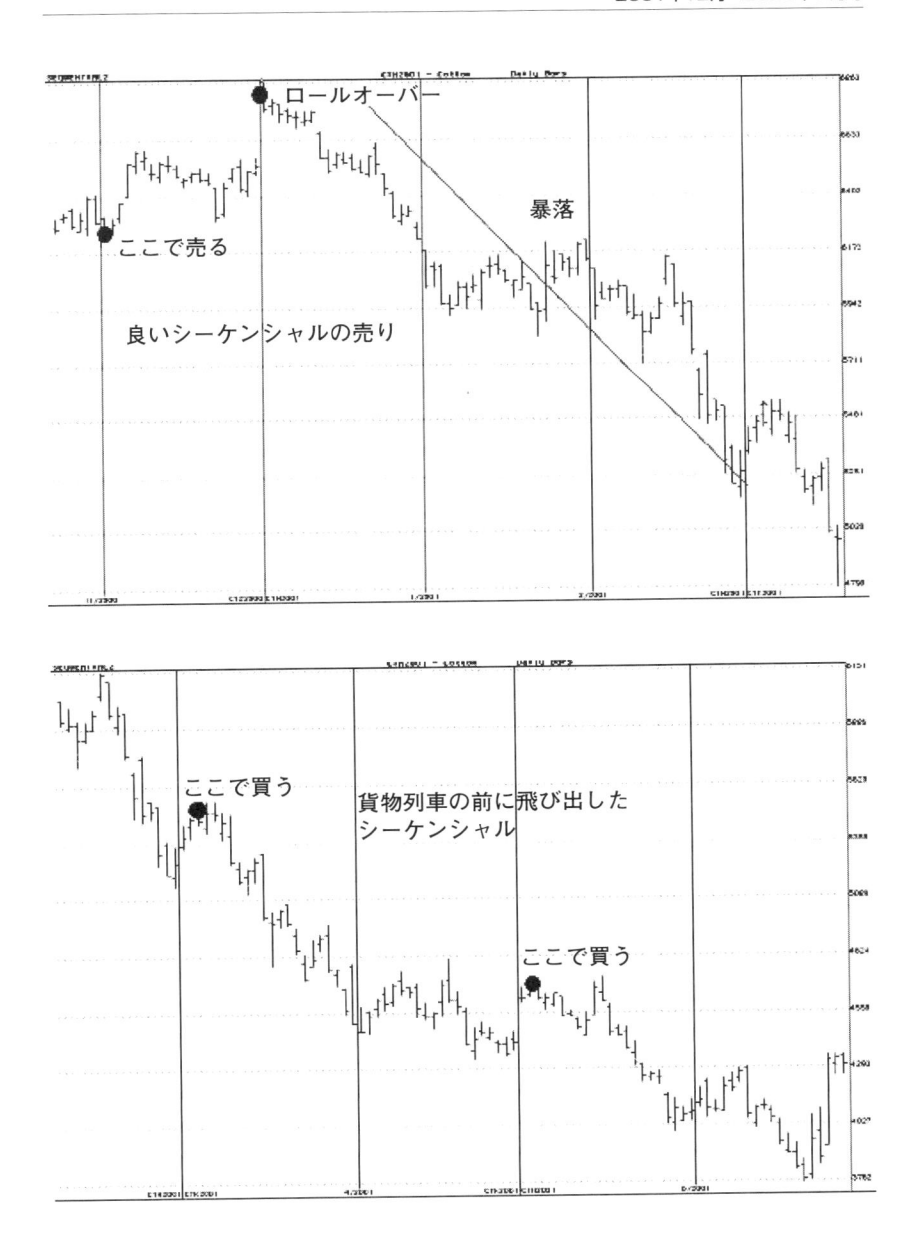

ここで買う

貨物列車の前に飛び出した
シーケンシャル

ここで買う

結論── シーケンシャルはほかの複雑なパターン同様、形成されるまでに時間がかかるため、全体的なトレンドや潜在的な短期スイングを見失うおそれがあるのではないかと思う。シーケンシャルは綿花の大きな動きは予測できたが、底は予測できなかった。こういったパターンはツールとしては役立つが、純粋なメカニカルなシステムとしては使えない。シーケンシャルが強い下降相場で買いシグナルを発してきたとき、ほとんどの人は傍観していたことだろう。私たちはトレンドフィルターなしでパターンをプログラミングしたので、コンピュータープログラムは全体的な市場状態はつかめなかった。メカニカルなアプローチではもっと単純なパターンのほうがうまくいく。シーケンシャルをプログラミングし検証している間、このシステムは重要な天井や底を予測することを発見したが、パターン全体としては非常に良いトレンドと逆方向にトレードを始めてしまった（綿花の例を参照）。シグナルを逆にするとどうなるかを見てみるのは興味深いことだ。予想どおり、このパターンのメカニカルバージョンはトレンド検出器としてうまく機能した。補足しておくと、短期の時間枠で最もうまくいったのはカウンター・トレンド・システムだった。

トム・デマークは優れたテクニカルアナリストだ。彼の『**トム・デマークのチャート分析テクニック**』（パンローリング）を読むことをぜひともお勧めする。同書はシーケンシャルだけでなく、ほかのインディケーターについても詳しく解説している。同書は市場のリズムを理解するうえでの方法論を教えてくれるものだ。

トレンド検出器としてのシーケンシャル

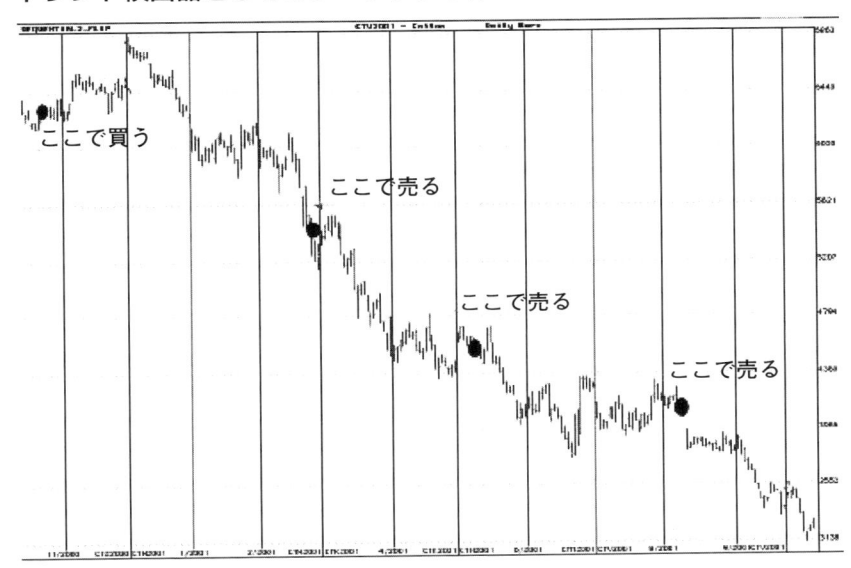

2002年2月・3月号
長期システムにおける利益目標 —— これは機能するのか

　大きな利益が単なるはした金に化けたり、もっと悪いことに損失に変わったりするのを見るのは気分の良いものではない。成功するシステムの大部分は長期システムだ。長期システムは勝ちトレードの比率は低い。だから、勝ちトレードはできるだけ長く持っている必要がある。勝ちトレードの形態はいろいろだ。すぐに利益が出るものもあれば、長くかかるものもある。長く保有するプランで問題となるのはすぐに利益が出るタイプのものだ。トレードし始めてすぐに大きな利益が出れば、あなたのトレード戦略が想定する時間枠は市場に追いつくのに十分な時間を与えられないことになる。それであなたは大きな利益をしばらく放置する。手仕舞いポイントや反転ポイントははるかかなたにある。そうこうするうちに利益は目減りしていく。どうしてすぐに利食いしないのか。でも、早く手仕舞いしすぎれば、利益を限定することになる。これが1年分をまかなえるビッグトレードになるかどうかは分からない。さらにあなたはトレードプランを無視する。貪欲やほかの感情にトレードの意思決定を支配されればどんなことになるかを、あなたは初めて知ることになる。

　今回のこのコーナーでは、長期トレード戦略に何らかの利食いのアイデアを組み込めば、難問への解決策になるかどうかを調べることにしよう。まず必要なのは長期システムだ。そこで私は驚くほどうまくいく33日と99日の移動平均線の交差システムを作成した。このシステムは、33日単純移動平均線が99日単純移動平均線を下から交差したときには買い、33日単純移動平均線が99日単純移動平均線を上から交差したときには売るというものだ。**表1**はこの単純なシステムのパフォ

ーマンスを示したものだ。ただし、プロテクティブストップや利益目標は使っていない。

表1　利益目標やプロテクティブストップを置かない移動平均線の交差システム

	総損益	年次平均損益	最大DD	過去12カ月の利益	過去12カ月のDD	年間トレード数	勝率	市場時間	勝ち:負け	%Gain/Mr+DD	
Tボンド	64900	4056	19620	-6320	12990	7	55.6	100	1.6	18.2	US
Tノート	45340	2834	14460	1150	7140	7	56.4	100	1.6	17.8	TY
ミニボンド	-7730	-483	44730	-2220	7730	7	44.5	100	0.9	-1.0	MB
ユーロドル	10425	652	11750	9900	825	6	45.6	100	1.3	5.3	ED
英ポンド	-3275	-205	36888	-9375	9513	8	44.3	100	1.0	-0.5	BP
日本円	110925	6933	25125	22525	6388	6	59.8	100	1.9	25.0	JY
スイスフラン	11538	721	37250	-7288	9588	7	44.6	100	1.1	1.9	SF
ユーロ通貨(独マルク)	70750	4422	54338	-14588	19525	7	47.3	100	1.3	8.0	EU
原油	46850	2928	17430	-460	9880	8	54.2	100	1.5	15.1	CL
灯油	41576	2599	26326	-1781	14003	9	45.7	100	1.3	9.2	HO
天然ガス	107290	9196	20680	24220	18730	9	49.5	100	2.0	37.3	NG
綿花	61305	3832	23000	11050	4465	8	55.8	100	1.6	16.0	CT
大豆	-6285	-393	33705	-675	4100	9	46.6	100	0.9	-1.1	SD
生牛	-15708	-982	21624	1552	4172	11	41.7	100	0.8	-4.4	LC
砂糖	1725	108	11211	-2946	4290	7	47.8	100	1.0	0.9	SU
コーヒー	84788	5299	96131	14531	3863	8	51.6	100	1.3	5.2	KC
	純損益	最大DD	日付	トレード数	市場時間	必要平均証拠金	年次損益×10÷最大DD	%Gain/Mr+DD	%Gain/20%DD		
過去6カ月	15782	30532	20010815	69	100	29720		52.3			
過去12カ月	31561	31771	20010215	130	100	29746		51.3			
年平均	38986	50548	Avg. Hi 16	120	100	28689		48.5			
トータル	623773	100435	19940317	1918	100	28689	3.9	29.9	7.8		

　ほとんどの場合、利食いは長期トレード戦略の全体的なパフォーマンスにとって有害である。しかし、システマティックな利食いアプローチを慎重に用いれば、高いパフォーマンスは期待できる。利食いを成功させるための鍵は、動きの天井や底にできるだけ近い位置で利食いすることである。これは言うまでもない。問題は、その位置をどう見定めればよいのかである。この問題に対する私の最初の解決策は最大順行幅を利用するというものだった。最大順行幅とは、買いポジションの場合は仕掛け地点から価格が最も上昇した地点までの距離で、売りポジションの場合は仕掛け地点から価格が最も下落した地点までの距離のことを言う。この地点と実際の手仕舞い地点との比がそのトレードの効率性である。順行幅が大きく、実現した利益が小さい場合、そのトレードの効率性は低いということになる。

トレード効率（TE）＝実現した利益（RP）÷最大順行幅（MFE）

　これに加え、前に述べたトレード戦略の平均MFEに等しい位置に利益目標を設定した。含み利益が平均MFEに等しくなったら、翌日の寄り付きで手仕舞う。この利益目標は仕掛け位置に近づけすぎないようにすることが重要で、したがって慎重に設定する必要がある。また、このアプローチを使えば最良の手仕舞いポイントが分かる。利益目標はトレードごとに異なる。システムが大きなトレンドをつかんだ場合は、平均MFEは拡大する。天井で買って底で売り続けている場合は、平均MFEは縮小する。私はこのシステムで利食いしたあと反対方向のトレードを行うとどうなるか検証してみた。**表2**は移動平均の交差システムを、MFEを利益目標にして検証したときのパフォーマンスを示したものだ。

表2　MFEを利益目標にした移動平均線の交差システム

	総損益	年次平均損益	最大DD	過去12カ月の利益	過去12カ月のDD	年間トレード数	勝率	市場時間	勝ち：負け	%Gain/Mr+DD	
Tボンド	67650	4228	18330	3950	6250	5	58.3	63	1.9	20.1	US
Tノート	33100	2069	12140	1850	3680	6	56.8	68	1.5	15.2	TY
ミニボンド	12100	756	32070	1680	4000	5	47.7	65	1.1	2.2	MB
ユーロドル	-1475	-92	11750	2000	0	6	42.7	90	1.0	-0.8	ED
英ボンド	10356	647	25700	1875	3788	6	53.4	68	1.1	2.4	BP
日本円	107013	6688	25125	14500	6388	5	57.3	76	2.0	24.2	JY
スイスフラン	24525	1533	28013	-7288	9588	6	46.3	75	1.2	5.2	SF
ユーロ通貨（独マルク）	64188	4012	42288	-14588	19525	6	46.6	65	1.4	9.3	EU
原油	33040	2065	12320	-820	9880	7	52.6	80	1.5	14.4	CL
灯油	21521	1345	14914	6745	11084	6	49.5	57	1.3	7.9	HO
天然ガス	52850	4530	9930	8500	580	7	52.4	63	2.0	32.5	NG
綿花	38355	2397	18605	325	4155	6	58.2	65	1.6	12.2	CT
大豆	-16400	-1025	30395	2875	2775	7	47.4	67	0.8	-3.2	SD
生牛	-17800	-1113	21552	-444	3048	8	42.1	58	0.7	-5.0	LC
砂糖	7123	445	11211	-2946	4290	7	49.1	94	1.1	3.7	SU
コーヒー	18844	1178	52069	0	0	6	49.5	67	1.1	2.1	KC

	純損益	最大DD	日付	トレード数	市場時間	必要平均証拠金	年次損益×10÷最大DD	%Gain/Mr+DD	%Gain/20%DD
過去6カ月	8602	31951	20010904	47	100	13195		35.5	
過去12カ月	13327	35637	20010904	89	100	12943		24.2	
年平均	28405	36269	Avg. Hi 16	97	100	19575		43.0	
トータル	454476	51738	19861105	1550	100	19575	5.5	34.8	11.0

これは成功だったと言えるのではないだろうか。もちろん総利益は減少したが、全体的なドローダウンも減少した。事実、ドローダウンの減少率は利益の減少率よりも大きい。全トレードのうち、時期尚早に手仕舞いしすぎたトレードは25％を下回った。平均MFEには魔法の力があるのだろうか。これを調べるために、ATRに基づいて大きな利益目標を設定した場合も検証してみた。**表3**は過去30日のATRの10倍の位置で利食いした場合のパフォーマンスを示したものだ。この場合も新たなトレードシグナルが出るまで待った。

表3　ATRを利益目標にした移動平均線の交差システム

	総損益	年次平均損益	最大DD	過去12カ月の利益	過去12カ月のDD	年間トレード数	勝率	市場時間	勝ち:負け	%Gain/Mr+DD	
Tボンド	79130	4946	14590	3960	6250	5	61.2	67	2.0	28.6	US
Tノート	35950	2247	12670	2760	3680	6	56.8	66	1.5	15.9	TY
ミニボンド	2250	141	32220	1680	4000	6	45.5	69	1.0	0.4	MB
ユーロドル	5625	352	9025	0	0	5	47.6	69	1.2	3.7	ED
英ボンド	19231	1202	25788	-2325	5725	7	49.1	76	1.2	4.4	BP
日本円	79588	4974	20975	6463	6388	3	56.4	48	2.0	21.1	JY
スイスフラン	15663	979	28013	-7288	9588	6	48.9	67	1.1	3.3	SF
ユーロ通貨(独マルク)	65025	4064	37900	-14588	19525	5	48.8	55	1.4	10.4	EU
原油	27060	1691	10910	-1120	9880	6	53.3	53	1.5	13.1	CL
灯油	21584	1349	18766	2743	14003	6	48.5	60	1.3	6.5	HO
天然ガス	51130	4383	9930	20300	5200	7	51.9	56	2.0	31.5	NG
綿花	33265	2079	18605	325	4155	6	57.3	64	1.5	10.6	CT
大豆	-5065	-317	29505	3125	2775	7	49.1	68	.9	-1.0	SD
生牛	-15064	-942	18440	2244	3048	9	41.7	78	.8	-5.0	LC
砂糖	7526	470	6115	-2946	4290	6	47.4	75	1.2	6.9	SU
コーヒー	28950	1809	58706	0	0	6	52.0	65	1.1	2.8	KC

	純損益	最大DD	日付	トレード数	市場時間	必要平均証拠金	年次損益×10÷最大DD	%Gain/Mr+DD	%Gain/20%DD
過去6カ月	7932	34763	20010904	48	100	13865		30.7	
過去12カ月	14872	34763	20010904	89	100	14136		26.8	
年平均	28208	34150	Avg. Hi 16	93	100	18003		44.5	
トータル	451324	65236	19940317	1494	100	18003	4.3	29.9	8.6

これは平均MFEを利益目標にした場合ほどうまくはいかなかったが、原形モデルのパフォーマンスは上回っている。ATRは市場の関数だが、MFEはトレードシステムの関数である。パフォーマンスの違いはこれによって説明できるかもしれない。最後の検証は利益目標を5000ドルとしたもので、そのパフォーマンスは**表4**に示したとおりである。

表4　5000ドルの利益目標を使った移動平均の交差システム

	総損益	年次平均損益	最大DD	過去12カ月の利益	過去12カ月のDD	年間トレード数	勝率	市場時間	勝ち：負け	%Gain/Mr+DD	
Tボンド	55040	3440	13430	980	6250	5	59.7	49	1.9	21.3	US
Tノート	49780	3111	10790	2760	3680	5	60.5	64	1.9	25.3	TY
ミニボンド	36270	2267	18550	1680	4000	5	51.3	56	1.5	11.1	MB
ユーロドル	2700	169	11750	3775	625	6	43.8	89	1.1	1.4	ED
英ポンド	531	33	26725	1788	3788	6	50.0	61	1.0	0.1	BP
日本円	53975	3373	15838	9563	1050	3	60.4	33	1.8	18.3	JY
スイスフラン	3638	227	27675	-7288	9588	5	51.2	50	1.0	0.8	SF
ユーロ通貨（独マルク）	-8113	-507	52125	-6450	11738	5	45.8	40	0.9	-1.0	EU
原油	15730	983	10910	-3720	9880	6	53.6	62	1.3	7.6	CL
灯油	16775	1048	19925	6577	11084	6	46.6	65	1.2	4.8	HO
天然ガス	38340	3286	9930	5700	320	7	53.2	56	1.8	23.6	NG
綿花	33760	2110	18605	1050	4155	5	59.3	60	1.5	10.8	CT
大豆	-7685	-480	21120	-675	4100	8	48.8	76	0.9	-2.1	SD
生牛	-17220	-1076	22816	1552	4172	10	41.6	94	0.8	-4.6	LC
砂糖	7683	480	7594	-2946	4290	7	49.1	93	1.2	5.8	SU
コーヒー	-506	-32	51844	0	0	5	56.6	42	1.0	-0.1	KC

	純損益	最大DD	日付	トレード数	市場時間	必要平均証拠金	年次損益×10÷最大DD	%Gain/Mr+DD	%Gain/20%DD
過去6カ月	10214	24099	20010904	48	100	12627		48.6	
過去12カ月	12835	29398	20010904	94	100	12780		26.3	
年平均	17508	27287	Avg. Hi	16	92	100	15720		31.5	
トータル	280126	56228	19931118	1474	100	15720	3.1	20.7	6.2

　最もパフォーマンスが悪かったのは最後のアプローチだ。5000ドルというのは固定パラメーターで、システムや市場の特性を考慮していない。結論としては、きちんとした理由があり、慎重に行えば、長期システムでも利食いすることはできるということになる。何かに駆り立てられたり単なる願望で行き当たりばったりの利食いをするのはやめよう。システムや市場に導いてもらおう。でなければ良いトレードプランをダメにすることになりかねない。

　うーむ。あちらを立てればこちらが立たず。ジレンマだ。

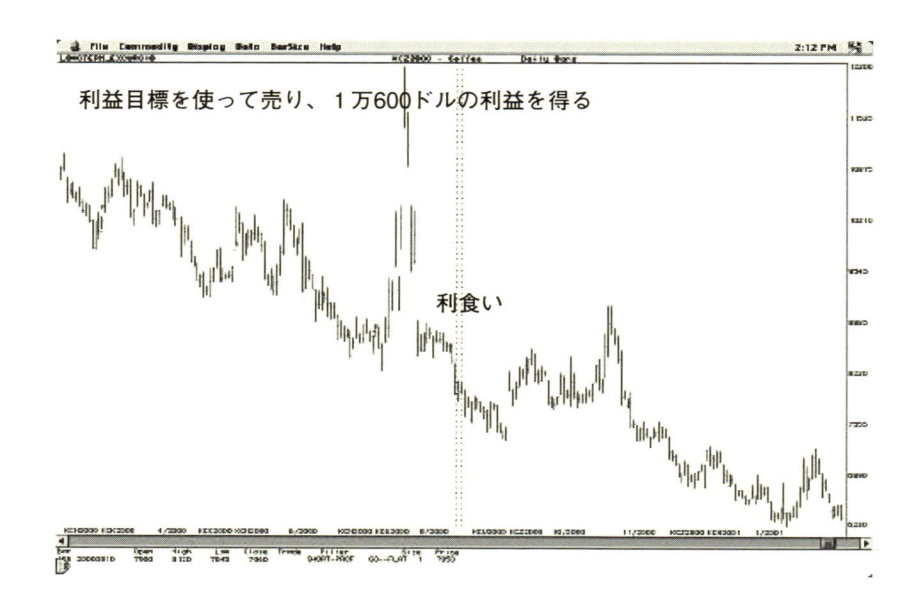

利益目標を使って売り、1万600ドルの利益を得る

利食い

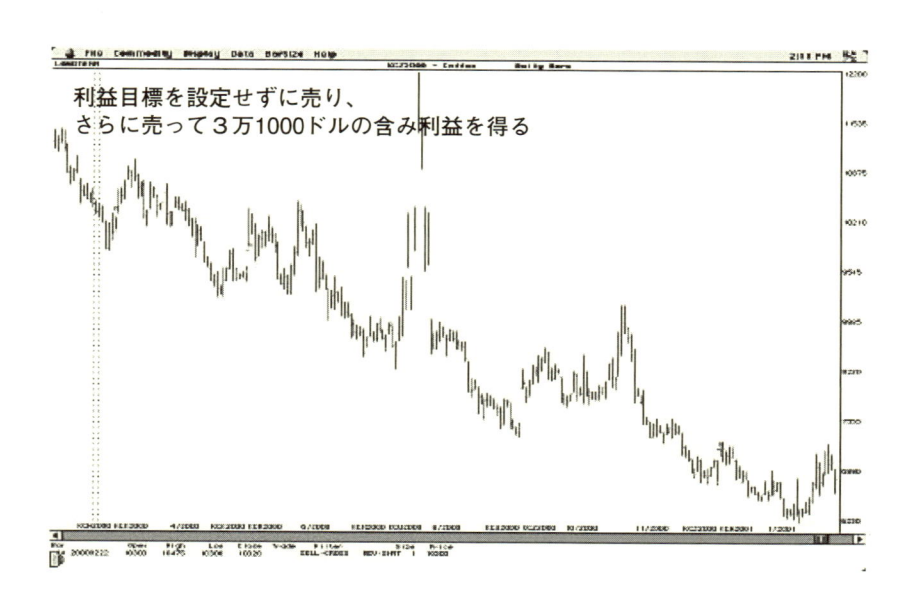

利益目標を設定せずに売り、
さらに売って3万1000ドルの含み利益を得る

2002年4月・5月号
オーバーナイトトレードで翌朝の寄り付きの重要性は減少したのか

　通貨の日々のレンジが減少していることには気づいただろうか。日中取引時間帯の日々のバーチャートと日中および夜間を合わせた取引時間帯の日々のバーチャートを比較すると、これらはまったく異なる市場であることに気づくはずだ。これを説明するために、英ポンド、ユーロ通貨、日本円、およびスイスフランの30日の平均レンジの年平均を表す４つのグラフを作成した。これらのグラフは日中取引時間帯と日中および夜間を合わせた取引時間帯の動きを示すものだ。トレーダーたちの通貨取引は24時間体制となり、ブローカーも今では24時間注文を受け付ける。この24時間体制によって寄り付きの重要性と通貨の日中取引時間帯の重要性は減少したのだろうか。

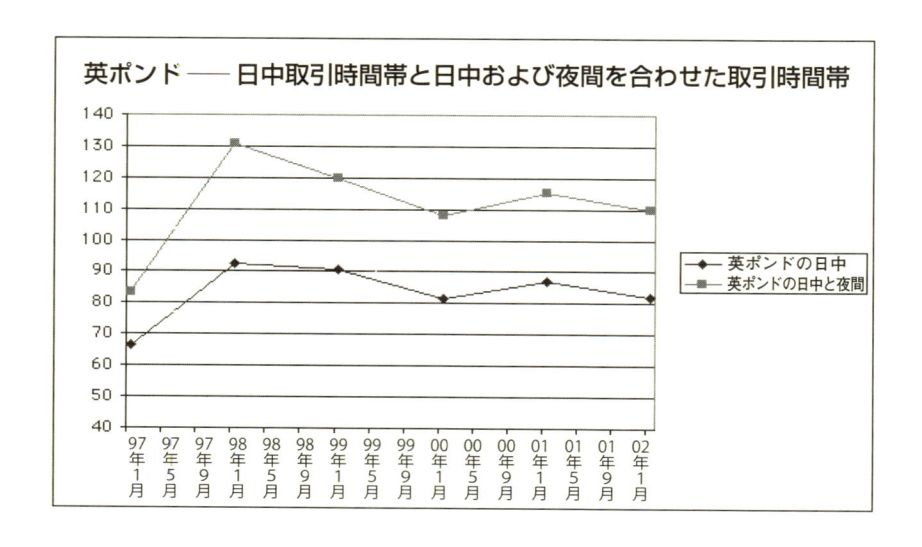

英ポンド ── 日中取引時間帯と日中および夜間を合わせた取引時間帯

― 英ポンドの日中
― 英ポンドの日中と夜間

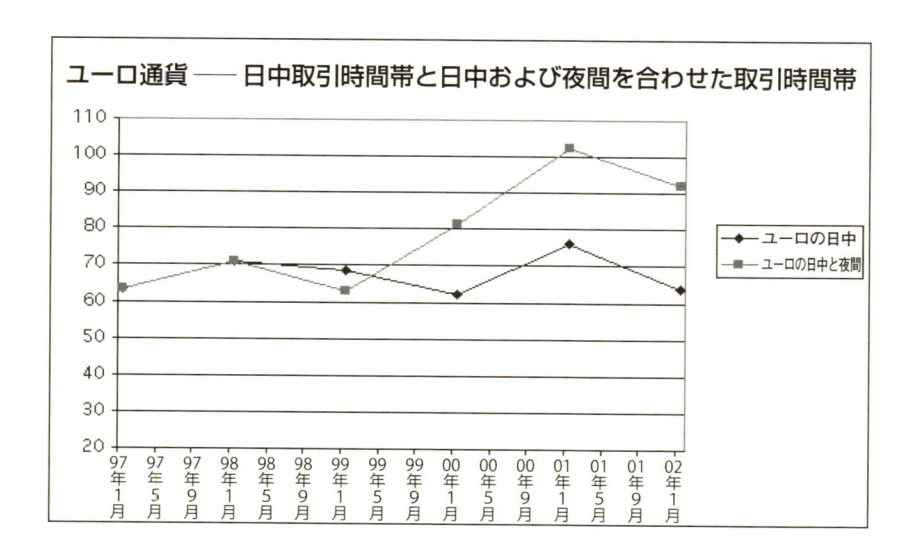

ユーロ通貨 ── 日中取引時間帯と日中および夜間を合わせた取引時間帯

― ユーロの日中
― ユーロの日中と夜間

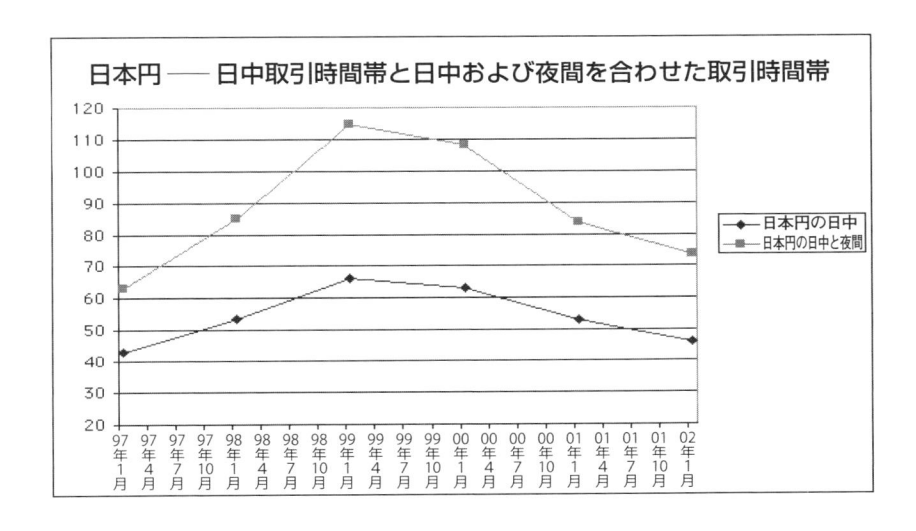

日本円 — 日中取引時間帯と日中および夜間を合わせた取引時間帯

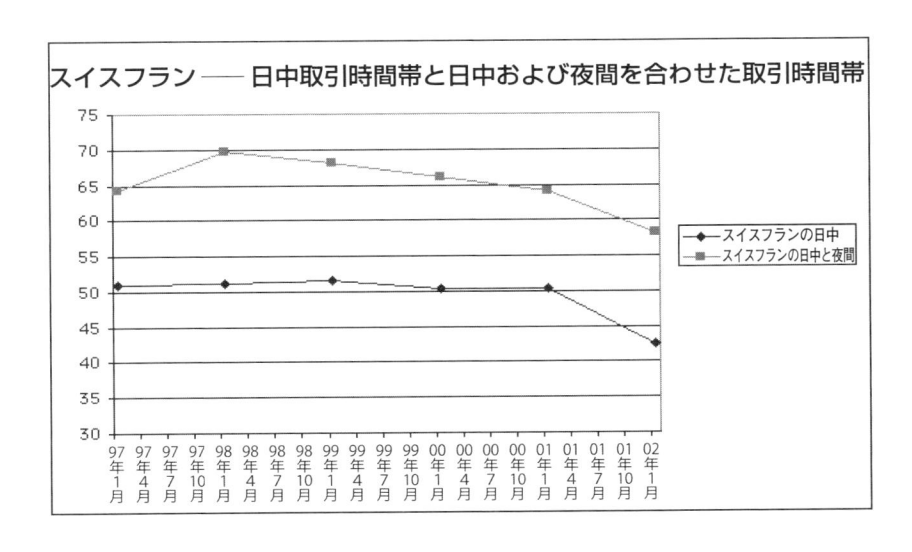

スイスフラン — 日中取引時間帯と日中および夜間を合わせた取引時間帯

今回のこのコーナーでは、4つの主要通貨に対して日中取引時間帯と日中および夜間を合わせた取引時間帯で3つの異なるシステムを検証し、どちらの時間帯で取引するのが有利なのかを調べることにする。

　システム1 ── ボラティリティベースのオープンレンジブレイクアウト・システム（このシステムの作成者に関してはいろいろと説があるが、このアプローチを世に広めたのはラリー・ウィリアムズだと私は思っている）。検証期間は1996年1月から2002年2月までである。

	総損益	年次平均損益	最大DD	過去12カ月の利益	過去12カ月のDD	年間トレード数	勝率	市場時間	勝ち／負け	%Gain/Mr+DD	
英ポンド（日中）	-6913	-1121	23525	-2938	6113	64	37.1	100	0.9	-4.5	BP
英ポンド（全日）	-13581	-2202	31050	-5788	8475	75	34.2	100	0.9	-6.8	BC
ユーロ通貨（日中）	16350	2651	19400	10800	5975	66	39.5	100	1.1	13.0	EU
ユーロ通貨（全日）	27313	4429	18650	6650	7513	68	40.6	100	1.1	22.5	EC
日本円（日中）	-138	-22	29063	4550	7488	62	37.4	100	1.0	-0.1	JY
日本円（全日）	39675	6434	36438	10500	5175	78	38.9	100	1.2	16.5	JC
スイスフラン（日中）	16650	2700	17238	1075	4413	66	40.0	100	1.1	14.2	SF
スイスフラン（全日）	8913	1445	14538	2325	6900	77	36.6	100	1.1	8.9	SC

　表を見ると分かるように、このシステムは英ポンドでのパフォーマンスが悪かった。このシステムは全体的に日中取引時間帯よりも日中および夜間を合わせた取引時間帯のほうがパフォーマンスは良かった。日中および夜間を合わせた取引時間帯では動きが大きくなるため、年間トレード数が増えていることに気づくはずだ。2つの取引時間帯での差が最も顕著なのは日本円だ。これはなぜなのだろう。実際のトレードを見てみると、日中および夜間を合わせた取引時間帯ではレンジ相場でちゃぶつきが頻繁に発生しているが、長期トレンド相場に入るとその動きにすばやく乗り、ポジションを長く保有した。

システム2──ダイナミックブレイクアウト・システム（適応型ドンチャン・ブレイクアウト・システム）。検証期間は同じく1996年1月から2002年2月まで。

	総損益	年次平均損益	最大DD	過去12カ月の利益	過去12カ月のDD	年間トレード数	勝率	市場時間	勝ち：負け	%Gain/Mr+DD	
英ポンド（日中）	-11713	-1899	18850	-1025	3788	11	41.5	78	0.8	-9.3	BP
英ポンド（全日）	-19988	-3241	26163	-2125	4413	11	32.4	79	0.7	-11.7	BC
ユーロ通貨（日中）	31813	5159	13350	2000	10738	9	40.7	83	1.6	36.0	EU
ユーロ通貨（全日）	41925	6799	13350	5463	6275	8	40.4	82	1.9	47.4	EC
日本円（日中）	39575	6418	20200	7200	9650	10	51.7	82	1.7	28.2	JY
日本円（全日）	39388	6387	20188	6050	10600	10	52.5	81	1.7	28.1	JC
スイスフラン（日中）	24813	4024	13888	4350	8050	9	50.9	81	1.6	25.8	SF
スイスフラン（全日）	18175	2947	15063	-4300	11388	9	41.4	81	1.4	17.6	SC

　DBSシステムは中期から長期のシステムだ。結果を見ると分かるように、このシステムは取引時間帯での差はない。日中と夜間を合わせたデータではトレードの仕掛けが早いケースもあれば、トレンドを降りるのが早すぎたケースもあった。

システム3──トレンドチャネル（ジョン・トーラン作成）。検証期間は前の2つと同じ。

	総損益	年次平均損益	最大DD	過去12カ月の利益	過去12カ月のDD	年間トレード数	勝率	市場時間	勝ち：負け	%Gain/Mr+DD	
英ポンド（日中）	-33738	-5471	41988	-4200	6363	9	23.6	61	0.4	-12.6	BP
英ポンド（全日）	-34763	-5637	42875	-5325	6500	9	21.8	61	0.4	-12.7	BC
ユーロ通貨（日中）	15500	2514	26138	-10313	11125	8	42.6	73	1.3	9.3	EU
ユーロ通貨（全日）	15050	2441	26138	-7313	9538	8	41.7	74	1.3	9.0	EC
日本円（日中）	60875	9872	17650	7338	9513	7	51.7	79	2.9	48.8	JY
日本円（全日）	56938	9233	19113	7175	9675	7	56.1	79	2.7	42.6	JC
スイスフラン（日中）	15113	2451	10975	-2963	7938	7	46.7	78	1.4	19.3	SF
スイスフラン（全日）	12125	1966	14338	-2238	7138	7	40.0	79	1.3	12.2	SC

　トレンドチャネルは長期システムだ。結果を見ると分かるように、2つの取引時間帯での差はほとんどない。夜間取引時間帯が日中の通貨のレンジに影響を与えていることは明らかだ。この影響はおそらくは日々のレンジを使った短期システムに受け継がれるだろう。また、

私の考えによれば、夜間取引時間帯のデータは日中取引時間帯のオープンレンジブレイクアウト・システムの予測能力を奪い去ったと思われる。始値は出発点というよりも継続点になった。ブレイクアウトシステムは異なる参照点が必要かもしれない。そこで次の検証では、オープンレンジブレイクアウト・システムで、前日の終値を今日の始値の代わりに使えるかどうかを調べてみることにした。検証期間は1996年1月から2002年2月28日までである。

	総損益	年次平均損益	最大DD	過去12カ月の利益	過去12カ月のDD	年間トレード数	勝率	市場時間	勝ち：負け	%Gain/Mr+DD	
英ポンド（日中）	-26175	-4245	28713	-8863	14038	80	31.6	100	0.8	-14.1	BP
英ポンド（全日）	-28581	-4635	35125	-9263	11063	81	31.7	100	0.8	-12.7	BC
ユーロ通貨（日中）	-16500	-2676	32463	-5800	11875	80	36.4	100	0.9	-8.0	EU
ユーロ通貨（全E）	-7713	-1251	25975	-10800	16675	78	37.7	100	1.0	-4.6	EC
日本円（日中）	16438	2666	28313	-1475	7063	77	37.9	100	1.1	8.6	JY
日本円（全日）	43775	7099	38013	5900	7275	76	39.6	100	1.2	17.5	JC
スイスフラン（日口）	-14975	-2428	26388	275	6538	77	38.1	100	0.9	-8.6	SF
スイスフラン（全日）	-25238	-4093	33425	-7450	10875	81	35.0	100	0.9	-11.6	SC

　オーバーナイトトレードで寄り付きの重要性は低減したが、前日の終値の重要性は増大していない。全体的には通貨市場が24時間市場になったのは良いことだ。寄り付き前にポジションをクローズできるうえ、長期システムはデータに影響されないようだ。

2002年6月・7月号
勝てるトレードシステム開発の鍵

　今回のこのコーナーは、『フューチャーズ』誌5月号で発表されたマレー・ルギエロの「Anatomy of A Winning Trading System」という論文からヒントを得た。この論文を入手できるのであれば、ぜひ彼の洞察力の深さを読み取ってほしい。

　成功するシステム開発の鍵を握る1つの方法は、勝てるトレードシステムと負けるトレードシステムの要素を比較検討してみることだ。「なぜ負けるトレードシステムのことを調べなければならないのか」とあなたは疑問に思うかもしれない。これまでトレードシステムの検証を続けてきて分かったことは、勝てるシステムよりも負けるシステムを調べたほうが学ぶことが多いということである。トレードシステムの購入者にとって残念なことに、私が検証した80％のシステムはガラクタだった。「私の時間の80％もムダにしてしまったのか！」と思うかもしれないが、ガラクタのたぐいに入るシステムのうち、どうでもよいアイデアに基づくものは20％しかなく、残りの60％は論理的で、ある程度健全な前提に基づくものである。そこで、システム開発教育の一環として、「やってはいけないこと」を考えてみることにしよう。

　まず、2つの勝てるシステム――アベレイションとベーシス2――の検証から始めよう。

重要要素1 ―― 時間枠
アベレイション ―― 長期
ベーシス2 ―― 長期

基本的に、短期システムはアグレッシブなトレーダー向きであり、したがって市場に関与する時間は長くなる。市場に関与する時間が長いということはトレードを頻繁に行うことを意味する。ひいては執行コストが高くなる。誤解しないでもらいたいのだが、短期トレードの潜在能力は大きい。しかし残念なことに、潜在能力を利益に変えられる短期システムはそれほど多くはない。短期スイングトレードはベテランの域に入る。株価指数のデイトレードはまた違ったものだが、私たちが議論しているのはこの種のトレードではない。これら2つのシステムは最適な時間枠をトレードしている。

重要要素2 ── 単純さ
アベレイション ── 非常に単純
ベーシス2 ── いくぶんか単純

　トレードシステムは単純なのが一番だ。単純さと言う代わりに、説得力と言ったほうがよいかもしれない。トレードアイデアは理解できるものであること、かつ論理的であることが重要だ。移動平均の交差システムは計算が簡単で、理解しやすい。短期の移動平均線が長期の移動平均線を交差したら、天井または底を付けたことになり、トレンド転換が近いことを意味する。このアイデアだけでは成功するシステムを作りだすことはできないが、成功したシステムの多くは移動平均線を使っている。アベレイションの単純さは移動平均線の交差システムと同程度だが、説得力においてはアベレイションのほうが優れている。一方、ベーシス2は単純とは言えない。計算は複雑で、仕掛けシグナルもそれほど簡単ではない。しかし、トレードアイデアはアベレイションと同じくらい単純だ。また、これら2つのシステムのロジックには成功を約束させるだけの説得力がある。

重要要素3 —— パラメーターの堅牢さ

アベレイション —— 高い

ベーシス2 —— 高い

もし市場が変化しないのだったら、パラメーターの堅牢さなど問題にはならないだろう。40週ドンチャン・ブレイクアウト・システムが常にうまくいくのであれば、40日のパラメーターが将来的にうまくいくかどうかなど気にする必要はないはずだ。しかし、市場は絶えず変化している。だから、パラメーターもその変化に対応して変える必要がある。歴史はそっくりそのまま繰り返すことはない。したがって、パラメーターの選択もこのことを考慮する必要がある。ピークにあるときのパラメーターを選んではいけない。もし1つのパラメーターの値を変えてシステムを最適化したとすると、それぞれのパラメーターの値によって総利益の値は違ってくる。資産曲線を最大化するようなパラメーターの値を選んではいけないのである。良いパラメーターの値は極大値以外の場所で見つかるものである。市場が変化しても、堅牢なパラメーターなら逆境をうまく乗り越えられるはずだ。アベレイションもベーシス2もすべての市場に対してパラメーターは1組だけである。大豆でも、Tボンドでも同じパラメーターを使う。どちらのシステムも堅牢なパラメーターで高いパフォーマンスを示している。

重要要素4 —— パフォーマンスの安定性

アベレイション —— 高い

ベーシス2 —— 高い

ポートフォリオシステムがどの市場でも稼ぐことができないのであれば、その根底にあるロジックに問題がある可能性が高い。どのシステムもすべての市場で儲けることは不可能だ。特殊なアプローチを必

要とする市場もあるのだ。穀物市場はトレンドフォローシステムではうまくいかないが、サイクル分析や短期スイングトレードには合っている。これらの市場を構成する根底にあるファンダメンタルによってこれらの市場には未知の要素が注入されるため、長期トレンドフォロワーシステムにとって大きな頭痛の種を生みだすのである。良いシステムは通貨や金融で最高のパフォーマンスを上げるはずだ。次にパフォーマンスが高いのはエネルギー市場だ。なかでも天然ガスはセクターのなかで最もパフォーマンスが高い。綿花やコーヒーもパフォーマンスは高いが、コストは高くつく。コーヒーはドローダウンが高いのが特徴だ。銅は銀や金に比べると良いトレンドを形成するようだ。食肉は突然トレンドがなくなり、穀物に関しては見込みがない。株価指数はデイトレーダーやスイングトレーダーにお任せしたほうがよさそうだ。**表1**と**表2**はさまざまな市場に対するこれら2つのシステムの安定性を示したものだ。

表1　ベーシス2のパフォーマンス

	総損益	年次平均損益	最大DD	過去12カ月の利益	過去12カ月のDD	年間トレード数	勝率	市場時間	勝ち：負け	%Gain/Mr+DD	
豪ドル	24860	1639	18790	-1220	7500	11	40.6	94	1.2	8.0	AD
英ポンド	44344	2715	29263	-1350	7625	10	40.9	89	1.3	8.8	BP
カナダドル	-9310	-570	16870	-5130	6530	10	39.8	96	0.9	-3.2	CD
ユーロドル	10150	621	12425	2300	2500	11	39.1	98	1.2	4.8	ED
ユーロ通貨	22338	6538	16313	-5225	16313	9	43.3	87	1.6	37.8	EU
スイスフラン	101913	6240	14250	5288	6075	10	44.2	88	1.7	39.1	SF
日本円	139025	8512	21725	9250	6450	10	42.0	88	2.0	35.0	JY
ミニボンド	36200	2216	21210	-1990	7030	10	40.7	87	1.3	9.6	MB
米ドル指数	64650	3958	26700	10760	7670	10	42.1	90	1.5	14.1	DX
Tボンド	78460	4804	14460	1390	8590	10	45.3	87	1.7	28.0	US
Tノート	56000	3429	18200	-3790	6910	11	45.8	94	1.6	17.4	TY
大豆油	-12000	-735	22020	36	2994	15	33.2	99	0.8	-3.3	BO
大豆	-1090	-67	35720	4045	3250	13	38.6	98	1.0	-0.2	SD
大豆粕	-16095	-985	35670	-120	4250	14	38.3	98	0.8	-2.7	SM
小麦	-10650	-652	15950	-2425	3225	11	41.9	97	0.9	-3.9	WD
トウモロコシ	1813	111	11913	1538	1700	12	35.3	98	1.0	0.9	CN
オーツ麦	-63	-4	11088	1525	4038	12	35.1	100	1.0	0.0	OT
砂糖	1030	63	14661	-1411	3483	11	40.7	98	1.0	0.4	SU
肥育牛	-775	-47	13415	6415	4840	12	38.5	98	1.0	-0.3	FC
綿花	81625	4997	16105	-1080	10720	11	46.6	93	1.7	29.2	CT
金	5510	337	12820	-230	3190	13	40.1	98	1.1	0.7	GC
プラチナ	-3955	-242	27945	7780	5100	12	35.4	98	1.0	-0.8	PL
パラジウム	84025	5197	17575	32945	5625	9	38.8	95	2.5	27.4	PA
銅	11925	730	20288	-300	2975	12	40.5	91	1.1	3.3	CP
生豚	3328	204	19564	4168	6092	12	40.5	97	1.0	1.0	LH
原油	44580	2729	20060	690	9550	12	41.2	97	1.5	12.4	CL

2002年6月・7月号

天然ガス	92920	7743	25620	9460	5330	12	43.5	82	1.9	26.1	NG
灯油	49321	3020	14658	1273	7459	12	47.4	89	1.5	18.1	HO
無鉛ガス	25124	1538	32735	601	17468	12	40.7	90	1.2	4.4	HU

	純損益	最大DD	日付	トレード数	市場時間	必要平均証拠金	年次損益×10÷最大DD	%Gain/Mr+DD	%Gain/20%DD
過去6カ月	-11868	74907	20020213	192	100	36937		-20.3	
過去12カ月	63170	74907	20020213	344	100	37407		54.1	
年平均	56524	48023	Avg. Hi 16	326	100	37883		61.9	
トータル	923226	74907	20020213	5323	100	37883	7.5	47.8	15.1

表2　アベレイションのパフォーマンス

	総損益	年次平均損益	最大DD	過去12カ月の利益	過去12カ月のDD	年間トレード数	勝率	市場時間	勝ち:負け	%Gain/Mr+DD	
豪ドル	-11440	-754	27940	-3960	5890	5	33.8	59	0.8	-2.6	AD
英ポンド	31563	1932	29725	-1688	5050	5	40.8	57	1.3	6.2	BP
カナダドル	-3630	-222	11480	-3240	3490	5	36.7	56	0.9	-1.8	CD
ユーロドル	8825	540	7800	6150	1150	5	40.5	60	1.4	6.5	ED
ユーロ通貨	16888	4943	17150	-7663	11150	5	44.4	62	2.1	27.2	EU
スイスフラン	54950	3364	16588	-1038	6513	5	52.4	65	1.6	18.4	SF
日本円	118800	7273	13975	-3888	11500	5	50.6	67	2.6	44.0	JY
ミニボンド	34700	2124	17520	-4540	8160	4	52.9	62	1.6	11.0	MB
米ドル指数	51710	3166	11990	-2380	8610	5	51.3	62	1.8	23.8	DX
Tボンド	34350	2103	22760	-6940	13800	5	50.0	59	1.5	8.3	US
Tノート	35280	2160	16180	-520	5090	4	50.7	59	1.8	12.2	TY
大豆油	-3732	-228	11052	-2178	3078	6	40.4	57	0.9	-2.0	BO
大豆	-25145	-1539	45390	-1530	4120	7	30.6	57	0.7	-3.3	SD
大豆粕	-26190	-1603	42425	-2440	4610	7	36.1	54	0.6	-3.7	SM
小麦	-5963	-365	13075	-1700	3788	6	37.8	56	0.9	-2.6	WD
トウモロコシ	11950	732	6750	-1000	3113	6	45.3	64	1.4	10.0	CN
オーツ麦	4413	270	11288	2838	2713	6	40.4	68	1.1	2.3	OT
砂糖	762	47	9285	-1714	2128	6	41.9	62	1.0	0.5	SU
肥育牛	-5145	-315	20235	2350	3850	6	38.5	57	0.9	-1.5	FC
綿花	69135	4233	12420	5010	4940	6	47.5	66	2.0	31.5	CT
金	-5020	-307	14940	-930	4040	6	38.8	59	0.9	-1.9	GC
プラチナ	-14680	-899	33285	5175	3050	6	37.8	58	0.7	-2.5	PL
パラジウム	47040	2910	33280	27495	10565	5	48.1	61	1.8	8.4	PA
銅	3138	192	21388	-1963	4888	6	41.0	63	1.0	0.8	CP
生豚	-3180	-195	21748	2936	2988	6	40.6	62	0.9	-0.9	LH
原油	62010	3797	10800	2080	5280	7	58.9	72	2.1	29.6	CL
天然ガス	91330	7611	20140	27050	9740	7	52.8	74	2.1	31.5	NG
灯油	48506	2970	21357	3919	8354	7	47.3	69	1.6	12.7	HO
無鉛ガス	588	36	34411	2911	10521	8	37.3	67	1.0	0.1	HU

	純損益	最大DD	日付	トレード数	市場時間	必要平均証拠金	年次損益×10÷最大DD	%Gain/Mr+DD	%Gain/20%DD
過去6カ月	-26132	51757	20020307	92	100	23038		-61.9	
過去12カ月	31011	51757	20020307	184	100	27247		33.9	
年平均	37713	48749	Avg. Hi 16	163	100	26202		42.2	
トータル	615978	71228	19910313	2670	100	26202	5.3	33.7	10.6

125

重要要素5 ── リアルタイムの実績
アベレイション ── 9年
ベーシス2 ── 3年

真の検証は時の試練に耐えるものである。トレードシステムのウォークフォワードテストにおけるパフォーマンスがバックテストの半分だったら、まずまずと思ってよい。ウォークフォワードテストは長いほど良い。アベレイションが9年間使われているのに対し、ベーシス2はわずか3年だ。3年あればそこそこのリアルタイムの実績を得られるが、9年は並外れている。これら2つのシステムは堅牢であり論理的でもあり、時の試練に耐えてきたが、過去6カ月の最大ドローダウンを見てみよう。今年発生した最大ドローダウンはここ1カ月以内に発生している。これは過去最大のドローダウンなのだろうか。おそらくはそうではなく、もっと大きなドローダウンが発生する可能性がある。特定のセクターへの投資を減らせば、ドローダウンは減少するかもしれない。通貨はどちらのシステムも投資額が大きすぎる。

システム開発の重要点を5つ提示したが、具体的なことはまだ何も話していない。どこからスタートすればよいのかも、コアとなる手法に対しても何も話していない。『フューチャーズ・トゥルース・マガジン』は現実的な冷徹さを旨とするため、5つの重要要素のうち4つを含むシステムを紹介することにする。省いたのは重要要素5のリアルタイムの実績のみである。

キー・システム

このシステムはチャネルブレイクアウトをベースとするものだ。といっても、単純なドンチャン・システムではないのでご注意を。このチャネル・ブレイクアウト・システムはチェスター・ケルトナーのア

イデアをベースとするものである。このシステムは39日移動平均線を中心にチャネルを描くが、10日ATRに3を掛けて、それを39日移動平均線に足したものが上のチャネルになり、10日ATRに3を掛けて、それを39日移動平均線から引いたものが下のチャネルになる。上のチャネルを抜けるとそれが買いシグナルになり、下のチャネルを抜けるとそれが売りシグナルになる。当初プロテクティブストップは仕掛け価格から3ATRだけ下または上に置く。買いポジションを仕掛けているとき、市場が3ATRだけ利益を出して引けたら、損切りを終値－3ATRの位置に移動させる。市場が3ATRだけ利益を出して引けるたびに、損切りを3ATRだけ移動させる。売りポジションのトレーリングストップはこの逆である。このようにプロテクティブストップは常に移動させる。トレードを仕掛けたら5日ごとに利益をチェックする。買いポジションが5日目に利益が出ていなければ、損切りを過去5日の最高値－5ATRの位置に移動させる。売りポジションの適応型プロテクティブストップはこの逆になる。プロテクティブストップやトレーリングストップは市場に追随させることが重要だ。**表3**はキー・システムをアベレイションおよびベーシス2と同じポートフォリオ、検証期間で検証した結果を示したものである。

表3　キー・システムのパフォーマンス

	総損益	年次平均損益	最大DD	過去12カ月の利益	過去12カ月のDD	年間トレード数	勝率	市場時間	勝ち：負け	%Gain/Mr+DD	
豪ドル	13640	899	21200	-3470	6610	8	35.8	81	1.2	3.9	AD
英ポンド	22650	1387	54738	-4863	8344	8	33.6	74	1.1	2.5	BP
カナダドル	-23910	-1464	25740	-3430	3430	8	29.3	72	0.7	-5.5	CD
ユーロドル	6325	387	10625	5875	1750	8	37.1	85	1.2	3.5	ED
ユーロ通貨	13188	3860	14775	-1338	12075	8	39.3	81	1.4	24.5	EU
スイスフラン	53925	3302	18763	1513	9800	8	42.7	85	1.4	16.1	SF
日本円	138188	8460	20538	2288	9200	8	46.6	88	2.2	36.6	JY
ミニボンド	18440	1129	19580	-4040	10460	8	35.7	82	1.2	5.3	MB
米ドル指数	26080	1597	19040	-590	11030	8	40.0	86	1.2	7.8	DX
Tボンド	3730	228	33700	-7990	13420	8	36.1	81	1.0	0.6	US
Tノート	140	9	24640	-4120	9700	8	37.0	83	1.0	0.0	TY
大豆油	-9744	-597	16140	-2664	4452	10	35.4	81	0.8	-3.6	BO
大豆	-32065	-1963	52190	-260	3685	10	32.9	78	0.7	-3.7	SD
大豆粕	-10181	-623	30632	-2550	4825	9	38.4	78	0.9	-2.0	SM
小麦	-4038	-247	15650	-3350	3813	8	36.0	75	0.9	-1.5	WD
トウモロコシ	1413	87	12775	1313	1825	9	37.3	85	1.0	0.7	CN
オーツ麦	4788	293	12038	4650	1775	9	39.7	84	1.1	2.4	OT

	純損益	最大DD	日付	トレード数	市場時間	必要平均証拠金	年次損益×10÷最大DD	%Gain/Mr+DD	%Gain/20%DD	
砂糖	-3058	-187	11838	403	1848	8	39.8	82	0.9	-1.5	SU
肥育牛	4525	277	17520	-1505	5375	8	43.4	83	1.1	1.5	FC
綿花	66145	4050	20890	4270	5680	8	47.4	83	1.6	18.5	CT
金	-15170	-929	23500	340	3610	10	38.7	77	0.8	-3.7	GC
プラチナ	-22005	-1347	39445	2485	8395	8	36.2	75	0.7	-3.2	PL
パラジウム	124255	7686	24980	47240	11405	7	41.3	80	3.2	29.1	PA
銅	13100	802	14725	-313	4875	8	39.4	79	1.2	4.7	CP
生豚	-6320	-387	22308	296	5696	10	37.8	80	0.9	-1.7	LH
原油	40790	2497	21630	3300	4940	9	44.8	87	1.4	10.6	CL
天然ガス	118000	9833	19750	42970	7370	9	51.3	91	2.1	41.4	NG
灯油	23785	1456	36338	2125	7434	9	37.7	83	1.2	3.8	HO
無鉛ガス	4742	290	30521	1764	10752	11	34.5	83	1.0	0.9	HU
過去6カ月	-30293	68105	20020306	148	100	31869		-55.0		
過去12カ月	41018	68403	20020306	272	100	35108		36.7		
年平均	35198	58901	Avg. Hi 16	249	100	34591		34.4		
トータル	574902	83934	19891113	4067	100	34591	4.2	27.7	8.4	

数字を見ると分かるように、キー・システムのパフォーマンスはアベレイションやベーシス2に比べると見劣りする。しかし、キー・システムには3つの良い点がある――①パフォーマンスはまあまあ良い、②4つの重要要素に基づいて開発された、③無料。それではこのシステムの開発方法を見てみることにしよう。

重要要素1 ―― 時間枠

キー・システムは39日移動平均線を用いる。この長さはオーバートレードを防ぎ、年間でおよそ5～10トレードというちょうどよいトレード数にするのに効果的。

重要要素2 ―― 単純さ

仕掛けテクニックは極めて簡単。手仕舞いは計算が少し複雑だが、理解するのは簡単だ。このシステムは早く手仕舞いすることなく利益を得ることを目指すものだ。これは、市場が利益が出る方向に動いたらトレーリングストップをそれに合わせて移動させることで実現した。キー・システムは間違いも多い。そこで適応型プロテクティブストップを使ってみた。ストップの移動はポジションの保有日数の関数になる。市場が反転しそうもないときに負けポジションにしがみついてい

ることはない。

重要要素3 ── パラメーターの堅牢さ

このシステムのパラメーターは基本的に8つ以下である。

①移動平均線の長さ
②シグナルトリガー ── 3ATR
③5日ごとに利益をチェック
④当初プロテクティブストップ ── 3ATR
⑤利益水準 ── 5ATR
⑥トレーリングストップ ── 5ATR
⑦プロテクティブストップを動かすときの幅 ── 3ATR
⑧プロテクティブストップ水準 ── 5日の最高値と5日の最安値

　パラメーターの数は8つなのでアベレイションやベーシス2よりも多いが、許容範囲内にある。パラメーターはすべての市場に共通し、最適化はしなかった。

重要要素4 ── パフォーマンスの安定性

パフォーマンスは大部分の市場で良かった。

　このシステムのトレードステーション6.0のコードは以下のとおりである。お持ちのバージョンが前のバージョンの場合、SellShortをSellに、BuyToCoverをExitLongに、SellをExitShortに変えればよい。システムをいじってみて、改善の余地がないかどうかを知らせてほしい。私としては、プロテクティブストップとトレーリングストップの置き方と移動方法に改善の余地があるのではないかと思っている。改善点を見つけた方は、名前を明記してフューチャーズ・トゥルースの

ウエブサイトに投稿してもらいたい。

[LegacyColorValue = true];

Inputs: movAvgLen(39),signalTrigLen(3),trailProtDays(5),initialProtStopLen(3),

numDaysCheck(5),trailStopLen(3),atrCalcLen(10),trailStopThresh(3);
Vars: atr(0),movAvg(0),daysLong(0),daysShort(0),upChannel(0),dnChannel(0),

stopB(0),stopS(0),tsTrig(1);

atr = avgTrueRange(atrCalcLen);
movAvg = average(close,movAvgLen);
upChannel = movAvg + signalTrigLen*atr;
dnChannel = movAvg - signalTrigLen*atr;

if(high< upChannel) then buy("upChanPen") next bar at upChannel stop;
if(low > dnChannel) then sellShort("dnChanPen") next bar at dnChannel stop;

if(marketPosition = 0) then
begin
    stopB = 0;
    stopS = 999999;
end;

```
if(MarketPosition = 1) then
begin
        if(barsSinceEntry =1) then
        begin
                stopS = entryPrice - initialProtStopLen * atr;
                tsTrig = 1;
        end;
        if(mod(barsSinceEntry,trailProtDays)=0 and close <entryPrice) then
        begin
                value1 = highest(high,trailProtDays) - initialProtStopLen*atr;
                print(date," moving LongProtStop : ",value1);
                stopS = maxList(value1,stopS);
        end;
        if(close>entryPrice+tsTrig*trailStopThresh*atr) then
        begin
                value1 = close - tsTrig*trailStopThresh*atr;
                stopS = maxList(value1,stopS);
        end;
end;

if(MarketPosition = -1) then
begin
        if(barsSinceEntry =1) then
        begin
                stopB = entryPrice + initialProtStopLen * atr;
```

                tsTrig = 1;
        end;
        if(mod(barsSinceEntry,trailProtDays)=0 and close >entryPrice) then
            begin
                value1 = lowest(low,trailProtDays) + initialProtStopLen*atr;
                stopB = minList(value1,stopB);
            end;
        if(close<entryPrice+tsTrig*trailStopThresh*atr) then
            begin
                value1 = close + tsTrig*trailStopThresh*atr;
                stopB = minList(value1,stopB);
            end;
    end;

if(MarketPosition = 1 and barsSinceEntry>=1) then Sell ("Longliq") next bar at stopS stop;
if(MarketPosition =-1 and barsSinceEntry>=1) then BuyTocover ("ShortLiq") next bar at stopB stop;

2002年8月・9月号
賭けのサイズ

　フューチャーズ・トゥルースではほとんどのリサーチは1枚ベースで行っている。これは異なるトレードシステムを正規化し、平等な条件の下で比較するためである。しかし、実際の世界では、1枚がすべてのトレーダーにとってベストであるとは限らない。トレーダーは千差万別であり、1枚のトレードは資産の非効率な使い方になることもある。枚数をいじるということは、それはすなわちマネーマネジメント（リスクマネジメント）の世界を意味する。勝てるトレード戦略と負けるトレード戦略を分けるもの――それがリスクマネジメントである。ほとんどの人は、リスクマネジメントという言葉を聞くと、リスクを減らすことであると考える。もちろん、リスクを減らすこともリスクマネジメントの重要な要素だが、リスクマネジメントは機会をフルに活用することにも利用することができる。リスクマネジメントの考え方そのものはそれほど複雑ではない。

● リスクが発生するのは、損失を出す可能性があるとき。
● リスクマネジメントは、損失を出す可能性を減らし、利益を出す可能性を高めることである。

　これらのアイデアをあなたのトレードに適用するのに用いるのがリスクマネジメント手法である。今回のこのコーナーでは、2つの卓越したマネーマネジメント手法について議論し、それを実際のトレードシステムに適用してみることにする。

損失を取り戻すのにかかる時間

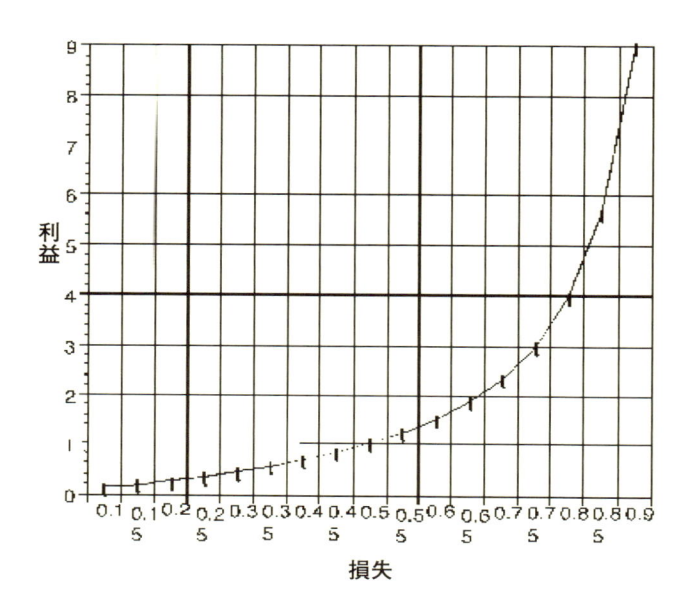

リスクマネジメントの議論に入る前に、損失が資産に与える影響を見ておくことにしよう。1万ドルからスタートし1000ドルの損失を出せば、資産の10％を失ったことになる。1万ドルに戻すには、10％を超える利益が必要になる。例えば、損失を出したあとは9000ドルしか残らない。したがって、1万ドルに戻すには11％の利益が必要になる。上のグラフはさまざまな水準の損失を取り戻すのに必要な利益をグラフ化したものだ。資産の50％の損失を出した場合、ブレークイーブンに戻すのには100％の利益が必要になる。このグラフから導き出される最も重要なことは、損失を取り戻すのは容易なことではない、ということである。

損失を取り戻すのに必要な利益＝（1÷（1－損失率））－1

固定比率法

　この手法は複利のマジックを利用したものだ。利子を複利運用する普通預金口座と、複利運用しない普通預金口座を思い浮かべてもらいたい。複利は線形的成長を指数関数的成長に変える効果がある。複利とは利益を再投資することを意味する。利益が増えるほど、投資額が増える。固定比率法とは、各トレードに対して現在資産の一定比率をリスクにさらす手法だ。したがって、資産が増えるほど、リスクにさらす額も増える。一例として、10万ドル口座を考えてみよう。各トレードに対するリスク額はいくらにすべきだろうか。これは議論の余地のある問題だが、一般的には2％である。したがってこの場合、各トレードでリスクにさらす額は2000ドルである。次に、次のトレードで出すと思われる損失額を算出する。ほとんどのトレードシステムにはプロテクティブストップが組み込まれている。固定の場合もあれば、システム定義のものもある。例えば、単純な4週ドンチャン・ブレイクアウト・システムはシステム定義の損切りが設定されており、チャネルの反対側が潜在的損失額を表す。2500ドルの固定マネーマネジメントストップを使っているトレードシステムは2500ドルをリスクにさらすことになる。2％の固定比率を使っているわれわれのシステムでは、こんなに大きなプロテクティブストップではトレードしないだろう。リスクマネジメントに合わせてプロテクティブストップを変えればよいではないかと思うかもしれないが、それは良い考えとは言えない。トレード戦略の1つの要素を変えれば、システムはすべて変わってしまうからだ。リスクマネジメント手法は賭けサイズを算出することでトレード戦略を補完する役目を果たすものである。われわれが使っているのは固定比率アプローチで、できれば成功するシステムにしたいので、まずは1枚から始めて、資産の増加に合わせて徐々に枚数を増やしていくのがよい。この例では、われわれは常に1枚以上トレ

ードする。2000ドルのプロテクティブストップと2％の固定比率マネーマネジメントストップを使って、4週のドンチャン・ブレイクアウト・システムを検証してみることにしよう。この検証結果を示す前に、1枚ベースでトレードしたときの結果を見てみよう。**表1**は1枚ベースでの検証結果を示したもので、**表2**はこのシステムを固定比率マネーマネジメントストップを使ってトレードしたときのパフォーマンスを示したものだ。

表1　19.50年分のデータによる検証（4917トレード日）

純損益	118288$	年次平均損益	6066$
幾何平均損益	382$	悲観的リターン	1.58
オプティマル f	0.20	幾何平均	1.0236
勝ち月	54%	%Gain/Mr+DD	17%
決済時最大DD	31450$	利益・DD比率0.19	1995年1月12日
値洗い時最大DD	33800$	利益・DD比率0.18	1995年1月12日
最良トレード	19500$	最悪トレード	-4375$
平均トレード	569$	純利益・純損失比率	1.6
平均勝ちトレード	3346$	平均損失	-1766$
買いの純損益	56325$	売りの純損益	61963$
トレード数	208	年間平均トレード数	11
勝ちトレード	95	勝率	45.7%
負けトレード	113	最大連敗数	6
1トレード当たりの平均日数	21.4	最長フラットタイム	868日
市場時間	90%	シャープレシオ	0.15

表2　19.50年分のデータによる検証（4917トレード日）

純損益	146250$	年次平均損益	7500$
幾何平均損益	510$	悲観的リターン	1.47
オプティマル f	0.29	幾何平均	1.0152
勝ち月	54%	%Gain/Mr+DD	10%

決済時最大DD	51413$	利益・DD比率0.15	1995年1月12日
値洗い時最大DD	67788$	利益・DD比率0.11	2000年11月17日
平均枚数	1.49	最大枚数	3
最良トレード	29175$	最悪トレード	-9713$
平均トレード	454$	純利益・純損失比率	1.5
平均勝ちトレード	3261$	平均損失	-1826$
買いの純損益	61175$	売りの純損益	85075$
トレード数	322	年間平均トレード数	17
勝ちトレード	146	勝率	45.3%
負けトレード	176	最大連敗数	10
1トレード当たりの平均日数	13.8	最長フラットタイム	917日
市場時間	90%	シャープレシオ	0.11

パフォーマンスを見ると分かるように、固定比率にすると利益も最大ドローダウンも大幅に上昇する。最大ドローダウンの増加速度のほうが利益の増加速度よりも大きい。システムの最大ドローダウンは、2枚以上トレードし始めた検証の終わりのほうで発生している。最大ドローダウンがトレードサイズとともに上昇するのは、この種のリスクマネジメントの1つの問題点である。

オプティマル f

オプティマルfの議論に入る前に、連勝・連敗理論を見ておく必要がある。この理論は連勝または連敗の確率を計算するものだ。トレードし始めていきなり連敗に見舞われ、各トレードに対する投資額が大きいとき、われわれのトレードキャリアは始まる前に終わってしまうおそれもある。独立事象が連続して発生する確率は、p^nで表される(ただし、p＝その事象の発生確率、n＝その事象の発生回数)。

例えば、あるトレードシステムを開発したとしよう。その勝率が40％であるとすると、このシステムが5連敗する確率は$0.6^5=0.077$、つ

まり7.7％である。1万ドル口座から始めて、各トレードに対するリスク額を2000ドルとした場合、破産する確率は7.7％ということになる。これはリスクの取りすぎだと思う。各トレードに対するリスク額を1000ドルにすれば、破産するには10連敗しなければならない。10連敗する確率は$0.6^{10} = 0.006$、つまり0.6％だ。したがって、2000ドルのリスクを取るよりも1000ドルのほうがはるかに良い。1トレードのリスク額を1000ドルにすれば、破産確率を1000分の6に減らすことができる。素人はこれをかなり低い破産確率だと思うかもしれないが、プロのマネーマネジャーはこの破産確率は高すぎると思うだろう。固定比率法で述べたように、2％というのが許容リスク水準である。2％のリスクでは、破産リスクは極めて小さい。1トレードにつき5％を超えるリスクを取れば、あなたの頭を銀の皿に乗せてくれと頼むようなものだ。

オプティマルfはリスクにさらす最適な投資額を見つけようというものだ。オプティマルfは投資すべき理想的な口座資金の固定比率であり、この手法の目的は損失を避けながら、投資額を最大化することである。オプティマルfより少ない投資額でトレードすれば、資源を有効活用できていないことになり、利益を最大化することはできない。また、オプティマルfより多い投資額でトレードすれば、制御不能になり、しまいにはすべてを失うことになる。

オプティマルfの計算式はケリーの賭けシステムがベースになっている。ケリーの計算式を簡単化したものは以下のとおりである。

$$f = [p \times (R + 1) - 1] \div R$$

ただし、
R＝ペイオフレシオ

p＝勝ちトレードの確率

　式中のｆは最適比率で、資産の最大成長をもたらす比率である。この式が最も良く当てはまるのは、利益と損失の発生確率は同じだが、必ずしも同額ではないケースである。この最も良い例がコイン投げだ。例えば、表が出れば２ドルもらえ、裏が出れば１ドル失うとする。この式を使って計算すると、

　ｆ＝［0.5×（２＋１）－１］÷２＝0.25

　この0.25は何を意味するのだろうか。次のトレードでリスクにさらす資産額はオプティマルｆと、耐えなければならない最大損失の関数である。コイン投げの例では、最大損失は１ドルだ。勝率、勝ち・負け比率および出し得る最大損失を使えば、次のコイン投げでリスクにさらすべき最適額が計算できる。これは出し得る最大損失（１ドル）をオプティマルｆの値（0.25）で割ればよい。計算すると１ドル÷0.25＝４ドルになる。したがって、資産４ドルごとに１枚賭けることができるということである。オプティマルｆと資産が等しいときに必ずしも最大損失になるわけではない。コイン投げの例では、各賭けでは資産の25％を賭けることができる。しかし、１つのトレードの投資額が25％では大きすぎる。これはもう証明済みだ。この値は、勝率が50％で勝ち・負け比率が２の理想的なシステムに基づくものだ。そこで勝率が40％で勝ち・負け比率が1.7という現実的な数字を入れてみることにしよう。

　ｆ＝［0.4×（1.7＋１）－１］÷1.7＝0.047

　これはより現実的で、リスクパラメーターとして許容できる数字だ。

しかし、理論が依って立つ仮定が、トレードはコイン投げとは異なる、トレードは独立事象ではないため、オプティマルfの値はさらに小さくする必要がある。表3は同じシステムをオプティマルfを使ってトレードしたときのパフォーマンスを示したものである。

表3　19.50年分のデータによる検証（4917トレード日）

純損益	933338$	年次平均損益	47863$
幾何平均損益	3727$	悲観的リターン	1.19
オプティマルf	0.20	幾何平均	1.0009
勝ち月	56%	%Gain/Mr+DD	1%
決済時最大DD	2252000$	利益・DD比率0.02	2000年11月15日
値洗い時最大DD	4292150$	利益・DD比率0.01	2000年11月17日
平均枚数	25.52	最大枚数	288
最良トレード	1385813$	最悪トレード	−828800$
平均トレード	149$	純利益・純損失比率	1.2
平均勝ちトレード	3301$	平均損失	−1961$
買いの純損益	422450$	売りの純損益	510888$
トレード数	6272	年間平均トレード数	322
勝ちトレード	2601	勝率	41.5%
負けトレード	3671	最大連敗数	399
1トレード当たりの平均日数	0.7	最長フラットタイム	2001日
市場時間	90%	シャープレシオ	0.02

これらの数字から分かることは、システムははるかに多くの利益を出すようになったが、はるかにリスキーなものになったということである。最大ドローダウンは総利益の4倍である。一体何が起こったのだろうか。このシステムは連勝が長く続き、そのため勝率も、勝ち・負け比率も上昇した。これはオプティマルfが22%を上回ったためだ。最大ドローダウンが発生したとき、200枚も仕掛けていた。ドンチャンはトレード量は少なく、したがって勝率や勝ち・負け比率のボラティリティが非常に高い。1つの大きな勝ちトレードがこれらの統計量

を大きくゆがめた可能性は高い。オプティマルｆはトレードシステムの成功率の関数である。損失を出す期間やブレークイーブンの期間が長く続けば、破産する可能性が非常に高い。オプティマルｆが魅力的だと思うのであれば、自分のマネーマネジメントで使えばよい。ただし、常にオプティマルｆの左側でトレードすることを忘れてはならない。つまり、限度を設けよということである。

　利益の再投資とポジションサイズを増やすということになれば、投資額と市場リスクの関数としてのマネーマネジメントを使うのがよい。トレード結果に依存するマネーマネジメントは個々のトレードに投資しすぎることになる。リスクにさらす投資額を少なくする（２％未満）ことで、大きな負けトレードや長い連敗を喫したときに壊滅的な打撃を防ぐことができる。このトレードは資産の成長は遅らせるが、リスクを大きくするよりはマシだ。

2002年10月・11月号
イージーランゲージの落とし穴

次に示すパフォーマンスリポートはどこがいけないのだろうか。

トレードステーションのパフォーマンスリポート
S&P500（日足。1996年10月29日～2002年10月15日）
パフォーマンスサマリー（すべてのトレード）

純利益	$907,262.5000	未決済トレードの損益	$0.0000
総利益	$1,842,237.5000	総損失	($934,975.0000)
総トレード数	1417	勝率	35%
勝ちトレード数	490	負けトレード数	927
最大勝ちトレード	$21,575.0000	最大負けトレード	($9,825.0000)
平均勝ちトレード	$3,759.6684	平均負けトレード	($1,008.6030)
ペイオフレシオ	3.7276	平均トレード	$640.2699
最大連勝数	8	最大連敗数	25
勝ちトレードの平均日数	2	負けトレードの平均日数	0
日中最大DD	($28,800.0000)	プロフィットファクター	1.9704
最大枚数	1	必要口座サイズ	$28,800.0000
		口座リターン	3150%

　あまりにも出来すぎではないだろうか？　この素晴らしい成績を上げたのは次に示す「聖杯」システムだ。

value1 = open of next bar;
if(close < close[1]) then
begin
　　　　buy next bar at value1 + 0.1* range stop;
　　　　sellshort next bar at value1 - 0.2 * range stop;

```
end;
if(close > close[1]) then
begin
        sellshort next bar at open - 0.1* range stop;
        buy next bar at value1 + 0.2 * range stop;
end;
SetStopLoss(1000);
```

　コードに何か問題があるのだろうか。私の鍛え抜かれた目をもってしても、この戦略は正確にプログラミングされているとしか言いようがない。では何が問題なのだろうか。この戦略はだますために設計されたわけではないが、実際にはそうなっている。「だます」と言ったのは、実はこの戦略はイージーランゲージの弱みを利用しているのである。日足で検証しているとき、1日に2回以上のトレードを許容しているのだ。このタイプのシステムでは、高値と安値のどちらが先に発生したかを知らなければならない。イージーランゲージは、寄り付きが高値に近いときには高値が先に発生し、安値近くで引けることを想定している。また、安値近くで寄り付いたときには安値が先に発生し、高値近くで引けることを想定している。ほとんどの場合はこうなるが、いつもこうなるとは限らない。分析の障害となっているのは、1000ドルの日中プロテクティブストップである。1000ドルのスイングはS&P500ではどの日でも頻繁に発生する。イージーランゲージは日足を見てもこれらのスイングには気づかない。

日足の想定

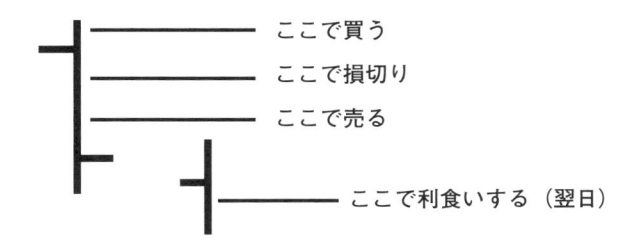

- ここで買う
- ここで損切り
- ここで売る
- ここで利食いする（翌日）

日中ベースで実際に起こるのは（5分足）……

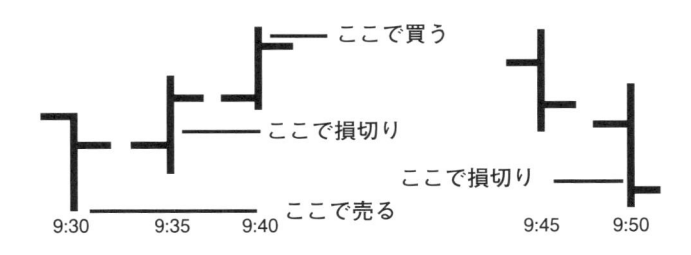

- ここで買う
- ここで損切り
- ここで売る
- ここで損切り

9:30　9:35　9:40　　　　9:45　9:50

　想定では、最初に買い、損切りになったので、売る。そして、翌日ギャップダウンするので利食いする。しかし、実際に発生したのは、市場が下落したので売ったが、それが損切りになった。そのあと買ったが、それも損切りに引っかかった。日中の実際の高値と安値の起こる順序に基づけばトレードは逆転するのである。想定では翌日に利食いすることになる。しかし現実は、売りポジションはすでに損切りになっていた。この種のシステムを検証したいのであれば、日中データで検証しなければならないが、これを行うには高度なプログラミングが必要になる。日足で計算し日中足で執行するのであれば、2つのデータ（分足と日足）が必要になる。データ1には必ず短い時間枠を使わなければならない。検証ではデータ1には5分足を使い、データ2には日足を使った。この戦略を正確に検証するには次のようなプログラミングが必要になる。

```
vars : longOnce(false), shortOnce(false),stop_buy(999999),stop_sell(0);
if(date <> date[1]) then
begin {First bar of intra day data}
        value1 = 0.1 * range of data2;
        value2 = 0.2 * range of data2;
        longOnce = false;
        shortOnce = false;
        stop_buy = open + value2;
        stop_sell =open - value2;
        if(close of data2 < close[1] of data2)then stop_buy = open + value1;
        if(close of data2 > close[1] of data2) then stop_sell = open - value1;
end;

if(marketPosition = 1) then longOnce = true;
if(marketPosition =-1) then shortOnce = true;

if(longOnce = false) then buy next bar at stop_buy stop;
if(shortOnce = false) then sellShort next bar at stop_sell stop;

SetStopLoss(1000);
```

　日足での検証と日中足での検証の違いを示すために、同じ検証期間にわたって2つのシステムを検証してみた。

日足での検証

純利益	$299,600.0000	未決済ポジションの損益	$0.0000
総利益	$526,000.0000	総損失	($226,400.0000)
総トレード数	365	勝率	39.73%
勝ちトレード数	145	負けトレード数	220
最大勝ちトレード	$21,575.0000	最大負けトレード	($9,825.0000)
平均勝ちトレード	$3,627.5862	平均負けトレード	($1,029.0909)
ペイオフレシオ	3.5250	平均トレード	$820.8219
最大連勝数	7	最大連敗数	10
勝ちトレードの平均日数	2	負けトレードの平均日数	0
日中最大DD	($19,000.0000)		
プロフィットファクター	2.3233	最大枚数	1
必要口座サイズ	$19,000.0000	口座リターン	1576.84%

日中データでの検証

純利益	$100,200.0000	未決済ポジションの損益	$0.0000
総利益	$521,000.0000	総損失	($420,800.0000)
総トレード数	539	勝率	23.93%
勝ちトレード数	129	負けトレード数	410
最大勝ちトレード	$15,900.0000	最大負けトレード	($6,550.0000)
平均勝ちトレード	$4,038.7597	平均負けトレード	($1,026.3415)
ペイオフレシオ	3.9351	平均トレード	$185.8998
最大連勝数	5	最大連敗数	23
勝ちトレードの平均日数	99	負けトレードの平均日数	17
日中最大DD	($26,600.0000)		
プロフィットファクター	1.2381	最大枚数	1
必要口座サイズ	$26,600.000	口座リターン	376.69%

　2つのパフォーマンスリポートの間には大きな違いが見られる。これはイージーランゲージの陥りやすい落とし穴である。私は多くのシステムを検証したが、最初は「聖杯」に見えたシステムが、結局はガラクタだったケースは多い。この落とし穴を調べようと多大な時間を無駄にした人は多い。1日に2つ以上のトレードをすることが分かっている場合は、日中データで検証しなければこの問題に陥ることにな

る。残念ながら、トレードステーション6.0のデータベースは限られた日中データしか持っていない。このシステムを日足で検証して、そのパフォーマンスの大体のところをつかみたいのであれば、1日に1トレードに限定しなければならない。これは1日の注文を1回に限定することで可能だ。

if (marketPosition<>1 and Close > [1]) then buy next bar at buy_stop stop:
if (marketPosition<>-1 and Close < [1]) then sellShort next bar at sell_stop stop;

　長期トレンドフォローシステムのほとんどは、1カ月におよそ1回1つの方向にしかトレードしないためこの問題とは無縁だ。この落とし穴にはまるのは、素早く利益を得ることを目指す短期トレードシステムだけである。トレードステーションのイージーランゲージでの正確なプログラミング方法について知りたい人は、ジョンと私が最近書いた本、**『勝利の売買システム ── トレードステーションから学ぶ実践的売買プログラミング』**（パンローリング）の一読をお勧めする。これは12月の初旬に発売予定だ。

2002年12月・2003年1月号
システム間の相関の測定

　この2～3年、最もよく聞かれる質問は、「トップ10のトレードシステムのうち、どの2つを一緒にトレードするのが一番良いのか」である。非常に良い質問だ。システムでトレードして成功してきた多くのトレーダーたちは、もっとリターンを増やして、資産曲線を安定させたいと思っているのだ。彼らの願望をかなえる1つの方法は、別のトレードシステムを加えることである。別のシステムを加えるのは難しく、極めてリスクが高い。別のシステムを加えたといっても、必ずしも分散化を図れるわけではない。実際には、1つのシステムでトレード枚数を増やすほうが、まったく別のシステムを加えるよりも良いことがある。今回のこのコーナーでは、トップ10のトレードシステムの相関を調べることで、前述の質問に答えたいと思う。

　検証対象はまったく同じポートフォリオをトレードできるシステムのみである。これは同じ条件の下で検証するためだ。検証したシステムは以下のとおりである。

アベレイション（キース・フィッチェン作成）
ベーシス2（ジアド・チャハール作成）
DCS2（ピーター・アーン作成）
ダイナミックブレイクアウト・システム（フューチャーズ・トゥルース作成）
ゴールデンSX（ランディー・スタッキー作成）
グランド・ケイマン（マイケル・チザム作成）
トレンドチャネル（ジョン・トーラン作成）

検証した市場は以下のとおりである。

Tボンド
Tノート
英ポンド
日本円
スイスフラン
ユーロ通貨（独マルク）
大豆
綿花
生牛
銅
砂糖
オレンジジュース
灯油
原油
天然ガス
銀

　トレードシステム間の相関を調べるのに、これが一番という方法はない。ここで紹介する方法よりももっと良い方法があるかもしれない。もし良い方法を見つけたら、ぜひ私に教えてほしい。そうすればすべての読者と共有できる。ナウザー・バルサラはその優れた著書『マネー・マネジメント・ストラテジーズ・フォア・フューチャーズ・トレーダー（Money Management Strategies for Futures Traders)』のなかで、共分散と t 検定を使って、異なる商品間の相関を調べる方法について説明している。私はトレードシステム間の相関を計算するのに彼の手法と式を使った。まず、1986年から今年10月までの各システ

ムの日々のリターンの平均を計算した。各システムの資産の共分散を計算するのには次の式を使った。

Σ ｛（システムxの日々のリターン − システムxの日々のリターンの平均）×（システムyの日々のリターン − システムyの日々のリターンの平均）｝ ÷（トレード日数 − 1）

この分析の対象は7つのシステムなので、共分散は21回計算した。各組の共分散を計算したら、相関は次式で計算できる。

相関 =（システムAとシステムBの共分散）÷ ［（システムAのリターンの標準偏差）×（システムBのリターンの標準偏差）］

2つのシステムの変数が完全に同じ動きをする場合、2つのシステムは正の完全相関の関係にあると言い、2つのシステムの変数が完全に逆の動きをする場合、2つのシステムは負の完全相関の関係にあると言う。逆相関の関係にあるトレードシステムを探しているとき、正の完全相関や負の完全相関の関係にあるシステムは望ましくなく、その中間が良い。次の表は7つのシステムの相関を示したものである。

	アベレイション	ベーシス2	DCS2	ダイナミックブレイクアウト・システム	ゴールデンSX	グランド・ケイマン	トレンドチャネル
アベレイション	100.0%	74.3%	86.1%	78.9%	87.8%	87.2%	91.7%
ベーシス2	74.3%	100.0%	74.6%	81.5%	78.0%	63.5%	79.6%
DCS2	86.1%	74.6%	100.0%	83.4%	84.5%	76.4%	88.3%
ダイナミックブレイクアウト・システム	78.9%	81.5%	83.4%	100.0%	85.6%	65.3%	86.6%
ゴールデンSX	87.8%	78.0%	84.5%	85.6%	100.0%	77.3%	89.1%
グランド・ケイマン	87.2%	63.5%	76.4%	65.3%	77.3%	100.0%	82.3%
トレンドチャネル	91.7%	79.6%	88.3%	86.6%	89.1%	82.3%	100.0%

表を見ると分かるように、最も逆相関の関係にあるのはベーシス２とグランド・ケイマンだ。全体的にベーシス２は最も逆相関性が高く、次に逆相関性が高いのがグランド・ケイマンである。この分析には満足できなかったので、もう少し詳しく調べてみることにした。昔は２つのシステムで同時にトレードしたときの資産曲線とドローダウンでシステム間の相関を調べていた。２つのシステムで同時にトレードしたときのドローダウンが２つのシステムのドローダウンを足し合わせたものよりも小さければ、逆相関の関係にあるとしていた。次の表はそれぞれ２つのシステムを同時にトレードしたときのドローダウンを示したものだ。

	アベレイション	ベーシス２	DCS２	ダイナミックブレイクアウト・システム	ゴールデンSX	グランド・ケイマン	トレンドチャネル
アベレイション	*104,972*	106,674	124,225	112,348	103,456	144,657	118,707
ベーシス２	106,674	*108,370*	112,348	114,063	104,589	146,353	120,395
DCS２	124,225	111,248	*159,536*	148,206	125,762	149,229	136,741
ダイナミックブレイクアウト・システム	112,348	114,063	148,206	*149,252*	116,079	152,033	127,659
ゴールデンSX	103,456	104,589	125,762	116,079	*108,870*	143,863	117,176
グランド・ケイマン	144,657	146,353	149,229	152,033	143,863	*184,304*	158,345
トレンドチャネル	118,707	120,395	136,741	127,659	117,176	158,345	*132,388*

　この相関分析では、アベレイションとグランド・ケイマンのペアが最高だ。前の相関分析はこれとは違っている。前の分析では、グランド・ケイマンはほかのシステムと高い逆相関の関係にあったが、この分析ではほかのシステムと最も相関性が高い。私の考えでは、この２番目の分析に欠陥がある。最大ドローダウンは単事象だが、２番目の分析ではわれわれはこの単事象をほかの単事象と比較しようとしている。２つのシステムの最大ドローダウンが同時に発生すると、２つのシステムは相関の関係にあると言えるだろうか。私はそうは思わない。この単事象は戦争の勃発やある国家の経済システムの破綻といった外

部の影響によって引き起こされるのである。まだ満足できないので、もう1つ調べてみることにした。次の表は各ペアの拡張したシャープレシオを示したものだ。拡張したシャープレシオは各ペアの日々のリターンを合わせたものの平均をそれらのリターンの標準偏差で割って算出する。レシオが大きいほど逆相関性は強い。

　この分析結果は最初の分析結果とほぼ一致する。これは基本的には2つのシステムを同時にトレードしたときの資産曲線のボラティリティを測定しているわけである。ベーシス2で2枚トレードすると、よりスムーズな資産曲線を描くのを見るのは興味深いのではないだろうか。

	アベレイション	ベーシス2	DCS2	ダイナミックブレイクアウト・システム	ゴールデンSX	グランド・ケイマン	トレンドチャネル
アベレイション	*0.053*	0.068	0.047	0.045	0.052	0.052	0.049
ベーシス2	0.068	*0.074*	0.059	0.055	0.064	0.067	0.061
DCS2	0.047	0.059	*0.039*	0.038	0.045	0.047	0.042
ダイナミックブレイクアウト・システム	0.045	0.055	0.038	*0.033*	0.041	0.045	0.040
ゴールデンSX	0.052	0.064	0.045	0.041	*0.047*	0.051	0.047
グランド・ケイマン	0.052	0.067	0.047	0.045	0.051	*0.049*	0.049
トレンドチャネル	0.049	0.061	0.042	0.040	0.047	0.049	*0.044*

　一体どの2つのシステムを併用すればよいのだろうか。これは難しい問題だが、この分析結果より、私だったらベーシス2ともう1つ別のシステムを使う。7つのシステムのなかで最も逆相関性が高いのがベーシス2だからだ。7つのシステムのなかでベーシス2が最も良いシステムと言っているわけではない。7つのシステムはどれも素晴らしいものだ。私が発見した1つの洞察をお話しして、今回のこのコーナーを終わることにしよう。最も良い結果を出したのは、これら7つのシステムのうちの1つとRブレーカーの組み合わせである。Rブレーカーはこれら7つのシステムと時間枠がまったく異なり、そのため

資産曲線が最もスムーズだった。したがって、これら7つのシステムの1つですでにトレードしていて、分散化を図りたいと思うのであれば、トレードのツールボックスに短期の市場指数システムを加えるとよいだろう。

2003年2月・3月号
デイトレーダーのためのゾーン分析

　明日の終値が今日の足の特定の部分で引ける確率が60％以上あれば、この情報でお金儲けができるだろうか。今回のこのコーナーでは、ゾーン分析を使ったトレード方法を紹介する。このアイデアの着想は、1994年に出版されたJ・T・ジャクソンの『ディテクティング・ハイ・プロフィット・トレード・イン・ザ・フューチャーズ・マーケット（Detecting High Profit Trades in the Futures Markets)』がヒントになった。まず、トレード日を４つのゾーンに分ける。ゾーン１は今日の高値よりも高い価格、ゾーン２は今日の高値以下、今日の中間点以上の価格、ゾーン３は今日の中間点以下、今日の安値以上の価格、ゾーン４は今日の安値よりも安い価格からなる。

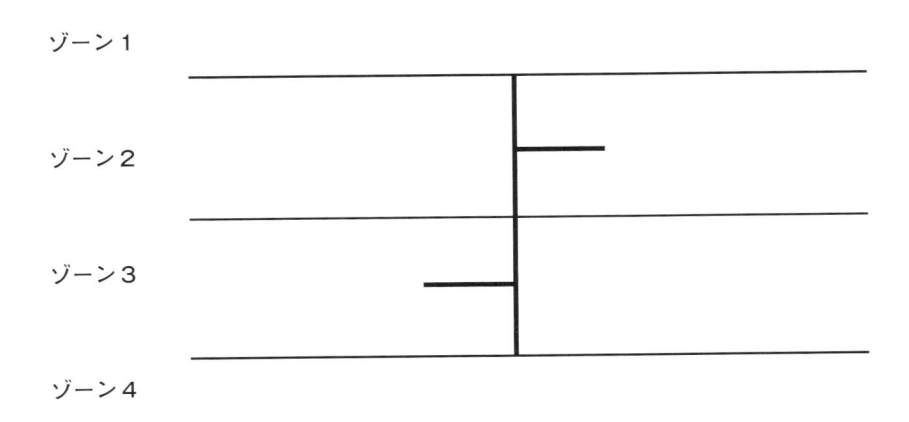

ゾーン１

ゾーン２

ゾーン３

ゾーン４

　今日のゾーン（寄り付くゾーンと引けるゾーン）は昨日の足から予測する。ゾーン１で寄り付き、ゾーン４で引ける確率はかなり低いと

思う（思うというよりも、結果はすでに分かっているので知っていると言ったほうがよいかもしれない）。ギャップアップで寄り付けば、前日の値幅内に戻る可能性が高いが、前日の安値まで戻るとは思わない。ギャップダウンで寄り付いたときも同じである。次の表はこの仮説を実証するものだ。表には市場が寄り付いたゾーンと引けたゾーンのパーセンテージを示している。

表1　S&P500（1995年3月～2003年2月11日）

寄り付き ＼ 引け	ゾーン1	ゾーン2	ゾーン3	ゾーン4
ゾーン1	63%	21%	9%	7%
ゾーン2	34%	33%	19%	13%
ゾーン3	13%	25%	26%	35%
ゾーン4	6%	10%	24%	60%

表2　ナスダック（1996年4月～2003年2月11日）

寄り付き ＼ 引け	ゾーン1	ゾーン2	ゾーン3	ゾーン4
ゾーン1	60%	23%	9%	9%
ゾーン2	39%	27%	18%	16%
ゾーン3	13%	22%	25%	39%
ゾーン4	7%	14%	19%	60%

表3　Tボンド（1995年2月16日～2003年2月11日）

寄り付き ＼ 引け	ゾーン1	ゾーン2	ゾーン3	ゾーン4
ゾーン1	72%	17%	7%	5%
ゾーン2	34%	32%	19%	15%
ゾーン3	15%	20%	32%	33%
ゾーン4	6%	11%	27%	56%

これらの表はほぼ一致している。ゾーン1で寄り付いたら、ゾーン4で引ける確率は極めて低く、ゾーン4で寄り付いたら、ゾーン1で引ける確率もまた低い。寄り付きと引けが同じゾーンで発生しているものが多いが、これは極めて興味深い（表の対角線上の数字に注目）。

　これは興味深い研究ではあるが、これをトレードシステムにどう使えばよいのだろうか。私はこれらの確率表からトレードシステムが開発できるのではないかと思う（そう期待する）。まず、市場がゾーン1で寄り付いたときに成り行きで買うというアイデアを検証してみよう。S&Pの確率表によれば、ゾーン1で寄り付いたときにゾーン1で引ける確率は63％である。これらの確率が正しいかどうかを、プロテクティブストップや手数料を考えずに検証してみることにする。

純利益	$29,675.00	未決済ポジションの損益	$0.00
総利益	$373,900.00	総損失	－$344,225.00
総トレード数	323	勝率	50.15％
勝ちトレード数	162	負けトレード数	161
最大勝ちトレード	$13,000.00	最大負けトレード	－$13,300.00
平均勝ちトレード	$2,308.02	平均負けトレード	－$2,138.04
ペイオフレシオ	1.08	平均トレード	$91.87
最大連勝数	10	最大連敗数	6
勝ちトレードの平均日数	0	負けトレードの平均日数	0

　手数料を含まなければシステムは利益を出している。しかし、勝率が50％程度というのはどういうわけだろうか。確率表によれば勝率は63％程度になるはずである。しかし、これは間違いだ。確率表は市場はゾーン1で引けるとは言っているが、寄り付き価格（仕掛け価格）よりも高く引けるとは言っていない。さかのぼって調べてみると、市場がゾーン1で寄り付いて引けたとき、79％の確率で寄り付き価格よ

りも高く引けていることが分かった。計算してみると、勝率は50％ということが分かるはずだ。これはあまり良くない。検証1は失敗だ。

　検証2では、市場がゾーン1で寄り付いたときにゾーン1の底で指値で買うというアイデアを検証してみることにしよう。成り行きで買うよりも、もっと良い価格で仕掛けられるのではないかと思う。

純利益	($68,937.50)	未決済ポジションの損益	$0.00
総利益	$180,700.00	総損失	($249,637.50)
総トレード数	229	勝率	47.60%
勝ちトレード数	109	負けトレード数	120

　いやー、これはいけない。勝ちトレード数は検証1とほぼ同じだが、大きな違いはリスク・リワード・レシオが大幅に異なることだ。市場がゾーン2まで押せば、潜在的利益はゾーン1を上回る価格になり、潜在的損失はゾーン1を下回る価格になる（これは250ドル稼ぐのに、750ドルをリスクにさらすも同然）。ギャップアップで寄り付いてそのまま上昇し続けたトレードも削除した。これはおよそ50％の確率で250ドル稼げるが、同じ確率で750ドルを市場に戻してしまうことになる。検証2も失敗だ。

　確率表を別の視点で見てみることにしよう。市場がゾーン1で寄り付いたら、63％の確率でゾーン1で引けることは分かっている。また、ゾーン1で寄り付いたら、79％の確率で寄り付き価格を上回って引けることも分かっている。これより、市場がゾーン1を下回って引ける確率は37％になることが推定できる。検証2のロジックを逆にして、ゾーン1で成り行きで買うのではなく、売ったらどうなるだろうか。勝率はおよそ50％で、リワード・リスク・レシオは逆転するはずだ。それでは結果を見てみよう。

純利益	$68,937.50	未決済ポジションの損益	$0.00
総利益	$249,637.50	総損失	($180,700.00)
総トレード数	229	勝率	53.28%
勝ちトレード数	122	負けトレード数	107

ワオー！　これは素晴らしい。買う代わりに売ったわけだから、最初の分析とは逆のことをやったわけだ。確率に注意しながら、全体像を見てみよう。私たちが開発したシステムは昔ながらの「フェード・ザ・オープン」システムだ。これを別の角度から見てみることにしよう。市場がゾーン４で寄り付いたときにゾーン４で買ってもこの分析は成り立つだろうか。

純利益	($10,512.50)	未決済ポジションの損益	$0.00
総利益	$199,700.00	総損失	($210,212.50)
総トレード数	187	勝率	52.94%
勝ちトレード数	99	負けトレード数	88

結果としてはあまりパッとしないが、今のボラティリティの高い下げ相場のことを考えると納得がいく。次の検証は同じアイデアの検証（買いと売りを行う）だが、1000ドルの日中プロテクティブストップを使う。

S&Pの７年分のデータで検証（1763トレード日）

純損益	59038$	年次平均損益	8434$
幾何平均損益	73$	悲観的リターン	1.21
オプティマル f	0.13	幾何平均	1.0032
勝ち月	54%	%Gain/Mr+DD	29%
		市場時間平均リターン	287%

決済時最大DD	23250$	利益・DD比率0.36	1999年3月11日
値洗い時最大DD	23250$	利益・DD比率0.36	1999年3月11日
最良トレード	12800$	最悪トレード	−2950$
平均トレード	158$	純利益・純損失比率	1.2
平均勝ちトレード	2291$	平均損失	−1061$
買いの純損益	4488$	売りの純損益	54550$
トレード数	374	年間平均トレード数	53
勝ちトレード	136	勝率	36.4%
負けトレード	238	最大連敗数	14
1トレード当たりの平均日数	0.5	最長フラットタイム	535日
市場時間	10%	シャープレシオ	0.15

それほど悪くない。この研究には可能性があるように思える。ゾーンは完全なトレードシステムではないが、完全なトレードシステムはこの分析を使って定式化することができるのではないかと思う。何かアイデアがあったらぜひ教えてもらいたい。

2003年4月・5月号
トレーリングストップはトレンドフォロワーの友だちか敵か

　口座資産が5％減少した。3月10日に家を留守にするときには口座資産は40％上昇していたのに、3月17日に戻ってみると5％減少していた。一体何が起こったのだろうか。

　あなたの口座もこれと似たり寄ったりではなかっただろうか。3月中旬、長く続いたトレンドが突然終わりを告げた。さらに追い打ちをかけるように、市場はボラティリティの高いレンジ相場に変わった。人気のトレンドフォローシステムのほとんどは、ここ何年も見ないような最悪のドローダウンに見舞われた。非常に人気のシステム（あえて名前は出さない）はここ10年で最大のドローダウンを喫した。これらのシステムは破綻したのだろうか。けっしてそうではない。トレードシステムが長年にわたって堅牢さを示してきたのであれば、必ず立ち直るはずだ。市場は（長期的には）変わらない。短期的には特異性を見せるかもしれないが、やがては元の動きに戻る。こんなことを言うと、私がプラン（システム）に従うことを固く信じていると思うかもしれない。最悪のドローダウンを更新しつつあるトレードシステムに従うことは強靱な神経を必要とし、多額の資金を必要とすることもある。いったんシステムでトレードすることを決めたのであれば、事前にパラメーターを入力して限界点を決めなければならない。システムがこのポイントを超えたらトレードをやめるというポイントだ。しかし、本能的直観でシステムでのトレードをやめるべきではない。大概は完全なる失敗に終わるからだ。「大きなドローダウンが出てもトレードし続けるべきか」という話題はさておいて、今回のこのコーナーに移ることにしよう。今回は偶然にもドローダウンの話題だ。

すべてのトレンドフォローシステムは醜い義姉妹を持つ。彼女の名前をドローダウンという。トレンドフォローシステムと結婚したら、彼女を家に呼び入れなければならない。これを避ける方法はない。しかし、この義姉妹に化粧をしたら、彼女は見栄えがよくなる。トレンドフォローシステムの場合、その化粧はトレーリングストップという形でやって来る。今回のリサーチに使ったシステムは、アベレイション、トレンドチャネル、単純なドンチャンシステムの3つである。私がこれらのシステムを選んだのは、これらのシステムには最も醜い義姉妹がいたからだ。しかし、これらのシステムは長期システムとしては堅牢で、さらなるリサーチに値する。

　私はアベレイション、トレンドチャネル、ドンチャンシステムに2つの異なるトレーリングストップを適用してみた。時間ベースのトレーリングストップと利益ベースのトレーリングストップの2つだ。まず最初に、トレーリングストップを定義しておこう。トレーリングストップとは市場に追随するストップのことを言う。と言っても分かりにくいので、もう少し詳しく説明しよう。仕掛けの成功を左右するものは手仕舞いである。手仕舞い戦略やトレード管理は仕掛け戦略と同じくらい重要だと信じる人が多いのはこのためであり、これには私も同意する。トレーリングストップはトレードを仕掛けたときの最初のストップよりもより利益機会の高いポイントで手仕舞う戦略である。したがって、トレーリングストップは最初のストップよりもより市場に近づいて追随するわけである。最初に議論するトレーリングストップは時間ベースのトレーリングストップだ。トレードに長くとどまるほど、ストップは市場により近づく。トレーリングストップはX日の単純移動平均として初期化した。アベレイションは1つのパラメーターを持つ。それはトレードシグナルの計算に用いられる日数を決めるパラメーターだ。トレードを仕掛けたあと、手仕舞いポイントとしてトレードシグナルの計算に用いられる日数と同じ日数の単純移動平均

の値を設定した。ポジションは毎日ロングまたはショートするので、移動平均の計算に用いる日数を1日ずつ減らす。こうすることでトレーリングストップの値を現在の市場に近づけることができる。移動平均の計算に用いる日数は5を下回ることはない。**表1**はトレーリングストップを使わない純粋なアベレイションのパフォーマンスを示したものだ。私が検証したシステムはすべてトレーリングストップ機能が組み込まれているが、素早く市場に追随しない場合もある。

表1 アベレイション（トレーリングストップの設定なし）

	総損益	年次平均損益	最大DD	過去12カ月の利益	過去12カ月のDD	年間トレード数	勝率	市場時間	勝ち：負け	%Gain/Mr+DD	
原油	58150	3371	10800	820	8010	7	57.1	73	1.8	26.3	CL
トウモロコシ	11275	654	6750	-50	2600	6	45.0	62	1.4	9.0	CN
綿花	63130	3660	12420	-5505	7715	6	45.8	66	1.8	27.3	CT
USドル指数	63620	3688	11990	12140	5620	5	50.6	63	1.9	27.7	DX
ユーロ通貨	37025	8544	17150	20488	7063	5	47.8	67	3.0	47.1	EU
Tボンド	37390	2168	22760	-140	9680	5	50.0	58	1.5	8.5	US
天然ガス	110420	8549	20140	23970	13030	7	51.0	74	2.1	35.4	NG
ユーロドル	11425	662	7800	2600	725	5	44.3	62	1.5	8.0	ED
5年物Tノート	24430	1675	6170	2310	6170	4	55.4	61	2.0	25.1	FV
金	-4710	-273	14940	780	4010	6	38.6	58	0.9	-1.7	GC
灯油	48943	2837	21357	1058	10529	7	46.6	68	1.5	12.1	HO
無鉛ガス	-2222	-129	34411	-3528	8807	3	37.3	67	1.0	-0.4	HU
日本円	118013	6841	13975	-1250	11113	5	50.6	66	2.4	41.4	JY
コーヒー	24731	1434	93956	-3056	6169	6	43.9	61	1.1	1.5	KC
木材	22011	1276	20636	-13387	13387	7	40.0	63	1.2	5.7	LB
ミニボンド	34740	2014	17520	-2670	7180	4	51.4	61	1.6	10.4	MB
オーツ麦	2200	128	11288	-4188	4925	6	40.2	68	1.1	1.1	OT
スイスフラン	60425	3503	16588	6225	6863	5	51.7	66	1.7	19.1	SF
Tノート	38570	2236	16180	3290	7800	4	55.4	59	1.8	12.7	TY
コメ	21080	1429	11150	8924	11150	7	50.0	67	1.4	10.9	RR
小麦	-950	-55	14050	5050	3325	6	39.6	57	1.0	-0.4	WD

	純損益	最大DD	日付	トレード数	市場時間	必要平均証拠金	年次損益×10÷最大DD	%Gain/Mr+DD	%Gain/20%DD
過去6カ月	-1137	56589	20030321	77	100	22189		-2.5	
過去12カ月	52031	56589	20030321	137	100	22610		58.0	
年平均	45153	44689	Avg. Hi 17	112	100	22130		56.2	
トータル	778894	67886	19861029	1936	100	22130	6.7	43.6	13.3

過去6カ月と過去12カ月の最悪のドローダウンは今年の3月21日に発生していることに注目しよう。検証期間中の最悪のドローダウンをあやうく上回りそうだった。**表2**は時間ベースのトレーリングストップを設定したときの結果を示したものだ。

表2 アベレイション（時間ベースのトレーリングストップ）

	総損益	年次平均損益	最大DD	過去12カ月の利益	過去12カ月のDD	年間トレード数	勝率	市場時間	勝ち：負け	%Gain/Mr+DD	
原油	59170	3430	15370	8070	4920	6	55.0	54	2.2	19.7	CL
トウモロコシ	14150	820	7050	1675	1350	6	50.0	45	1.7	10.8	CN
綿花	25105	1455	21755	-7240	8670	6	48.1	48	1.3	6.4	CT
USドル指数	64430	3735	15550	15040	3150	5	49.4	44	2.2	22.1	DX
ユーロ通貨	30400	7015	12175	21075	3925	5	50.0	51	2.7	53.2	EU
Tボンド	47750	2768	22960	5050	5040	5	53.8	42	1.8	10.8	US
天然ガス	118660	9187	17860	31020	10380	7	51.6	58	2.8	42.0	NG
ユーロドル	14425	836	7450	1175	775	4	47.1	44	1.9	10.5	ED
5年物Tノート	19000	1303	5980	4250	3760	4	56.9	43	1.8	20.1	FV
金	4440	257	12330	1210	2720	5	39.4	40	1.1	1.9	GC
灯油	34780	2016	24146	5762	6943	7	45.7	50	1.4	7.7	HO
無鉛ガス	27779	1618	27514	-374	8887	7	41.7	52	1.3	5.5	HU
日本円	88450	5128	13913	-375	10238	4	55.3	45	2.4	31.1	JY
コーヒー	-32963	-1911	77944	244	6169	5	40.4	43	0.8	-2.3	KC
木材	13574	787	24629	-5786	7568	7	36.3	47	1.1	3.0	LB
ミニボンド	2360	137	18580	1400	4250	5	48.7	41	1.0	0.7	MB
オーツ麦	-1888	-109	12075	-3725	4463	7	37.9	51	0.9	-0.9	OT
スイスフラン	61875	3587	9875	9538	4750	5	49.5	46	1.9	30.9	SF
Tノート	43430	2518	10650	5910	4390	5	54.3	42	2.2	20.7	TY
コメ	17690	1199	14676	9094	9150	6	44.4	48	1.4	7.2	RR
小麦	-1388	-80	11113	3538	2225	5	42.4	44	1.0	-0.7	WD

	純損益	最大DD	日付	トレード数	市場時間	必要平均証拠金	年次損益×10÷最大DD	%Gain/Mr+DD	%Gain/20%DD
過去6カ月	35932	29539	20030326	67	100	16620		128.2	
過去12カ月	103105	29539	20030326	126	100	17412		179.3	
年平均	37707	33837	Avg. Hi 17	109	100	16202		55.0	
トータル	650443	47945	19950210	1883	100	16202	7.9	45.6	15.7

　時間ベースのトレーリングストップを設定することで、過去6カ月の最大ドローダウンはほぼ半減した。全体的なドローダウンは減少したものの、利益もまた減少した。利益の減少はトレーリングストップのマイナスの影響と言えるだろう。次に議論するトレーリングストップは利益ベースのトレーリングストップだ。利益が一定額（10日ATR）に達したら、移動平均の計算に用いる日数を5だけ減らす。この場合も日数は5を下回ることはない。移動平均の計算に用いる日数を5日だけ減らすのはなぜだ、と疑問に思うかもしれない。5日だけ減らしたのは、システムが次の利益水準に達するのに必要な日数だと思ったからである。もちろん自分で別の数字を自由に試してみてもよい。**表3**は利益ベースのトレーリングストップを設定したときの結果を示したものだ。

表3 アベレイション（利益ベースのトレーリングストップ）

	総損益	年次平均損益	最大DD	過去12カ月の利益	過去12カ月のDD	年間トレード数	勝率	市場時間	勝ち：負け	%Gain/Mr+DD	
原油	56750	3290	10040	4450	6890	7	59.3	57	2.1	27.3	CL
トウモロコシ	17550	1017	5263	1200	1350	5	50.5	49	1.8	17.5	CN
綿花	28090	1628	14555	-5080	7290	6	47.1	51	1.4	10.5	CT
USドル指数	67510	3914	11340	15230	3150	5	45.6	50	2.2	30.9	DX
ユーロ通貨	32575	7517	20500	21413	3925	5	42.9	56	2.6	35.0	EU
Tボンド	36930	2141	26580	3080	5820	4	51.4	46	1.5	7.3	US
天然ガス	115730	8960	19860	27620	11570	8	48.5	65	2.5	37.6	NG
ユーロドル	6075	352	7925	1075	700	4	42.6	42	1.4	4.2	ED
5年物Tノート	30320	2079	4180	3710	4180	4	61.0	49	2.5	44.4	FV
金	130	8	14550	2180	2720	5	41.5	46	1.0	0.1	GC
灯油	41349	2397	18631	6182	7048	6	48.2	56	1.5	11.6	HO
無鉛ガス	-323	-19	37645	-462	8975	8	41.7	57	1.0	0.0	HU
日本円	100513	5827	12650	-375	10238	4	54.8	49	2.5	38.3	JY
コーヒー	13350	774	79144	-3056	6169	5	41.9	49	1.1	0.9	KC
木材	15708	911	17996	-9823	9823	6	36.4	52	1.2	4.6	LB
ミニボンド	16750	971	13270	-880	5220	4	51.4	45	1.3	6.4	MB
オーツ麦	7725	448	6625	-3388	4125	6	41.1	55	1.3	6.4	OT
スイスフラン	64038	3712	14088	9538	4750	5	54.7	53	1.8	23.5	SF
Tノート	45490	2637	12810	5290	4580	4	57.1	45	2.2	18.4	TY
コメ	14490	982	14280	8020	10950	6	46.7	49	1.3	6.0	RR
小麦	-1850	-107	12013	5463	2825	6	37.9	48	1.0	-0.8	WD

	純損益	最大DD	日付	トレード数	市場時間	必要平均証拠金	年次損益×10÷最大DD	%Gain/Mr+DD	%Gain/20%DD
過去6カ月	25988	34425	20021203	69	100	18129		84.3	
過去12カ月	89539	34425	20021203	127	100	18448		143.5	
年平均	41051	35660	Avg. Hi 17	107	100	17704		58.3	
トータル	708128	52724	20020412	1849	100	17704	7.8	47.0	15.6

　このアプローチもうまくいった。トレーリングストップは長期的に使用すれば本当に役立つと思う。大きな利益をみすみす市場に戻す必要などないのである。「大きな」と言ったのは、もし利益が通常の範囲内であれば、システムに任せておけばよいが、天然ガスで2万ドルの利益が出たら、手仕舞いポイントが重要になる。トレードシステムはこうした大きな変則性に対処する方法は知らないので、助けが必要になるのである。

　次に示す表は、トレンドチャネルシステムとドンチャンシステムで2つのタイプのトレーリングストップを設定する前と後の結果を示したものだ。まず**表4**はトレーリングストップを設定しないトレンドチャネルの結果を示している。簡潔にするために、結果は要約したものを示している。

表4　トレンドチャネル（トレーリングストップの設定なし）

	純損益	最大DD	日付	トレード数	市場時間	必要平均証拠金	年次損益×10÷最大DD	%Gain/Mr+DD	%Gain/20%DD
過去6カ月	-386	59623	20030331	101	100	25465		-0.8	
過去12カ月	57398	59623	20030331	190	100	26326		59.9	
年平均	41618	48857	Avg. Hi 17	172	100	25945		48.9	
トータル	717917	69454	19910304	2963	100	25945	6.0	39.4	12.0

　表5はトレンドチャネルの時間ベースのトレーリングストップを設定したときの結果を示したものだ。

表5　トレンドチャネル（時間ベースのトレーリングストップ）

	純損益	最大DD	日付	トレード数	市場時間	必要平均証拠金	年次損益×10÷最大DD	%Gain/Mr+DD	%Gain/20%DD
過去6カ月	29575	42343	20021210	106	100	22146		83.3	
過去12カ月	55833	42343	20021210	203	100	23027		73.4	
年平均	34513	38037	Avg. Hi 17	186	100	22726		46.5	
トータル	595342	80220	19980505	3212	100	22726	4.3	29.6	8.6

　時間ベースのトレーリングストップは過去12カ月では効果的だったが、全体的なパフォーマンスは下がっている。**表6**はトレンドチャネルの利益ベースのトレーリングストップを設定したときの結果を示したものだ。

表6　トレンドチャネル（利益ベースのトレーリングストップ）

	純損益	最大DD	日付	トレード数	市場時間	必要平均証拠金	年次損益×10÷最大DD	%Gain/Mr+DD	%Gain/20%DD
過去6カ月	37077	42367	20021204	99	100	22449		104.4	
過去12カ月	79589	42367	20021204	198	100	23751		105.9	
年平均	38947	38716	Avg. Hi 17	178	100	23020		52.7	
トータル	671828	68906	19970826	3065	100	23020	5.7	37.4	11.3

　トレンドチャネルには利益ベースのトレーリングストップのほうが良さそうだ。**表7**は40日ドンチャン・ブレイクアウト・システムのトレーリングストップを設定しないときの結果を示したものだ。最初のプロテクティブストップは40日単純移動平均線に設定した。

表7 40日ドンチャン・ブレイクアウト（トレーリングストップの設定なし）

	純損益	最大DD	日付	トレード数	市場時間	必要平均証拠金	年次損益×10÷最大DD	%Gain/Mr+DD	%Gain/20%DD
過去6カ月	-14904	59072	20030331	107	100	25775		-31.3	
過去12カ月	41399	59424	20021209	192	100	28223		43.3	
年平均	33084	54353	Avg. Hi 17	176	100	30005		36.5	
トータル	570700	89446	19910404	3031	100	30005	3.7	26.3	7.4

表8はドンチャンの時間ベースのトレーリングストップを設定したときの結果を、表9は利益ベースのトレーリングストップを設定したときの結果を示したものだ。

表8 40日ドンチャン・ブレイクアウト（時間ベースのトレーリングストップ）

	純損益	最大DD	日付	トレード数	市場時間	必要平均証拠金	年次損益×10÷最大DD	%Gain/Mr+DD	%Gain/20%DD
過去6カ月	9350	45745	20021209	119	100	19679		23.3	
過去12カ月	32630	56561	20021209	242	100	19736		35.9	
年平均	29034	39932	Avg. Hi 17	214	100	18757		38.4	
トータル	500842	64251	19910603	3695	100	18757	4.5	29.0	9.0

表9 40日ドンチャン・ブレイクアウト（利益ベースのトレーリングストップ）

	純損益	最大DD	日付	トレード数	市場時間	必要平均証拠金	年次損益×10÷最大DD	%Gain/Mr+DD	%Gain/20%DD
過去6カ月	1932	52097	20021209	113	100	23185		4.4	
過去12カ月	50158	60248	20021209	207	100	23443		52.3	
年平均	33819	46067	Avg. Hi 17	186	100	22341		41.1	
トータル	583385	63421	19971028	3208	100	22341	5.3	33.9	10.7

2つの簡単なトレーリングストップはすべてのケースでうまくいかなかったようだが、トレーリングストップはトレンドフォロワーの友だちと言えると結論づけることができると思う。トレーリングストップはドンチャンではほとんど機能しなかったが、あなたのシステムに最もよく合うトレーリングストップを見つけるのはあなたの仕事だ。ここでは留意すべき点が2つある。トレーリングストップはできるだ

け長く使うことと、時間または利益に対して調整できるようにすることである。

2003年6月・7月号
オープンレンジブレイクアウトの再考

　オープンレンジブレイクアウトについては長年にわたって何度も書いてきた。と言うのは、これは私の知る短期の仕掛け手法のなかで最高のものの1つと思うからだ。私は市場の短期の方向と寄り付き価格との関係も観察してきた。オープンレンジブレイクアウトの考案者は、ジョン・ヒル、ラリー・ウィリアムズを含め多数存在する。数百万ドル稼いだCTAのトビー・クレイベルはこのテーマで1冊の本を書いたほどだ。残念ながらこの本はすでに廃刊になっているが、アマゾンでおよそ2500ドルでサイン入りの本を入手することができる。そう、2500ドルだ。「なぜこんなに高いの？」と思うかもしれないが、クレイベルのウエブサイトによれば、この本は彼が彼のCTAでファンドを運用するのに使うシステムの基礎となっているということらしい。この本をそんなに高値で買う必要はないと思うが、これは研究に値する分野であることは確かだ。今回のこのコーナーでは、オープンレンジブレイクアウト（ORBO）を組み込んでいるいろいろなテクニックを分析してみることにしよう。

　まずはフィルターなしの純粋なるオープンレンジブレイクアウトを見てみることにしよう。最初の検証では、オープニングティックから10日ATRの一定パーセンテージ上で買うというアイデアを検証する。仕掛けたら、仕掛け日の引け、翌日の引け、仕掛け日から数日後の引けで手仕舞ってみる。こうすることで、オープンレンジブレイクアウトが短期の方向性に及ぼす影響を調べることができるはずだ。検証対象は金融、株価指数、通貨である。これは純粋なる分析なので、手数料やスリッページは含めない。

まず買いトリガー（10日ATRの一定パーセンテージ）を5％から75％までの間で最適化する。3つの異なる手仕舞いポイントで手仕舞ったときのパフォーマンスは以下のとおりである。検証期間は1996年1月1日～2003年4月30日である。スペースに限りがあるため、結果をまとめたものを示すことにする。大きな損失を生む最適化については示していない。

		総損益	年次平均損益	最大DD	過去12カ月の利益	過去12カ月のDD	年間トレード数	勝率	市場時間	勝ち／負け	%Gain/Mr+DD	
Tボンド（デイトレード）												
10	1	17180	2343	16690	11580	5720	220	52.2	47	1.1	12.1	US
15	1	15300	2086	15470	7410	6610	201	52.3	45	1.1	12.4	US
20	1	8490	1158	17150	3060	7770	185	52.4	43	1.0	6.3	US
25	1	6540	892	12710	60	7610	168	52.5	41	1.0	6.3	US
30	1	18890	2576	11180	5070	5680	151	52.5	38	1.1	20.6	US
60	1	2780	379	13960	-4430	5340	80	51.2	25	1.0	2.5	US
65	1	-320	-44	13630	-6060	6490	71	48.9	22	1.0	-0.3	US
70	1	-4170	-569	15720	-6740	7150	63	48.7	21	0.9	-3.3	US
75	1	1430	195	9180	-2590	3210	55	47.2	18	1.0	1.9	US
Tボンド（翌日手仕舞う）												
10	2	19500	2659	25120	16180	6500	120	52.7	48	1.1	12.1	US
15	2	25840	3524	14190	11980	7000	114	53.1	45	1.1	20.9	US
20	2	19070	2600	17480	3280	9520	109	53.6	43	1.1	12.9	US
25	2	20450	2789	12670	5370	8640	102	54.5	40	1.1	18.1	US
30	2	27760	3785	13720	3010	9290	96	55.9	38	1.1	23.1	US
35	2	34050	4643	11360	7120	6940	90	55.6	36	1.2	33.0	US
Tボンド（仕掛け日から2日後に手仕舞う）												
10	3	28970	3950	21420	11390	7990	82	54.0	64	1.1	16.4	US
15	3	30260	4126	14970	13480	6740	80	54.2	62	1.1	23.4	US
20	3	22700	3095	18420	10760	6880	77	55.4	60	1.1	14.7	US
25	3	14610	1992	20740	15310	5920	74	55.5	58	1.1	8.5	US
30	3	12010	1638	13730	4360	8000	71	55.7	55	1.1	10.0	US
35	3	24770	3378	11600	1960	9320	68	55.7	53	1.1	23.6	US
S&P（デイトレード）												
10	1	160638	21905	68325	21275	45725	211	53.2	46	1.1	27.4	SP
15	1	176075	24010	61925	19925	50200	194	53.3	44	1.1	35.5	SP
20	1	164763	22468	60475	20725	51700	177	53.1	42	1.1	33.9	SP
25	1	155150	21157	48750	23825	22175	162	52.9	40	1.1	38.8	SP
30	1	126563	17259	46650	23200	21750	145	53.8	37	1.1	32.9	SP
35	1	140638	19178	39900	31875	18375	129	54.1	34	1.2	42.0	SP
40	1	196525	26799	31100	44800	10575	113	55.6	31	1.3	72.7	SP
45	1	202075	27556	32550	41175	8125	101	55.5	29	1.4	71.9	SP
50	1	169788	23153	29575	29325	13275	90	55.4	27	1.4	65.5	SP
55	1	164800	22473	27750	34725	10550	79	57.0	24	1.4	67.1	SP
60	1	153425	20922	27025	30000	12400	70	55.8	22	1.5	63.8	SP
65	1	147850	20161	27075	38575	9750	61	58.0	20	1.6	61.4	SP
70	1	97688	13321	29825	31625	9075	55	57.2	18	1.4	37.4	SP
75	1	76100	10377	22725	22425	12200	47	57.1	16	1.3	36.4	SP
S&P（翌日手仕舞う）												
10	2	52200	7118	116425	-39200	67950	116	54.0	46	1.0	5.8	SP
15	2	95713	13052	131225	-31600	73900	111	53.9	44	1.1	9.1	SP
20	2	122013	16638	124250	-30075	70625	106	52.6	42	1.1	12.3	SP
25	2	143838	19614	97650	16975	42150	101	53.2	40	1.1	18.0	SP

170

30	2	195913	26715	87600	33850	26325	95	52.7	38	1.2	27.0	SP
35	2	186063	25372	58750	42700	30575	89	51.7	35	1.2	36.1	SP
40	2	215625	29403	36050	34725	26000	81	51.8	32	1.3	61.8	SP
45	2	225075	30692	41375	28250	29525	75	52.4	30	1.3	58.0	SP
50	2	228950	31220	29575	29250	29575	69	52.2	27	1.4	76.0	SP
55	2	197225	26894	42800	15850	23025	63	51.5	25	1.3	49.5	SP
60	2	236400	32236	33125	25925	21775	57	53.8	23	1.5	72.2	SP
65	2	229250	31261	32200	37050	14125	51	54.7	20	1.6	71.5	SP
70	2	158450	21607	44300	23350	13125	48	51.3	19	1.4	38.7	SP
75	2	129625	17676	50675	21550	14425	42	52.3	17	1.3	28.4	SP

S&P（仕掛け日から2日後に手仕舞う）

10	3	40263	5490	188975	-26175	73975	82	55.4	64	1.0	2.7	SP
15	3	28388	3871	210975	-54600	78975	79	54.3	61	1.0	1.7	SP
20	3	138938	18946	108425	23000	54175	76	56.4	59	1.1	15.8	SP
25	3	160763	21922	90325	36150	35675	73	56.0	56	1.2	21.5	SP
30	3	157038	21414	112175	20475	32200	71	56.2	54	1.2	17.3	SP
35	3	139238	18987	105500	-14000	45925	67	55.1	52	1.2	16.2	SP
40	3	154150	21020	95500	-18800	56325	64	54.5	49	1.2	19.6	SP
45	3	187925	25626	91625	1750	61375	59	55.9	46	1.2	24.8	SP
50	3	215875	29438	96375	3900	50525	55	55.1	43	1.3	27.3	SP
55	3	201800	27518	91425	-11950	54600	51	55.1	39	1.3	26.7	SP
60	3	258700	35277	71975	9375	38625	47	56.9	37	1.5	42.3	SP
65	3	229425	31285	68875	5575	32575	43	56.0	33	1.5	38.9	SP
70	3	189150	25793	91100	1700	30850	41	55.2	31	1.4	25.1	SP
75	3	114325	15590	121875	-2225	32375	37	56.6	29	1.3	11.7	SP

ほかの市場でのパフォーマンスは似たり寄ったりなので割愛する。すべての結果を知りたい人は、info@futurestruth.com までメールしてもらいたい。**表2**は売りの場合のパフォーマンスを示したものだ。

	総損益	年次平均損益	最大DD	過去12カ月の利益	過去12カ月のDD	年間トレード数	勝率	市場時間	勝ち：負け	%Gain/Mr+DD	
Tボンド（デイトレード）											
10	1	-21180	-2888	35300	-8180	10260	213	47.0	46	0.9	-7.6	US
15	1	-2750	-375	22450	-5090	7820	193	46.3	44	1.0	-1.6	US
20	1	1930	263	21110	-3690	6320	174	46.7	41	1.0	1.2	US
25	1	60	8	21830	-5880	7540	159	45.2	39	1.0	0.0	US
30	1	750	102	20040	-4890	7170	143	45.7	37	1.0	0.5	US
35	1	12540	1710	14200	-2710	5950	126	47.6	34	1.1	11.0	US
40	1	23190	3162	10760	320	6440	110	49.6	31	1.2	26.1	US
45	1	26310	3588	9210	950	6190	97	51.9	28	1.2	34.0	US
50	1	29940	4083	7360	850	5350	86	51.9	26	1.3	46.9	US
55	1	33060	4508	5540	1600	4860	78	52.9	24	1.4	65.4	US
60	1	31530	4300	6800	1150	4960	69	53.7	22	1.4	52.8	US
65	1	25240	3442	7370	560	4010	63	51.9	20	1.4	39.5	US
70	1	23040	3142	5090	-1550	5090	57	51.1	19	1.4	48.8	US
75	1	22510	3070	4520	-1960	4510	50	52.3	17	1.4	52.3	US
Tボンド（翌日手仕舞う）											
10	2	-24200	-3300	39910	-8370	10400	117	46.7	46	0.9	-8.0	US
15	2	-12020	-1639	30090	-6230	9440	111	47.3	44	1.0	-5.0	US
20	2	-4420	-603	23880	-200	8620	105	46.7	42	1.0	-2.3	US
25	2	-7270	-991	27110	-4950	11190	98	46.8	39	1.0	-3.3	US
30	2	-11850	-1616	28260	-2910	8080	92	45.8	37	0.9	-5.2	US
35	2	-4280	-584	22500	-970	7730	84	46.3	34	1.0	-2.3	US
40	2	8400	1145	17890	5950	8000	77	47.2	31	1.0	5.6	US
45	2	29210	3983	13950	9300	6100	68	50.0	27	1.2	23.9	US

50	2	31210	4256	9920	8370	5170	63	50.3	25	1.2	33.7	US
55	2	32460	4426	10330	4810	6280	58	50.9	23	1.3	34.0	US
60	2	39490	5385	6930	4940	6100	53	52.8	21	1.4	55.9	US
65	2	33260	4535	8570	4280	4030	51	50.9	20	1.3	40.2	US
70	2	29380	4006	8770	3580	4410	47	49.9	19	1.3	34.9	US
75	2	29000	3955	7960	2430	4820	41	52.0	16	1.4	37.1	US

Tボンド（仕掛け日から2日後に手仕舞う）

10	3	-17590	-2399	37100	-10360	16160	81	44.9	63	0.9	-6.0	US
15	3	-14300	-1950	33230	-9170	14910	78	46.4	61	0.9	-5.4	US
20	3	-15630	-2131	32470	-11960	16830	77	43.5	59	0.9	-6.1	US
25	3	-12310	-1679	27500	-10950	15380	73	43.0	57	0.9	-5.6	US
30	3	-8960	-1222	25980	-9480	14190	70	43.2	54	1.0	-4.3	US
35	3	6520	889	20790	-5470	10950	64	46.3	50	1.0	3.8	US
40	3	15430	2104	18460	-1480	8370	60	47.0	47	1.1	9.9	US
45	3	22430	3059	20840	-2430	8940	56	47.5	43	1.1	13.0	US
50	3	28740	3919	19850	-860	7190	51	47.7	40	1.2	17.4	US
55	3	30490	4158	17250	-3140	8680	48	47.0	38	1.2	20.8	US
60	3	31770	4332	13550	-1700	8070	45	46.6	35	1.3	26.7	US
65	3	32320	4407	12370	-1970	8900	42	48.9	33	1.3	29.2	US
70	3	22080	3011	11890	-3800	9420	40	46.9	31	1.2	20.6	US
75	3	19070	2600	13840	-6210	8900	36	47.7	28	1.2	15.7	US

S&P（デイトレード）

10	1	161613	22038	82175	-6500	64825	215	49.0	46	1.1	23.5	SP
15	1	202675	27638	58725	5400	58725	197	49.9	44	1.1	42.9	SP
20	1	193463	26381	55800	22225	37775	180	51.1	42	1.2	42.9	SP
25	1	154963	21131	76350	6075	39025	165	50.0	40	1.1	25.7	SP
30	1	115750	15784	76975	-9525	39075	152	49.5	38	1.1	19.1	SP
35	1	120288	16403	57700	-6625	36475	138	49.5	36	1.1	25.9	SP
40	1	102850	14025	51150	-20500	42600	125	50.7	34	1.1	24.6	SP
45	1	90013	12275	63150	-8050	29600	114	51.4	31	1.1	17.8	SP
50	1	38650	5270	87925	-1550	26475	104	50.5	30	1.1	5.6	SP
55	1	5913	806	73400	-16200	37200	94	51.0	27	1.0	1.0	SP
60	1	7875	1074	87400	-3175	22600	83	50.3	25	1.0	1.2	SP
65	1	13913	1897	63500	1000	24700	75	48.4	23	1.0	2.7	SP
70	1	-17600	-2400	61225	-6950	28650	68	48.2	22	1.0	-3.6	SP
75	1	-25138	-3428	58625	-10125	32100	61	47.3	20	0.9	-5.3	SP

S&P（翌日手仕舞う）

10	2	-9525	-1299	138725	4275	53750	118	47.9	47	1.0	-0.9	SP
15	2	99475	13565	74075	-675	46175	112	49.0	44	1.1	15.9	SP
20	2	127025	17322	63263	22275	37000	106	49.5	42	1.1	23.2	SP
25	2	117075	15965	88650	7050	52600	100	49.5	40	1.1	15.9	SP
30	2	132675	18092	88875	12700	44500	95	50.0	38	1.1	18.0	SP
35	2	155250	21170	60050	-2050	47975	89	48.6	35	1.2	29.6	SP
40	2	130888	17848	79550	-27575	79550	84	49.8	33	1.1	19.6	SP
45	2	107038	14596	80175	-32275	66975	80	48.5	31	1.1	15.9	SP
50	2	36363	4959	93338	-30450	63000	76	47.2	30	1.0	4.7	SP
55	2	9688	1321	115438	-36850	58125	69	47.2	27	1.0	1.0	SP
60	2	38400	5236	107000	-25325	39375	63	48.8	25	1.1	4.4	SP
65	2	67500	9205	86725	-7750	25800	57	49.6	23	1.1	9.4	SP
70	2	61125	8335	84750	8225	24450	53	49.7	21	1.1	8.7	SP
75	2	71125	9699	67000	27750	22300	48	51.6	19	1.1	12.4	SP

S&P（仕掛け日から2日後に手仕舞う）

10	3	111963	15268	97488	-8075	69975	81	49.8	63	1.1	14.0	SP
15	3	72050	9825	126438	27775	39750	79	49.0	62	1.1	7.1	SP
20	3	136325	18590	123250	37825	34150	75	51.1	59	1.1	13.8	SP
25	3	122700	16732	143925	14900	36625	73	50.2	57	1.1	10.8	SP
30	3	84700	11550	154600	-12700	42275	70	49.7	55	1.1	7.0	SP
35	3	128488	17521	98213	-19275	49025	67	49.2	52	1.1	16.0	SP
40	3	82588	11262	89638	-29575	59150	63	49.2	49	1.1	11.1	SP
45	3	62063	8463	96375	-21200	46625	60	48.2	47	1.1	7.8	SP
50	3	-7438	-1014	129163	-7625	48750	57	47.7	45	1.0	-0.7	SP
55	3	-33525	-4572	139050	-5175	38650	54	47.8	42	1.0	-3.0	SP
60	3	-18263	-2490	126875	7550	31450	50	49.6	39	1.0	-1.8	SP

65	3	-7763	-1059	109875	14975	24700	46	48.5	36	1.0	-0.9 SP
70	3	-107488	-14657	159350	-14200	34725	44	45.7	34	0.9	-8.6 SP
75	3	-78013	-10638	129800	-7175	29100	40	46.6	32	0.9	-7.5 SP

　まだまだ続けようと思えば続くが、オープンレンジブレイクアウトは短期の値動きを判断するのに有効なツールであることに反論の余地はなさそうだ。数字に浮かれる前に、これらの数字には手数料とスリッページが含まれていないことを思い出してもらいたい。これらのコストを含めれば、数字はほとんどがマイナスになるはずだ。オープンレンジブレイクアウトがそれだけでは完全なトレードツールにならないのはそのためだ。そこで、価格パターンをオープンレンジブレイクアウトと併用すれば完全なトレードツールになるかどうかを調べてみよう。

　これらの結果から分かることは、30％から50％のブレイクアウト（上または下）はプラスの結果をもたらすということである。コンピューターの時間とスペースを減らすために、ブレイクアウト水準は最適化する。最初の検証では、オープンレンジブレイクアウトと2日パターンを併用する。2日パターンは昨日の終値とその前日の終値と今日の終値との関係からなる。検証するのは、引けパターンの次の組み合わせだ。パターン1（＋＋）は昨日の終値がその前日の終値よりも高く、今日の終値が昨日の終値よりも高いパターン、パターン2（＋－）は昨日の終値がその前日の終値よりも高く、今日の終値が昨日の終値よりも低いパターン、パターン3（－－）は昨日の終値がその前日の終値よりも低く、今日の終値が昨日の終値よりも低いパターン、パターン4（－＋）は昨日の終値がその前日の終値よりも低く、今日の終値が昨日の終値よりも高いパターンである。トレードの長さも最適化する。結果は各市場に対してトップ10の組み合わせのみを示す。

Tボンドの買いのみ

パターンNo.	ブレイクアウトの%	トレード日数	総利益	最大DD 決済時	最大DD 値洗い時
2	30	2	21290	2903	2910
2	35	2	22300	3041	3940
2	45	2	18010	2456	3040
2	50	2	16760	2285	2990
2	35	1	8310	1133	1700
2	40	1	7450	1016	1700
2	40	2	16880	2302	4140
2	50	3	19220	2621	5310
2	30	3	22870	3119	6750
2	45	3	18710	2551	5660

パターン2が勝者のようだ。

Tノートの買いのみ

パターンNo.	ブレイクアウトの%	トレード日数	総利益	最大DD 決済時	最大DD 値洗い時
2	30	3	40870	5573	8270
2	30	2	30820	4203	6140
2	40	3	30210	4120	7080
2	40	2	21670	2955	4660
3	50	1	9140	1246	1980
2	35	3	32100	4377	9150
3	35	2	21560	2940	5530
2	35	2	24940	3401	7090
3	35	1	11130	1518	3520
2	45	2	16610	2265	4630

またパターン2が勝者だが、驚くには当たらない。

S&P500の買いのみ

パターンNo.	ブレイクアウトの%	トレード日数	総利益	最大DD 決済時	最大DD 値洗い時
3	40	2	207250	28261	28350
3	50	2	176750	24048	24975
3	45	2	185500	25295	30625
3	50	3	189075	25783	39850
3	50	1	79600	10855	17650
3	35	2	146838	20023	33525
3	40	1	98975	13497	24875
3	45	3	194825	26567	51125
1	40	1	51450	7016	11525
3	45	1	91900	12532	25100

さてさて、S&Pはパターン3にシフトしたようだ。次はナスダックを見てみよう。

ナスダックの買いのみ

パターンNo.	ブレイクアウトの%	トレード日数	総利益	最大DD 決済時	最大DD 値洗い時
4	40	3	182540	27381	48640
3	35	1	129820	19473	40170
4	45	3	170600	25590	49400
3	30	1	129380	19407	46580
3	30	2	190200	28530	71510
4	50	3	149490	22424	53030
3	35	2	203450	30518	86150
3	45	1	88615	13292	37170
4	40	2	166010	24902	69480
3	50	2	204390	30659	90690

かろうじてパターン3の勝ちといったところか。これは似たような動きをする2つの市場によるものだ。通貨はパターン1とパターン2の間を行ったり来たりした。通貨の全体的なパフォーマンスは、日本円（これはひどかった）を除いてまずまず（ごく平均的）だった。通貨は長期トレンドフォロワーに任せるのがベストのようである。短期トレードシステムはこれらの市場では難しいだろう。機能するにはするのだが、トレンドフォローシステムと同じようなリターンは期待できない。

Tボンドの売りのみ

パターンNo.	ブレイクアウトの%	トレード日数	総利益	最大DD 決済時	最大DD 値洗い時
4	50	1	11200	1527	2120
4	45	1	11230	1531	3040
4	35	1	11920	1625	3820
4	40	1	11170	1523	3730
4	30	1	10620	1448	4320
3	50	1	10640	1451	5220
4	50	2	13810	1883	6430
3	45	3	13780	1879	6520
2	45	2	13650	1861	7290
3	40	3	13020	1775	6890

これはパターン4の勝利だ。パターン4はパターン2と逆の関係にあることに注意しよう。

Tノートの売りのみ					
				最大DD	
パターンNo.	ブレイクアウトの%	トレード日数	総利益	決済時	値洗い時
3	50	1	9300	1268	2640
3	35	1	9560	1304	3060
3	50	2	10420	1421	3540
3	40	1	7040	960	3030
3	30	1	7750	1057	3580
3	45	1	6710	915	3110
3	50	3	9000	1227	4620
3	45	3	8790	1199	5600
3	35	2	5570	760	3770
1	50	2	6170	841	4330

これが完全世界ならパターン4が買ったはずだが、パターン4は2位に終わった。

S&P500の売りのみ					
				最大DD	
パターンNo.	ブレイクアウトの%	トレード日数	総利益	決済時	値洗い時
1	35	3	153025	20867	30150
1	40	3	133350	18184	32975
1	35	2	117600	16036	27950
4	35	2	129025	17594	33200
4	35	1	62200	8482	18100
1	40	2	107600	14673	29675
4	40	1	59538	8119	19000
4	45	2	116050	15825	37475
4	45	1	53550	7302	17300
4	30	1	60800	8291	20450

パターン1とパターン4は引き分けといったところか。パターン1とパターン4は逆の関係にあることに注意しよう。

ナスダックの売りのみ

パターンNo.	ブレイクアウトの%	トレード日数	総利益	最大DD 決済時	最大DD 値洗い時
2	30	1	170545	25582	32550
2	30	2	263240	39486	58750
1	45	1	99370	14906	21730
2	35	2	238270	35741	58750
2	35	1	133440	20016	34010
2	50	2	217180	32577	58750
2	30	3	200445	30067	54830
2	40	2	200340	30051	58750
1	35	1	100745	15112	30880
1	50	1	77480	11622	22280

　パターン2がパターン1に競り勝った。

　これらの結果からどういったことが分かるだろうか。これらの数字は何かを示唆しているのだろうか。私はそう思う。私たちはトレードシステムを開発しようとしているわけである。オープンレンジブレイクアウトはそれ自体では役に立たないことが分かった。しかし、簡単なパターン認識と併用すればうまくいくように思える。先に進む前に、もう1つ別のパターンを調べてみることにしよう。こうすることで何か価値のあることに遭遇するかもしれない。私たちが今取り組んでいるのはオープンレンジブレイクアウトなので、パターンに寄り付き価格を組み込んでみることにしよう。パターンとしてはパターン1からパターン4（＋＋、＋－、－－、－＋）までの同じパターンを使う。パターン1は、今日の始値が昨日の終値よりも高く、昨日の終値がその前日の終値よりも高い。パターン2は、今日の始値が昨日の終値よりも高く、昨日の終値がその前日の終値よりも低い、パターン3は……。簡単にするため、パターンの検証結果を簡単にまとめた。

売りサイド						
パターンNo.	ブレイクアウトの%	トレード日数	総利益	年間損益	最大DD	市場
4	30	1	190715	28607	19940	ND
4	35	1	160095	24014	23800	ND
4	30	3	365845	54877	56880	ND
3	50	1	19150	2611	2270	US
4	35	3	356505	53476	59370	ND
4	40	1	151655	22748	25360	ND
4	30	2	279345	41902	48760	ND
4	35	2	257335	38600	50450	ND
4	40	3	286885	43033	62450	ND
4	50	3	257105	38566	56090	ND
4	45	1	121425	18214	28070	ND
3	45	1	17630	2404	3370	US
4	40	2	221875	33281	52800	ND
4	45	3	255565	38335	65510	ND
3	50	2	25850	3525	4730	US
4	45	2	205595	30839	56510	ND
4	50	1	104630	15695	28990	ND
4	50	2	203525	30529	62030	ND
2	30	1	8420	1148	2320	TY
3	50	3	26000	3545	7170	US
3	45	2	22430	3059	6020	US
3	40	1	13920	1898	4170	US
1	50	3	13680	1865	4350	TY
2	35	1	7750	1057	2590	TY
2	40	1	6350	866	2010	TY
3	45	3	99788	13607	35650	SP
1	35	1	71725	10759	30560	ND
4	35	2	114600	15627	44600	SP
3	35	3	20850	2843	7750	US
2	45	1	4990	680	1770	TY

　下げて寄り付き、上げて引けたパターン4はナスダックで大きな勝利を収めた。パターン3とパターン2はほかの市場で高いパフォーマンスを上げた。

買いサイド

パターンNo.	ブレイクアウトの%	トレード日数	総利益	年間損益	最大DD	市場
1	40	1	107000	14591	7725	SP
1	45	1	100125	13653	7850	SP
1	50	1	91588	12489	7600	SP
2	50	2	241220	36183	34150	ND
2	50	3	241220	36183	34150	ND
4	35	2	35530	4845	5990	US
4	35	3	35530	4845	5990	US
1	40	2	116200	15845	17900	SP
1	40	3	116200	15845	17900	SP
4	40	2	35690	4867	6440	US
4	40	3	35690	4867	6440	US
1	45	2	115425	15740	19525	SP
1	45	3	115425	15740	19525	SP
2	45	2	210790	31619	48120	ND
2	45	3	210790	31619	48120	ND
4	35	1	10320	1407	2180	TY
4	45	2	31290	4267	6670	US
4	45	3	31290	4267	6670	US
4	30	1	9290	1267	2080	TY
4	35	2	21530	2936	5310	TY
4	35	3	21530	2936	5310	TY
4	45	1	8480	1156	2010	TY
4	50	2	25970	3541	5890	US
4	50	3	25970	3541	5890	US
4	30	2	30380	4143	7450	US
4	30	3	30380	4143	7450	US
1	50	2	85850	11707	17500	SP
1	50	3	85850	11707	17500	SP
2	50	1	94525	14179	27710	ND
2	45	1	96500	14475	29330	ND

　全体的にこの結果にはがっかりだ。何らかのパターンが見つかると思ったのだが、見つけることはできなかった。しかし、オープンレンジブレイクアウトと何らかのフィルターは良い短期トレードシステムの基礎になることを示すことができたのではないかと思っている。このコーナーを終わるに当たり、今回のこのコーナーの調査結果を使って短期S&Pシステムを作成してみた。

　このシステムではパターン1とパターン3（始値を使ったバージョン）を使っている。さらに、買い・売りトリガーとして、今日の始値

を10日ATRの30％上回る・下回るを使っている。パターン分析と異なる点は、ポジションはいつ建ててもよいということである。パターンはきっちりそろう必要はない。パターンがそろわなければ、オープニングティックより60％上回ったら買うか売る。また、1000ドルのプロテクティブストップを使い、その日の終わりにすべてのポジションを手仕舞う。毎日仕掛けられるのは2つのポジションのみ（反対方向にそれぞれ1つずつ）である。

オープンレンジブレイクアウトによるS&Pデイトレード・システムのロジック

- 10日ATRを計算する。
- 買いトリガー —— 寄り付きから10日ATRの60％を上回ったら買う。
- 売りトリガー —— 寄り付きから10日ATRの60％を下回ったら売る。
- パターン1が発生したら、買いトリガーを、寄り付きから10日ATRの30％上回ったら買う、に変更する。
- パターン3が発生したら、売りトリガーを、寄り付きから10日ATRの30％下回ったら売る、に変更する。
- 1000ドルのプロテクティブストップを使い、その日の終わりにすべてのポジションを手仕舞う。
- 1トレード日には1つの売りポジションと1つの買いポジションのみ建てることができる。

S&P —— 7.33年分のデータで検証（1845トレード日）

純損益	151638$	年次平均損益	20678$
幾何平均損益	54$	悲観的リターン	1.18
オプティマルf	0.16	幾何平均	1.0021
勝ち月	63％	%Gain/Mr+DD	53％

決済時最大DD	32925$	利益・DD比率0.63	1999年12月21日
値洗い時最大DD	32925$	利益・DD比率0.63	1999年12月21日
最良トレード	16750$	最悪トレード	−4175$
平均トレード	112$	純利益・純損失比率	1.2
平均勝ちトレード	1880$	平均損失	−951$
買いの純損益	105938$	売りの純損益	45700$
トレード数	1353	年間平均トレード数	185
勝ちトレード	508	勝率	37.5%
負けトレード	845	最大連敗数	12
1トレード当たりの平均日数	0.4	最長フラットタイム	369日
市場時間	26%	シャープレシオ	0.24

2003年8月・9月号
それほどボラティリティの高くないS&P市場の手なずけ方

　この数カ月、最高の株価指数デイトレードシステムや短期スイングシステムがうまくいっていない。これらのシステムが失敗した主な理由は、市場が優柔不断な動きをしたからだ。１つの方向に動いてシグナルを発生させたかと思ったら、反転して反対方向に動きだす。私たちがトラッキングしている短期システムにとって、これが１日に２回も３回も発生するのだからたまらない。どちらの方向への動きも不十分で、これはボラティリティの低さを見ると分かる。これから示す６つのチャートは１時間ベースで測定したS&P500の現在のボラティリティである。**チャート１**は最初の時間足と２番目の時間足との間の平均レンジ（月ベースで測定）を示し、**チャート２**は最初の時間足と３番目の時間足との間のレンジを示し……といった具合だ。

チャート１　１時間ごとの平均ボラティリティ ── S&P500（最初の時間足と２番目の時間足）

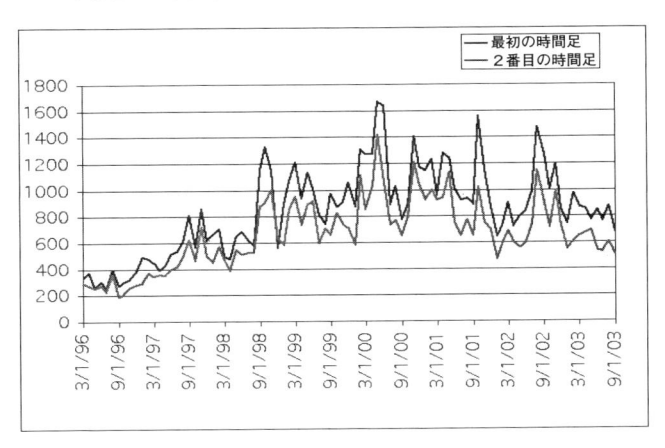

チャート2　1時間ごとの平均ボラティリティ ── S&P500（最初の時間足と3番目の時間足）

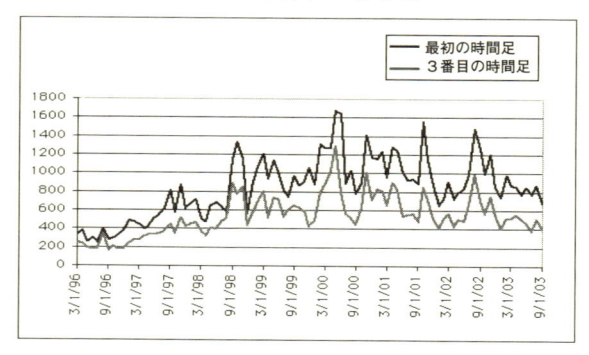

チャート3　1時間ごとの平均ボラティリティ ── S&P500（最初の時間足と4番目の時間足）

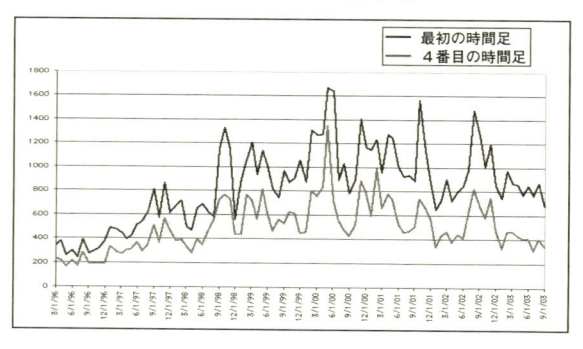

チャート4　1時間ごとの平均ボラティリティ ── S&P500（最初の時間足と5番目の時間足）

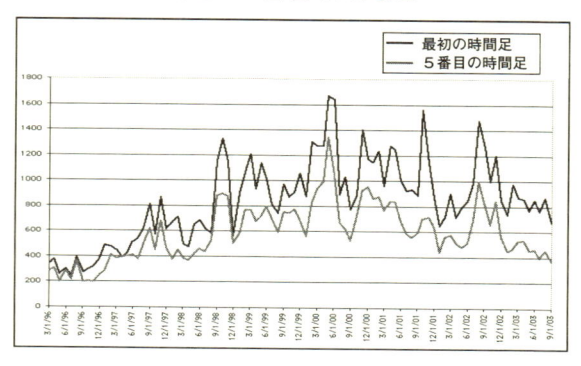

チャート5　1時間ごとの平均ボラティリティ —— S&P500（最初の時間足と6番目の時間足）

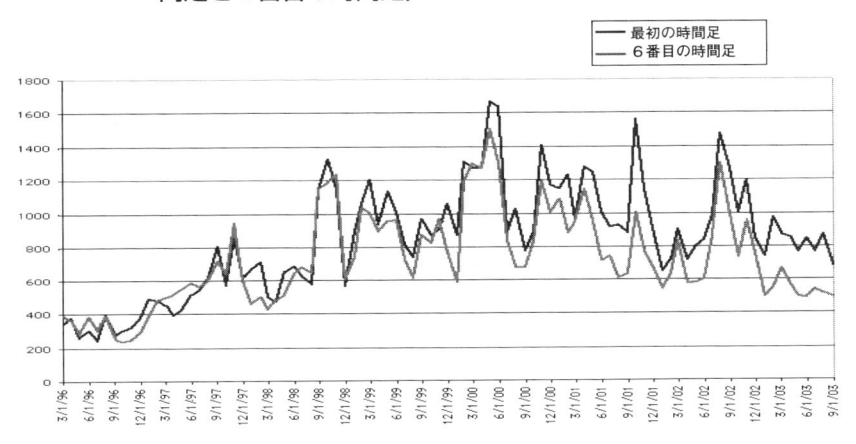

― 最初の時間足
― 6番目の時間足

チャート6　1時間ごとの平均ボラティリティ —— S&P500（最初の時間足と7番目の時間足）

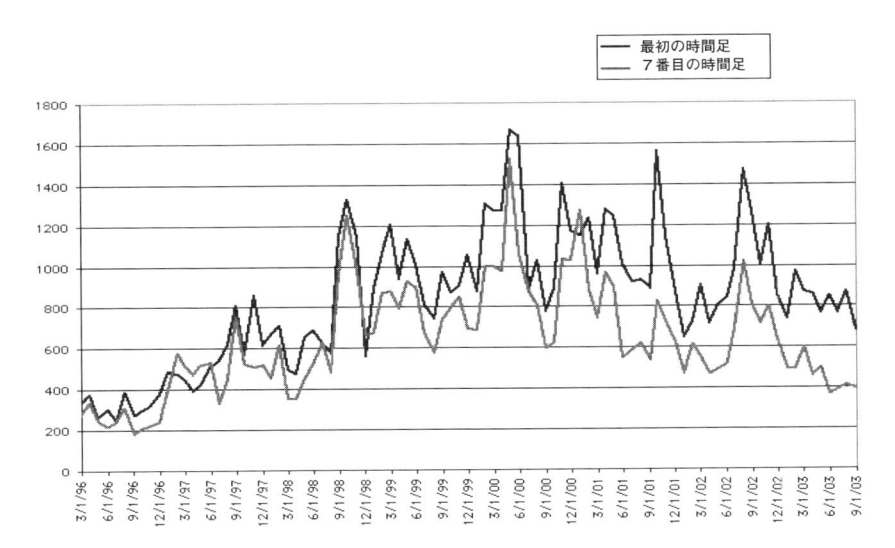

― 最初の時間足
― 7番目の時間足

これらのチャートから分かることは、早く仕掛けるほど利益または損失が大きくなる可能性が高いということである。一日のうちで遅くに仕掛ければリスクが低くなることは理にかなっているように思える。しかし、値動きが大きいときに、そして損切りになる可能性が低いときに仕掛けなければならないというジレンマがある。
　私はトレード日のなかで発生するさまざまなボラティリティ水準を利用した次のシステムを開発した。

システムのルール

- 午後２時30から午後３時30分（東部時間）の間でのみ仕掛ける。
- 午後２時30分にその日の高値＋１ティックの位置に買いの逆指値を入れ、その日の安値－１ティックの位置に売りの逆指値を入れる。
- 執行されたら、どちらかをキャンセルする。
- 過去６個の５分足の最高値と最安値を５分おきに記録する。
- 仕掛けたら、過去６個の５分足の最高値または最安値をトレーリングストップとして使う。このトレーリングストップはプロテクティブストップおよび利益目標として機能する。

　システムの全体的なパフォーマンスは上々だった。そこそこの利益を得ることができたうえ、ドローダウンも２万ドルより低く抑えることができた。

```
+++  実行日  2003年9月4日  EXCALIBUR v1.20（フューチャーズ・トゥルース）      +++
+++                        サマリーリポート                                   +++
+++  検証対象  S&P500                                                         +++
+++  用いたデータ  5分足データ（検証期間  1996年1月1日～2003年6月30日）       +++
+++  プログラム  Low Vol Trader                                               +++
+++  ※数字はすべて手数料およびスリッページとして100ドルを差し引いたあとの数字 +++
+++                                                                           +++
+++ ------------------------------------------------------------------------- +++
```

S&P500の7.50年分のデータ（1887トレード日）

項目	値	項目	値
純損益	106875$	年次平均損益	14250$
幾何平均損益	92$	悲観的リターン	1.56
オプティマルf	0.40	幾何平均	1.0139
勝ち月	60%	%Gain/Mr+DD	67%
		市場時間平均リターン	1874%
決済時最大DD	15600$	利益・DD比率0.91	2003年5月29日
値洗い時最大DD	15600$	利益・DD比率0.91	2003年5月29日
最良トレード	10625$	最悪トレード	-2650$
平均トレード	197$	純利益・純損失比率	1.6
平均勝ちトレード	1206$	平均損失	-623$
買いの純損益	29425$	売りの純損益	77450$
トレード数	542	年間平均トレード数	72
勝ちトレード数	243	勝率	44.8%
負けトレード数	299	最大連敗数	8
1トレード当たりの平均日数	0.1	最長フラットタイム	221日
市場時間	4%	シャープレシオ	0.37

	純損益	決済時最大DD	値洗い時最大DD	トレード数	勝率	平均勝ちトレード	最大連敗数	フラット日	市場時間	%Gain/Mr+DD	悲観的リターン
過去6カ月	-650	4950	4950	34	38.2%	823	8	58	3	-24.3	0.87
		05/29/2003	05/29/2003								
過去12カ月	-3075	15600	15600	70	38.6%	1032	8	221	3	-14.4	0.86
		05/29/2003	05/29/2003								
今年	-650	4950	4950	34	38.2%	823	8	58	3	-6.1	0.87
		05/29/2003	05/29/2003								
昨年	10650	13875	13875	75	48.0%	1106	8	97	4	54.3	1.35
		12/02/2002	12/02/2002								
トータル	106875	15600	15600	542	44.8%	1206	8	221	4	66.7	1.56
		05/29/2003	05/29/2003								

フィルター分析

	トレード数	勝率	最大勝ちトレード	勝ちトレードの平均	最大負けトレード	負けトレードの平均	平均勝ちトレード・平均負けトレード比率	総損益	1トレード当たりの平均損益	1トレード当たりの平均日数	純利益の全体に占める割合
デイトレード	179	.0	0	0	0	0	.0	0	0	.0	.0
LLIQ	191	.0	0	0	0	0	.0	0	0	.0	.0
SLIQ	172	.0	0	0	0	0	.0	0	0	.0	.0
Bブレイクアウト	285	44.2	5425	951	-1750	-569	1.7	29425	103	.0	27.5
Sブレイクアウト	257	45.5	10625	1482	-2650	-685	2.2	77450	301	.0	72.5

仕掛け時間分析

15分ごと	トレード数	勝ちトレード数	勝率	損益	純利益の全体に占める割合
13:30-13:44	212	92	43.4	24500	22.9
13:45-13:59	146	60	41.1	18662	17.5
14:00-14:14	107	50	46.7	40438	37.8
14:15-14:29	77	41	53.2	23675	21.8

曜日分析

曜日	トレード数	勝ちトレード数	勝率	損益	純利益の全体に占める割合
MON	119	56	47.1	29488	27.6
TUE	129	57	44.2	31237	29.2
WED	110	51	46.4	29637	27.7
THU	101	40	39.6	11200	10.5
FRI	83	39	47.0	5313	5.0

トレードステーション7.1のイージーランゲージによるコードは以下のとおりである。

```
{Programmed by George Pruitt
Low Volatility Trader
S&P DayTrade System}
vars: hh(0),ll(999999);
if(date <> date[1]) then
begin
        hh = 0;ll = 999999;
end;
if(high > hh ) then hh = high;
if(low < ll) then ll = low;
if(time >= 1430 and time < 1530) then
begin
        if(entriestoday(date) = 0) then buy next bar at hh +minmove/priceScale stop;
        if(entriestoday(date) = 0) then sellshort next bar at ll-minmove/priceScale stop;
end;
buytocover next bar at highest(high,6)+ minmove/priceScale stop;
sell next bar at lowest(low,6) - minmove/priceScale stop;
setexitonclose;
```

　トレード日の早い時間帯にトレードを仕掛けるというアイデアは破棄すべきなのだろうか。そんなことはない。これはあなたのトレードツールに追加できるシステムだ。デイトレードシステムは今は苦難のときだ。とはいえ、デイトレードが終わってしまったというわけでは

ない。前に何度も言ったように、システムとは循環性のものなのだ。良いときもあれば、悪いときもある。ここに提示したシステムも悪いときに当たったというわけだ。このボラティリティの低い時期を何とか乗り越えてもらいたい。

2003年10月・11月号
資産曲線でトレードする

　トレードシステムの資産曲線を、トレードすべきときとすべきでないときを見極めるのに使うことは考えたことがあるだろうか。私は個人的にはこの考えには賛同できない。その主な理由は、トレードはそれぞれに独立事象だからだ。新たなトレードは前のトレードの損益とは無関係ということである。フューチャーズ・トゥルースでは、勝ちトレードの次のトレードをスキップするという分析を行ったが、結果は芳しくなかった。今回のこのコーナーでは、このアイデアを拡張して、長期トレンドフォローシステムで小さなポートフォリオをトレードしたときの資産曲線について分析する。新たなトレードを仕掛けるのは、資産の19日移動平均線が39日移動平均線を上回ったときのみである。なぜ19日と39日なのか。私たちが扱っているのは長期システムなので、トレードするときとしないときをそう頻繁には切り換えたくなかったからである。図1は資産曲線に2つの移動平均を重ねて描いたものである。

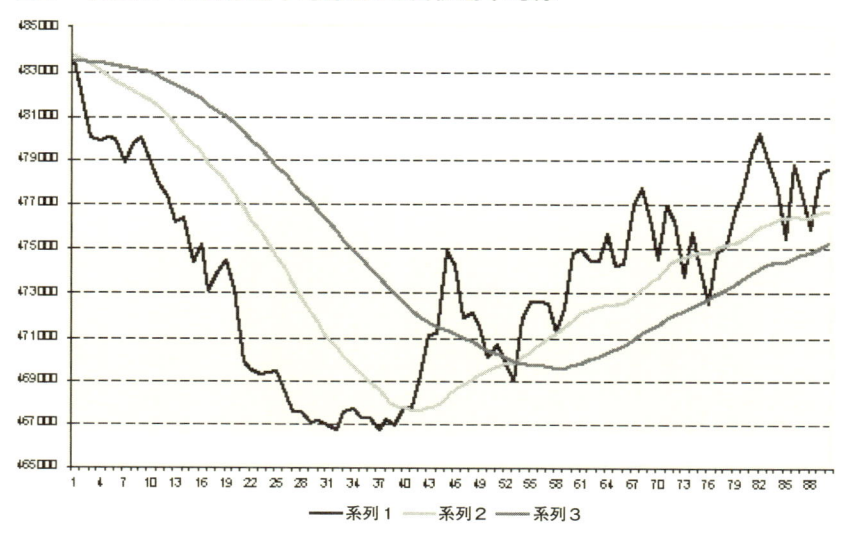

図1　資産の19日移動平均線と39日移動平均線

（グラフ：系列1、系列2、系列3）

　最初の検証では、19日移動平均線が39日移動平均線を下回ったらトレードを中止した。しかし、既存のトレードはそのまま継続する。**表1**はアンドロメダの全トレードを示したもので、**表2**は資産曲線を使ってトレードした結果を示したものである。

表1

	総損益	年次平均損益	最大DD	過去12カ月の損益	過去12カ月のDD	年間トレード数	勝率	市場時間	勝ち：負け	%Gain/Mr+DD
スイスフラン	91350	5146	12850	-2238	8563	5	56.7	55	2.1	35.3
原油	54800	3087	13990	-3520	11000	7	56.7	68	1.8	19.3
Tノート	45760	2578	14290	-1680	6260	5	53.6	64	1.7	16.3
綿花	61320	3455	16730	-8235	10235	7	50.0	61	1.8	19.5
トウモロコシ	6225	351	10013	-2700	3188	7	40.0	70	1.2	3.3
日本円	88213	4970	15413	-8000	14675	4	51.4	44	2.3	27.6
USドル指数	60150	3389	15980	3370	8620	6	50.0	65	1.7	19.6
ユーロドル	21100	1189	6225	200	975	5	49.4	68	2.1	17.7
小麦	2150	121	13575	925	3000	7	42.2	65	1.0	0.8
パラジウム	21275	1199	10165	10905	4925	5	47.7	57	1.5	10.3

2003年10月・11月号

	純損益	最大DD 日付	トレード数	市場時間	必要平均 証拠金	年次損益× 10÷最大DD	%Gain/ Mr+DD	%Gain/ 20%DD
過去6カ月	-14228	24168 20030915	39	100	8158		-75.9	
過去12カ月	-13753	30668 20030915	69	100	8545		-31.3	
年平均	25484	17799 Avg. Hi 17	57	100	7850		81.9	
トータル	452333	30668 20030915	1016	100	7850	8.3	57.9	16.6

表2

	総損益	年次平均損益	最大DD	過去12カ月の損益	過去12カ月のDD	年間トレード数	勝率	市場時間	勝ち：負け	%Gain/ Mr+DD
スイスフラン	57213	3223	13575	-5150	10588	3	60.3	37	2.1	21.1
原油	28230	1590	12910	-3750	9560	5	54.8	48	1.6	10.6
Tノート	44530	2509	9040	820	4430	4	56.7	46	2.0	23.8
綿花	53470	3012	16195	-6525	8525	4	50.6	47	2.0	17.5
トウモロコシ	4688	264	4663	-2000	2375	5	46.2	55	1.2	5.1
日本円	46013	2592	14488	-7075	13750	2	48.8	25	2.2	15.2
USドル指数	27730	1562	18080	-10	8620	4	43.8	43	1.4	8.0
ユーロドル	21975	1238	5025	-125	775	3	50.0	47	2.9	22.5
小麦	4450	251	11650	-1200	4175	5	41.7	49	1.1	2.0
パラジウム	30575	1723	7900	10905	4925	4	52.2	47	2.1	18.5

	純損益	最大DD 日付	トレード数	市場時間	必要平均 証拠金	年次損益× 10÷最大DD	%Gain/ Mr+DD	%Gain/ 20%DD
過去6カ月	-14363	23775 20030915	31	85	5544		-78.4	
過去12カ月	-17380	31433 20030915	53	92	6374		-38.8	
年平均	17964	15765 Avg. Hi 17	39	88	5398		61.8	
トータル	318868	31433 20030915	699	88	5398	5.7	40.1	11.4

　資産曲線を利用したシステムは利益は減り、ドローダウンは増加したので、資産曲線を利用してもあまり役には立たないようだ。これはなぜなのだろうか。資産曲線を利用したシステムは最悪の価格でトレードを何度も仕掛けている。短期移動平均線が長期移動平均線を上回るには、トレードシステムは利益の出るトレードを仕掛ける必要があったのだが、資産曲線を利用したシステムでは、資産曲線が下から交

193

差するのを待つため、利益の出るトレードを仕掛けるのが遅れるわけである。これは理にかなった説明のように思える。そこで、最初のアイデアを逆にして、短期移動平均線が長期移動平均線を下に交差したときのみトレードを仕掛けたらどうなるか調べてみよう。つまり、損失を出したあとで仕掛けるわけである。**表3**はこの結果を示したものだ。

表3

	総損益	年次平均損益	最大DD	過去12カ月の損益	過去12カ月のDD	年間トレード数	勝率	市場時間	勝ち:負け	%Gain/Mr+DD
スイスフラン	66525	3748	13675	125	6200	3	55.2	39	2.3	24.3
原油	41180	2320	9460	1750	7290	5	59.8	46	2.0	20.2
Tノート	35410	1995	16390	990	5440	4	56.2	50	1.7	11.2
綿花	18035	1016	10980	-4485	4550	4	49.4	38	1.3	8.5
トウモロコシ	13675	770	6300	-1175	1663	4	42.9	46	1.6	11.3
日本円	42038	2368	9575	-4663	6100	2	52.8	26	2.2	19.5
USドル指数	54750	3085	11770	5450	3460	3	57.9	40	2.4	23.5
ユーロドル	14575	821	6225	-25	950	4	49.3	53	1.8	12.3
小麦	2988	168	9213	2025	3000	4	46.1	45	1.1	1.7
パラジウム	24875	1401	7280	5425	4205	3	49.0	34	2.2	16.1

	純損益	最大DD日付	トレード数	市場時間	必要平均証拠金	年次損益×10÷最大DD	%Gain/Mr+DD	%Gain/20%DD
過去6カ月	-10253	13995 20030929	16	85	3303		-87.0	
過去12カ月	1273	23550 20030929	38	90	4863		3.7	
年平均	17692	13892 Avg. Hi 17	37	92	5173		65.0	
トータル	314035	29078 19880413	663	92	5173	6.1	41.7	12.2

だいぶ良くなったが、最初のものほどは良くない。では、トレードを中止して、特定の時刻ですべてのオープンポジションを手仕舞ったらどうなるだろうか。つまり、短期移動平均線が長期移動平均線を上から交差したときに完全に市場から引き上げるということである（検証1に似ている）。この結果を示したものが**表4**である。

表4

	総損益	年次平均損益	最大DD	過去12カ月の損益	過去12カ月のDD	年間トレード数	勝率	市場時間	勝ち：負け	%Gain/Mr+DD
スイスフラン	20963	1181	11700	-2025	7463	3	57.4	25	1.5	8.8
原油	15140	853	12030	-1240	9550	4	48.1	36	1.3	6.1
Tノート	18070	1018	11460	-80	4430	4	50.7	36	1.4	7.9
綿花	42955	2420	11040	-850	5380	4	57.7	32	2.1	20.1
トウモロコシ	1163	66	5038	-1213	1750	5	44.2	39	1.1	1.2
日本円	42688	2405	15388	-3413	9613	2	46.2	17	2.3	13.4
USドル指数	19060	1074	9500	3620	4510	3	45.6	30	1.5	9.9
ユーロドル	9325	525	7275	450	525	4	57.1	37	1.6	6.8
小麦	5850	330	9613	-1563	4900	5	39.5	37	1.2	3.2
パラジウム	-1330	-75	13630	4925	2565	3	47.5	27	0.9	-0.5

	純損益	最大DD日付	トレード数	市場時間	必要平均証拠金	年次損益×10÷最大DD	%Gain/Mr+DD	%Gain/20%DD
過去6カ月	-3058	10335 20030915	25	46	3208		-28.1	
過去12カ月	-4683	22743 20030915	52	52	4355		-13.0	
年平均	9795	12782 Avg. Hi 17	37	56	3844		37.5	
トータル	173868	22743 20030915	658	56	3844	4.3	27.2	8.6

　私たちの目的がリスクの低減なら、この検証は成功ということになる。ただし、リスクを低減することで、利益は大幅に減った。これまでは、仕掛けや手仕舞いのタイミングを計るのに資産曲線は使わなかった。このリサーチをあきらめる前に、もう少し詳しく見てみることにしよう。アンドロメダでこのポートフォリオをトレードするには10万ドルの口座があれば十分だろう。これを念頭に置いて、20％のドローダウン（2万ドルのドローダウン）が発生したらトレードを中止するというアイデアを検証してみよう。トレードを再開するのは、ドローダウンが完全に回復したとき、つまり資産が新たな高値を更新したときのみである。

　図2は2つの資産曲線を比較したものである。

図2 2つの資産曲線

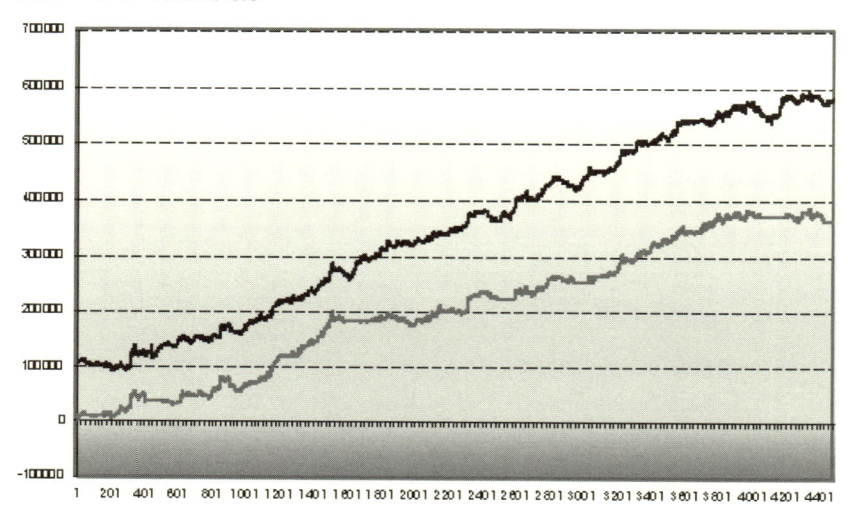

今回はリサーチは幾分かうまくいったようだ。利益は前ほど出ていないが、利益・ドローダウン比率は同じで、それほど大きなドローダウンは発生しなかった。この結果を示したものが**表5**である。

表5

	総損益	年次平均損益	最大DD	過去12カ月の損益	過去12カ月のDD	年間トレード数	勝率	市場時間	勝ち：負け	%Gain/Mr+DD
スイスフラン	67813	3820	13188	-1175	6750	4	59.2	48	2.0	25.6
原油	47480	2675	15000	-4480	10990	6	56.3	59	1.8	15.7
Tノート	27850	1569	11930	1620	4430	4	53.2	52	1.5	11.7
綿花	64830	3652	13275	-9835	9835	6	51.0	56	2.0	25.6
トウモロコシ	4325	244	11288	-2300	2300	6	42.3	61	1.1	2.1
日本円	67150	3783	13500	-12200	13213	3	48.3	37	2.1	23.5
USドル指数	39680	2235	19500	7960	3470	5	46.4	57	1.5	10.7
ユーロドル	20850	1175	3925	250	725	5	50.0	59	2.4	26.7
小麦	-1200	-68	13225	2025	1738	6	43.7	59	1.0	-.5
パラジウム	21845	1231	10645	9750	4925	4	45.2	49	1.6	10.2

	純損益	最大DD 日付	トレード数	市場時間	必要平均証拠金	年次損益×10÷最大DD	%Gain/Mr+DD	%Gain/20%DD
過去6カ月	-10235	15852 20030627	20	49	3961		-71.3	
過去12カ月	-10835	22652 20030627	53	74	6448		-30.1	
年平均	20316	16340 Avg. Hi 17	49	88	6773		68.5	
トータル	360618	25252 19891110	878	88	6773	8.0	52.7	16.1

　結論を出す前にもう1つ検証しておこう。20％のドローダウンが発生したらトレードを中止するが、10％だけ回復したらトレードを再開するとどうなるだろうか。前の検証はドローダウンがすべて回復するまで待ったため、良いトレードを仕掛け損なった可能性がある。これの結果を示したものが**表6**である。

表6

	総損益	年次平均損益	最大DD	過去12カ月の損益	過去12カ月のDD	年間トレード数	勝率	市場時間	勝ち：負け	%Gain/Mr+DD
スイスフラン	72838	4104	13188	-1175	6750	4	59.0	49	2.1	27.5
原油	48860	2753	15000	-4480	11000	7	56.3	62	1.8	16.2
Tノート	33340	1878	10960	1620	4430	5	51.8	56	1.6	15.1
綿花	66330	3737	13960	-9835	9835	6	51.0	57	2.0	25.0
トウモロコシ	8838	498	10700	-1325	1813	6	44.6	63	1.3	4.4
日本円	67150	3783	13500	-12200	13213	3	48.3	37	2.1	23.5
USドル指数	34740	1957	18030	7970	3460	5	47.2	59	1.4	10.1
ユーロドル	19700	1110	5375	200	725	5	49.4	61	2.1	19.0
小麦	6575	370	12588	1925	1750	6	44.9	60	1.1	2.8
パラジウム	9780	1114	10645	9750	4925	4	43.6	51	1.5	9.2

	純損益	最大DD 日付	トレード数	市場時間	必要平均証拠金	年次損益×10÷最大DD	%Gain/Mr+DD	%Gain/20%DD
過去6カ月	-10235	15853 20030627	20	49	3961		-71.3	
過去12カ月	-10835	22653 20030627	52	74	6427		-30.1	
年平均	21303	16441 Avg. Hi 17	52	92	6989		71.6	
トータル	378135	25252 19891110	915	92	6989	8.4	55.2	16.9

この検証では利益がおよそ１万8000ドル増え、ドローダウンはほぼ同じである。利益・ドローダウン比率は最初のシステムよりも高い。このシステムに関してはこのアプローチがベストのようだ。ほかのシステムに関してはこうはならないかもしれない。

　資産曲線を使ったトレード管理を行う前に、これは単純ではないということを認識する必要がある。トレードを中止するときを決めるのは簡単だ。口座リポートをみればよい。しかし、トレードを再開する時期を決めるのは非常に難しい。トレードしていないときでも、ドローダウンがいつ回復したかを知るために、ポートフォリオのパフォーマンスはトラッキングする必要がある。これはトレードステーションでやると簡単だ。ピーター・ウエートのアンドロメダ用のソフトウエアもパフォーマンスのトラッキングに役立つ。この概念は新しいものではない。大手のCTAの多くは月中のドローダウンが10％になったらトレードを中止し、次の月が始まったらトレードを再開する。これは私たちがここでやったアプローチの簡略版だ。

　資産曲線でトレードするのにはやはり抵抗がある。というのは、資産曲線の過剰分析（移動平均の交差）はトレードシステムの堅牢さを取り除いてしまうような気がするからだ。これはシステムの時間枠の関数になるのかもしれない。短期システムはこの種のモニタリングが必要だ。次回は短期アプローチの検証を行うつもりだ。しかし、あなたの目的がリスクの回避なら、ドローダウンに基づいて資産曲線でトレードするのも良いかもしれない。

2004年1月号
モンテカルロ法によるシステム開発

　応用数学では、「モンテカルロ」(カジノで有名なモナコの4つの地区の1つであるモンテ・カルロが名前の由来)は乱数を使って問題を解決する手法のことを言う。この名前が初めて使われたのは1944年ごろのことで、決定論的な問題を大規模のサンプリングを利用してランダムな要素を含む問題で置き換えて解くのに使われた。モンテカルロという名前は現在では名詞だけでなく、形容詞的(モンテカルロ問題)にも使われるようになり、動詞としても使われるようになった(モンテカルロをやろう。ランダムな要素を含む複雑な問題を解くという意味)。

　モンテカルロ法を定義したところで、この方法を堅牢でメカニカルなトレードシステムの開発に応用する方法を見ていくことにしよう。『まぐれ――投資家はなぜ、運を実力と勘違いするのか』(ダイヤモンド社)の著者であるナシーム・ニコラス・タレブは次のように書いている。

　「どの分野(戦争、政治、医学、投資)のパフォーマンスも結果ではなく、代替物のコストによって判断される(つまり、歴史が別の展開を見せたとしたら)、という話から始めよう。こうしたイベントの代替を歴史改変と言う。確かに、意思決定の質は単に結果によってのみ決めることはできない。これは失敗する人々(成功の原因を意志決定の質のおかげと考える人々)によって証明されているように思える」

　タレブが言いたいのは、意思決定は1つの結果によって決めること

はできない、ということである。金融で成功するのに大きな役割を果たすのはランダム性であると彼は思っているのだ。歴史改変を見ることで、代替的結果と、その結果にいたる経路が分かる。これらの道筋が苦痛を伴うものならば、そもそもその経路に導いたものは不適切なものかもしれない。システム検証プラットフォーム（トレードステーションやエクスカリバー）と乱数生成器（エクセルなど）を使えば、何千という異なる利益をシミュレートでき、大きなドローダウンや長いフラットタイムを喫する確率や総利益が減少する確率なども計算することができる。

　モンテカルロ分析に必要なツールは、月々の利益とマイクロソフトのエクセルのみである。乱数の生成には簡単な Visual Basic のプログラミングが必要になる。私たちが使った月々の利益はゴールデンSXシステムで生成したものだ。

	総損益	年次平均損益	最大DD	過去12カ月の損益	過去12カ月のDD	年間トレード数	勝率	市場時間	勝ち:負け	%Gain/Mr+DD	
Tボンド	35880	2021	19250	-1650	7740	7	39.7	67	1.3	9.2	US
Tノート	43470	2449	18420	1800	8160	7	48.8	71	1.5	12.3	TY
英ポンド	24113	1358	49994	-9006	9006	7	31.1	62	1.2	2.6	BP
日本円	101463	5716	26038	-5063	9688	7	42.2	68	1.8	20.5	JY
スイスフラン	53813	3032	24725	-2038	5363	8	39.7	71	1.4	11.4	SF
ユーロ通貨	18638	3856	11238	275	10838	8	37.5	62	1.4	28.1	EU
大豆	-16510	-930	47810	4545	3875	9	37.1	73	0.8	-1.9	SD
綿花	62620	3528	28000	-10055	12840	8	45.2	73	1.6	12.2	CT
生牛	7348	414	19440	7656	2900	9	43.4	87	1.1	2.1	LC
銅	2150	121	23075	-3388	5038	8	38.9	79	1.0	0.5	CP
砂糖	-6664	-375	16352	974	1971	7	42.1	86	0.9	-2.2	SU
オレンジジュース	4703	265	28898	2760	1980	9	40.3	83	1.1	0.9	OJ
灯油	118	7	33256	2205	14267	9	35.9	72	1.0	0.0	HO
原油	51920	2925	19490	5560	7240	9	48.1	80	1.5	12.8	CL
天然ガス	129550	9656	17790	24690	17460	8	48.8	79	2.1	40.5	NG
銀	-33390	-1881	51560	-3320	6390	8	35.0	72	0.7	-3.5	SV

	純損益	最大DD 日付	トレード数	市場時間	必要平均 証拠金	年次損益× 10÷最大DD	%Gain/ Mr+DD	%Gain/ 20%DD
過去6カ月	-3398	28936 20030910	78	100	18432		-11.8	
過去12カ月	230	54490 20030910	154	100	21704		0.3	
年平均	26957	35063 Avg. Hi 17	122	100	21901		39.9	
トータル	478488	54490 20030910	2174	100	21901	4.9	31.0	9.9

月々の利益

月	リターン	累積リターン
1986年1月	0.078	7.80%
1986年2月	0.256	33.40%
1986年3月	0.136	47.00%
1986年4月	-0.023	44.70%
1986年5月	-0.094	35.30%
1986年6月	-0.116	23.70%
1986年7月	0.039	27.60%
1986年8月	-0.004	27.20%
1986年9月	-0.127	14.50%
1986年10月	0.010	15.50%
1986年11月	0.021	17.60%
1986年12月	0.032	20.80%
1987年1月	0.095	30.30%
1987年2月	-0.026	27.70%

　資産をこの形にまとめたら、各月に数字を割り当てる。ゴールデンSXの資産の場合、213月あった。したがって、1986年1月のリターンはNo.1、1986年2月のリターンはNo.2……といった具合に数字を割り当てる。コンピューターを使っていないのであれば、紙に各月の数字を書いて袋に入れ、袋から1つだけ引いてそれをリストに記録したら、引いた数字をまた袋に戻す。これを213回行う。この結果が新しい資産となる。これを1000回行う。そんなのムリだ、とあなたは言うかも

しれない。でも、コンピューターを使えば簡単だ。今日のモンテカルロ・エンジンを使えば、こんなことは朝飯前だ。次に示すのは、月々のリターンを無作為抽出するための Visual Basic のコードの一部を示したものである。このVBマクロを作動させるためには、日付と月々のリターンをエクセルのワークシートの最初の2列に入れるだけである。

```
Dim sum1, sum2, hh, ll, maxdd, temp As Double
Dim count As Integer

Sheets(2).Select
count = 8
For i = 1 To 213
        profitArr(i) = Cells(i, 2)
Next i
For j = 4 To 30 Step 2
        For i = 1 To 213
                count = Rnd() * 214
                Cells(i, j) = profitArr(count)
        Next i
Next j
End Sub
```

このマクロからは最初の資産から13の歴史改変を作成することができる。**チャート1**はこれらの歴史のうちの10を示したものである。

チャート1　歴史改変

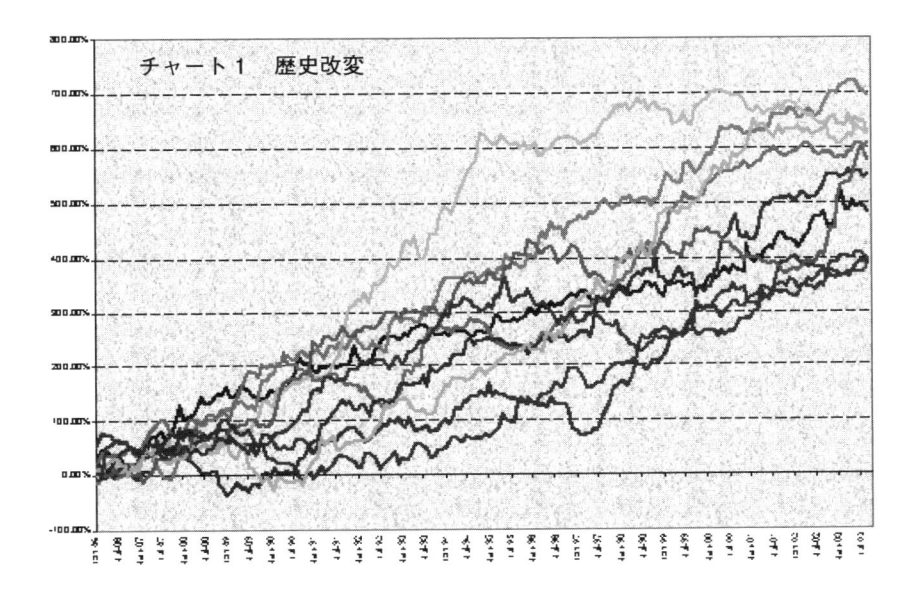

最も太い線が最初の資産を示している。この単純なモンテカルロ分析からは、6つの歴史改変は利益が増え、3つの歴史改変は利益が減少していることが分かる。しかし、最大ドローダウンはすべての歴史改変で増えている（**チャート2**を参照）。こうした小さなサンプルでは、得られた情報はそれほど役には立たない。しかし、サンプルサイズが1000だと話が違ってくる。パフォーマンスで重要な役割を果たすのがランダム性だ。**チャート2**を見てもらいたい。

大して役に立たない情報の割には作業量は莫大のように思えるが、自分のお金を賭けているのであれば、考えられるかぎりの結果を知りたいと思うだろう。自分で作業をやるのは面倒だという人は、トレードステーションを持っているのであれば、何千回というシミュレーションをものの数秒でやってくれるソフトウエアを買えばよい（インサイドエッジのポートフォリオMCS。http://www.portfolioriskanalysis.com/）。このソフトウエアを使えば、戦略による最初の結果が生みだすよりも高いドローダウン、低い利益、長いフラットタイムが発生す

る確率を簡単に知ることができる。この情報があれば、システムの有効性や、ゲームに留まるためにどれくらいの資金を投じればよいかを決定することができる。情報に通じたトレーダーは成功率も高まるというものだ。

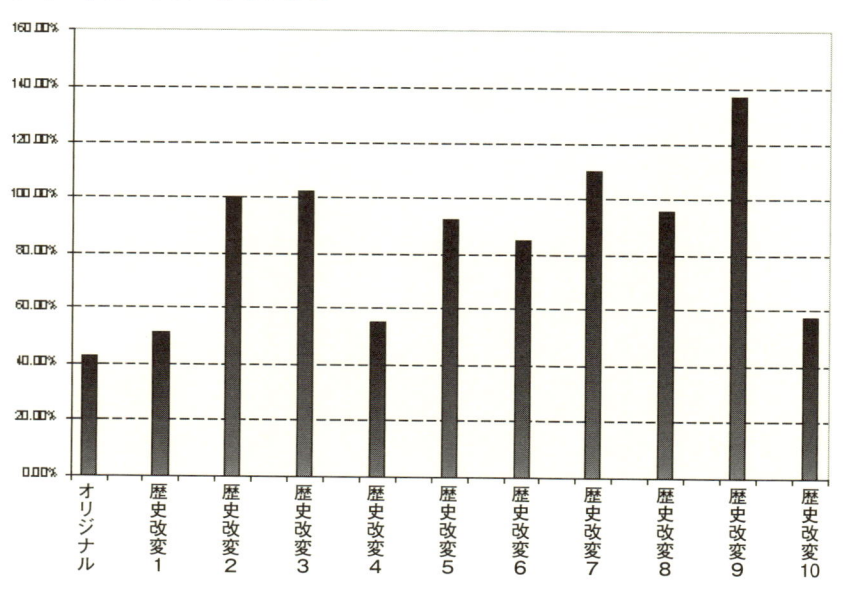

チャート2　ドローダウン分析

2004年第2号
S&P500におけるギャップ・フェーディング

　ギャップパターンは何か予言的な性質を持っているのだろうか。今回のこのコーナーのアイデアは、『テクニカル・アナリシス・オブ・ストック・アンド・コモディティー』の2003年のボーナス号で発表された非常によく書かれた論文からヒントを得たものだ。論文を書いたのはステファーヌ・レベール(「Trade Against the Gap」)で、この種のトレードに興味のあるトレーダーにはぜひこの論文を読むことをお勧めする。レベールは次のように結論づけている――ギャップと逆方向にトレードすることで利益機会が生まれる。彼は各銘柄を終値－終値ベースで検証した。この結論がS&P500先物にも当てはまるのかどうかを終値－始値ベースで調べてみた。

　まず最初に、ギャップの大きさが関係するのかどうかを調べる。大きなギャップは小さなギャップよりも、市場の将来的な方向性をうまく予言することができるのだろうか。質問に答える前に、ギャップオープニングの通常のレンジを価格のパーセンテージとして求める必要がある。今日の始値と昨日の終値との間の変動率は次の公式を使って計算する――(今日の始値－昨日の終値)÷昨日の終値。**チャート1**は始値から終値までの変動をパーセンテージで表したヒストグラムを示したものだ。

チャート1

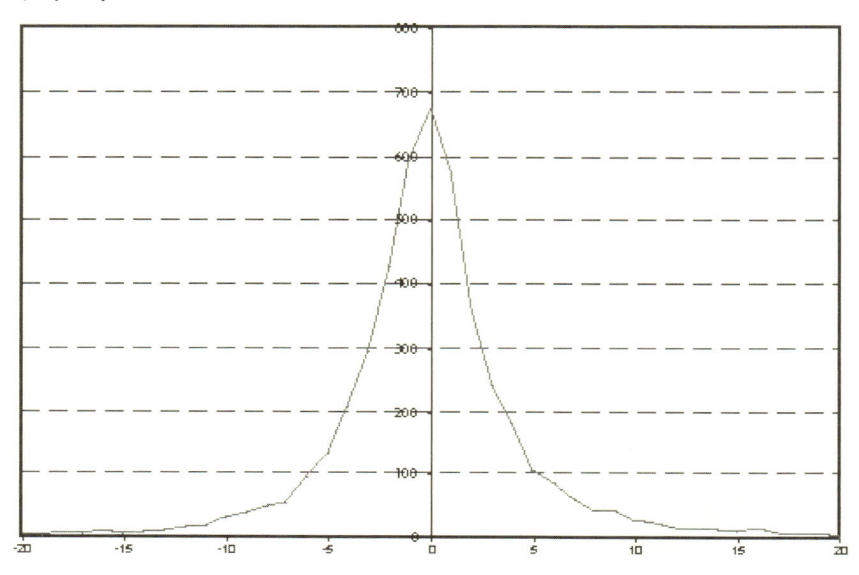

 ヒストグラムを見ると分かるように、値動きは正規分布になっている。値動きの大部分は±0.5％のビンに含まれる。2標準偏差の外側に含まれるのはすべての値動きの5％にすぎない（統計学の授業では、平均から2標準偏差のなかに値の95％が含まれることを学んだはずだ）。平均的には市場は0.31％ギャップアップし、0.36％ギャップダウンする。これらのギャップは普通に起こるギャップで、特に重要な情報は含まれていないことが多い。これよりも大きなギャップに市場の短期の方向性についての情報は含まれているはずである。このアイデアをさまざまなギャップについて検証してみることにする。

 次に、ギャップが市場の将来の方向性に影響を与える期間を求める。ギャップの影響は今日だけ継続するのだろうか、それともそのあとも継続するのだろうか。トレードを今日の引けまで保有した場合と、明日の引けまで保有した場合を調べることにしよう。**表1**はギャップと

逆方向にトレードして、その日の引けで手仕舞った買いトレードのパフォーマンスを示したものだ。市場が一定のパーセンテージだけ引けよりギャップダウンした場合に買う。これを価格のさまざまな変動率で調べてみた。往復料金として手数料およびスリッページとして100ドルを含むものとする。

表1

変動率	総利益	最大DD	年間トレード数	勝率	最大連敗数
0.10%	-74675	137763	86	49.4	26
0.20%	-51200	107288	60	49	20
0.30%	-62413	110750	43	50.1	15
0.40%	-29988	83913	32	50.9	12
0.50%	-38138	88625	24	49	9
0.60%	-238	77550	19	50.1	7
0.70%	15913	56525	15	49.3	6
0.80%	46888	32550	12	50	5
0.90%	50350	24625	10	50	4
1.00%	65200	21600	8	49.6	3
1.10%	71213	24475	6	52.2	3
1.20%	68063	17100	5	53.1	2
1.30%	69525	17100	4	53.8	2
1.40%	58900	17650	4	54.4	2
1.50%	54000	16438	3	52.6	1
1.60%	50663	16338	2	50	1
1.70%	51188	15725	2	52.9	0
1.80%	32713	15725	2	51.6	0
1.90%	52900	15725	1	68.2	0
2.00%	58525	15725	1	75	0

この検証からは、収益性がギャップの大きさと関係があることが分かる。ギャップが大きいほど収益性は高くなるが、限界もある。0.9％から1.2％の間が最適なようだ。**表2**は**表1**と仕掛けは同じだが、もう1日長く持った場合のパフォーマンスを示したものだ。

表2

変動率	総利益	最大DD	年間トレード数	勝率	最大連敗数
0.10%	73813	113925	65	51.4	26
0.20%	30525	92150	48	50.6	19
0.30%	42138	101100	37	52.1	14
0.40%	63075	98025	28	54	11
0.50%	97125	52050	22	54.8	9
0.60%	92025	59025	17	53.8	7
0.70%	93975	48350	14	53.3	5
0.80%	142800	47550	11	55.7	4
0.90%	139825	35000	9	55.2	4
1.00%	155700	22500	7	56	3
1.10%	180275	22500	6	58	3
1.20%	143888	17950	5	56.8	2
1.30%	129588	18075	4	60.3	2
1.40%	114338	20650	4	60.6	2
1.50%	96313	15625	3	57.4	1
1.60%	78063	16025	2	53.7	0
1.70%	85275	15625	2	54.5	0
1.80%	68650	15625	2	53.3	0
1.90%	77200	15625	1	68.2	0
2.00%	69725	15625	1	65	0

　ギャップは発生した翌日にもっと影響力を持つ傾向があるようだ。これはギャップが小さいときにギャップと逆方向にトレードした場合である。では売りはどうだろう。**表3**はギャップと逆方向にトレードして、その日の引けで手仕舞った場合の売りトレードのパフォーマンスを示したものだ。

表3

変動率	総利益	最大DD	年間トレード数	勝率	最大連敗数
0.10%	-202213	227663	94	43	28
0.20%	-157338	171813	67	44.6	21
0.30%	-173150	194900	46	42.9	16
0.40%	-138125	164675	33	44.2	12
0.50%	-94838	133850	24	45.5	9
0.60%	-124000	158750	17	43.9	6
0.70%	-138075	164213	13	40	5
0.80%	-124650	146750	10	39.3	4
0.90%	-134650	148325	8	36.1	3
1.00%	-85925	94825	6	36.5	2
1.10%	-73763	80213	5	34.1	2
1.20%	-55025	61525	4	35.7	2
1.30%	-54288	60013	3	33.3	1
1.40%	-47713	58800	3	34.7	1
1.50%	-51500	59188	2	31.7	1
1.60%	-40850	48538	2	34.2	0
1.70%	-21638	28400	2	37.9	0
1.80%	-19213	27125	1	37.5	0
1.90%	-17513	25425	1	36.4	0
2.00%	-10613	18525	1	36.8	0

　ギャップアップで寄り付いたときにギャップと逆方向にトレードするのはあまり良くないようだ。これはさまざまな変動率のすべてで損失を出している。買いの場合と同様、もう1日だけ長くもった場合には結果は違ってくるのだろうか。このときのパフォーマンスを示したものが**表4**である。

表4

変動率	総利益	最大DD	年間トレード数	勝率	最大連敗数
0.10%	-129425	228613	71	42.2	28
0.20%	-92375	183038	54	43.4	21
0.30%	-128138	171763	39	41.8	15
0.40%	-125438	190850	28	42.5	11
0.50%	-52738	114788	21	44	8
0.60%	-50838	116563	15	43.5	6
0.70%	-94750	152338	12	41.7	5
0.80%	-109125	130675	9	41.2	4
0.90%	-112675	134325	7	36.1	3
1.00%	-104225	120225	5	34	2
1.10%	-87500	103563	4	34.2	2
1.20%	-74850	86963	4	31.7	2
1.30%	-78450	89888	3	31.4	1
1.40%	-68600	85588	2	32.6	1
1.50%	-73875	84688	2	28.6	0
1.60%	-57825	68538	2	30.3	0
1.70%	-22500	33563	1	40	0
1.80%	-25750	37363	1	40	0
1.90%	-30650	42263	1	38.9	0
2.00%	-19625	31238	1	43.8	0

　この場合もギャップアップで寄り付いたときにギャップと逆方向にトレードするのは良くない。これらの結果からは、株式市場の上昇と下落はきっちり対称的ではないということが分かる。これまでこのリサーチではギャップと逆方向にトレードすることの生産性に対して確かなデータは提供できなかった。おそらくはトレードを仕掛ける前に市場がギャップと逆方向に動く必要があるのだろう。それでは最初の検証と同様の最適化を行ってみることにしよう。ただしこの検証ではトレードを仕掛ける前にギャップまで戻すことを前提とする。**表5**はギャップアップで寄り付いたあとで売り、そのあと昨日のレンジの20％の押しが発生し、その日の引けですべてのポジションを手仕舞った場合のパフォーマンスを示したものだ。

表5

変動率	総利益	最大DD	年間トレード数	勝率	最大連敗数
0.10%	-33575	111375	67	41.2	21
0.20%	-5863	61850	47	42.9	16
0.30%	-9600	59875	32	42.2	11
0.40%	-2988	47775	23	43.6	8
0.50%	23438	41750	17	45	6
0.60%	-4363	37675	12	43.1	5
0.70%	-16563	40875	9	40.1	3
0.80%	7625	21600	6	41.4	3
0.90%	-3650	27600	5	41.4	2
1.00%	-11363	23163	4	38.1	1
1.10%	-7575	14575	3	41.2	1
1.20%	-1138	12163	2	41.5	0
1.30%	1450	8875	2	41.9	0
1.40%	6725	6775	1	42.3	0
1.50%	5100	8125	1	33.3	0
1.60%	6300	6925	1	35	0
1.70%	15013	5188	1	50	0
1.80%	9613	5413	1	41.7	0
1.90%	7188	5413	1	36.4	0
2.00%	7213	5388	1	40	0

　パフォーマンスは劇的に向上したが、全体的に損失が大きい。退屈で死にそうになる前に最後の検証を行うことにしよう。この検証では、ギャップダウンで寄り付き、ギャップが昨日のレンジの20％だけ埋まったときに買う。この結果を示したものが**表6**である。

表6

変動率	総利益	最大DD	年間トレード数	勝率	最大連敗数
0.10%	-58513	112688	64	47.6	21
0.20%	-24000	82913	45	49.1	15
0.30%	-31150	83725	32	51	11
0.40%	-24438	73150	25	51.4	9
0.50%	-33763	62300	18	49.4	7
0.60%	7638	39600	14	51.9	5
0.70%	18163	35250	12	51	5
0.80%	26325	30000	10	52	4
0.90%	31438	24475	8	51.8	3
1.00%	34488	23300	6	50.9	3
1.10%	44163	20575	5	52.2	2
1.20%	37638	19950	4	51.9	2
1.30%	38813	20150	4	52.9	2
1.40%	32088	22325	3	50.8	1
1.50%	21113	20325	3	49	1
1.60%	26700	19663	2	44.4	0
1.70%	23088	21163	2	41.9	0
1.80%	8788	29538	2	39.3	0
1.90%	26300	18550	1	50	0
2.00%	34400	16925	1	55	0

　ギャップが埋まってから買うのは非生産的だった。ギャップと逆方向にトレードするのはオープニングティックで行ったほうが良いようだ。それでは同じシステムで2日間保有した場合を検証してみよう。**表7**はこの結果を示したものだ。

表7

変動率	総利益	最大DD	年間トレード数	勝率	最大連敗数
0.10%	66613	83350	53	49.4	21
0.20%	76800	54550	39	50.5	15
0.30%	78538	75250	28	52.5	11
0.40%	62975	76925	22	53.8	9
0.50%	102500	44325	17	54.8	7
0.60%	125425	37975	13	55.7	5
0.70%	103825	37975	11	54.6	4
0.80%	120350	32400	9	56.4	4
0.90%	119800	32400	7	57.5	3
1.00%	135950	22075	6	57.4	2
1.10%	148550	16975	5	59.3	2
1.20%	107250	16975	4	57.7	2
1.30%	94550	16975	4	56.7	2
1.40%	88850	16975	3	56.9	1
1.50%	76050	16975	3	55.3	1
1.60%	66725	16825	2	52.9	0
1.70%	55675	16825	2	46.7	0
1.80%	43225	16825	2	44.4	0
1.90%	50600	16825	1	54.5	0
2.00%	45600	16825	1	55	0

　ギャップダウンで買い、その翌日に手仕舞った場合、非常にうまくいったので、この結果は驚くには当たらない。これらの検証からは何らかの結論を導きだすことができるだろうか。答えはイエスだ。ギャップと逆方向にトレードするのは若干のメリットがあるということである。ただし、大きなギャップが空くまで待って、そのギャップが埋まってからトレードを仕掛けるのが良い。これらの結果に基づいて、簡単な2日スイングシステムを開発した。このシステムは、今日の寄り付きの足と昨日の引けの足との間に0.6％（0.006）のギャップが発生し、30日ATRの10％だけギャップが埋まったら買うというものだ。同様に、0.6％のギャップアップが発生し、30日ATRの10％だけギャップが埋まったら売る。ポジションは10ビッグポイント（1ポイント

動いたときのドル価）のプロテクティブストップか、仕掛け日の翌日の引けで手仕舞う。

項目	値	項目	値
純損益	212063$	年次平均損益	11781$
幾何平均損益	186$	悲観的リターン	1.31
オプティマル f	0.26	幾何平均	1.0051
勝ち月	63%	%Gain/Mr+DD	18%
		市場時間平均リターン	105%
決済時最大DD	55225$	利益・DD比率0.21	2001年5月3日
値洗い時最大DD	55225$	利益・DD比率0.21	2001年5月3日
最良トレード	29400$	最悪トレード	-9575
平均トレード	396$	純利益・純損失比率	1.3
平均勝ちトレード	3790$	平均損失	-2136$
買いの純損益	113613$	売りの純損益	98450$
トレード数	536	年間平均トレード数	30
勝ちトレード数	229	勝率	42.7%
負けトレード数	307	最大連敗数	11
1トレード当たりの平均日数	1.4	最長フラットタイム	1794日
市場時間	17%	シャープレシオ	0.13

	純損益	決済時最大DD	値洗い時最大DD	トレード数	勝率	平均勝ちトレード	最大連敗数	フラット日	市場時間	%Gain/Mr+DD	悲観的リターン
過去6カ月	1975	7175	7175	14	57.1%	1759	2	49	18	42.3	1.27
	---07/25/2003	07/25/2003---									
過去12カ月	20050	9975	9975	41	51.2%	3201	3	49	24	93.4	1.43
	---03/13/2003	03/13/2003---									
今年	20050	9975	9975	41	51.2%	3201	3	49	24	93.4	1.43
	---03/13/2003	03/13/2003---									
昨年	86275	13000	14900	62	48.4%	5358	5	47	33	352.1	2.14
	---08/08/2002	08/08/2002---									
トータル	212063	55225	55225	536	42.7%	3790	11	1794	17	17.7	1.31
	---05/03/2001	05/03/2001---									

　パフォーマンスは良いが、この簡単なシステムを有効なものにするにはもっと良いトレード管理が必要であることが推測される。十分なリサーチを行うまでギャップ・フェーディングはやめておいたほうがよいだろう。ギャップが本当に埋まるかどうかを見極めるためのパターンがおそらくはあるはずだ。また、異なる市場や異なるトレード時間で検証してみる必要がありそうだ。ギャップは3日以上市場に影響を及ぼす。これは自分で検証してみるまでは分からない。george.p.pruitt@gmail.com までメールをいただければ、イージーランゲージのコードを提供する。

2004年第3号
S&P500デイトレードで成功するテクニック

　長年にわたって分析を重ねた結果、S&P500のデイトレードで機能すると思われるいくつかのパターンを発見した。これらは非常にシンプルなパターンで、堅牢なトレード管理と併用すれば効果的なデイトレード手法を開発することができる。ここでは3つのアプローチを紹介する。

パターン1　30分ブレイクアウトルール

　30分ブレイクアウトは長年使われてきた手法で、ときとして素晴らしいパフォーマンスを見せる。ある会議の席でトレードのグルが聴衆を前にこのシステムを紹介し、過去2年のパフォーマンスを示した。もちろん、申し分ない数字だった。私のラップトップPCで、このシステムを逐一検証してみた。私の結果も示されたものとほぼ同じだった。しかし、検証前の数年はまったく異なる様相を見せた。資産曲線がチェックマークを逆さにしたような形になったのだ。そこで、このシステムとパフォーマンス履歴を紹介することにしよう。
　このシステムは最初の30分のブレイクアウトで買うか売るというものだ。つまり、最初の30分が経過するのを待ち、その日の高値と安値を記録する。高値に1ティック足したものが買いポイント、安値から1ティック引いたものが売りポイントになる。損切りの1つが執行されたら、もう1つの損切りがプロテクティブストップになる。もう1つの損切りが執行されなかったら、その日の引けで手仕舞う。1日のトレードは1回のみ。実に単純だ。1日に2～3回だけ注文を出すだ

けでよく、管理は最低限でよい。シンプル・イズ・ベスト、だ。結果を見てあなたの結論を出してもらいたい。

```
純損益                    -21080$    年次平均損益              -1150$
幾何平均損益                    0$    悲観的リターン              0.98
オプティマルf                 0.00    幾何平均                 1.0000
勝ち月                      41%     %Gain/Mr+DD              -1%
                                   市場時間平均リターン         -2%
決済時最大DD              124793$    利益・DD比率 -0.01  1996年10月31日
値洗い時最大DD            124793$    利益・DD比率 -0.01  1996年10月31日
最良トレード              18250$    最悪トレード             -5900$
平均トレード                 -5$    純利益・純損失比率            1.0
平均勝ちトレード             1358$    平均損失                 -784$
買いの純損益              -20313$    売りの純損益              -768$
トレード数                  4603    年間平均トレード数            251
勝ちトレード数               1674    勝率                     36.4%
負けトレード数               2929    最大連敗数                  15
1トレード当たりの平均日数     0.6     最長フラットタイム         3763日
市場時間                    57%    シャープレシオ             -0.01

            純損益    決済時   値洗い時  トレー  勝率   平均勝ち 最大  フラッ 市場  %Gain/   悲観的
                     最大DD  最大DD   ド数          トレード 連敗数 ト日  時間  Mr+DD   リターン
 ─────────────────────────────────────────────────────────────────────────────────
過去6カ月   -16425    28425   28425    124   33.1%  1443    13    91   55   -192.2   0.74
          ─────04/07/2004  04/07/2004─────
過去12カ月  -32475    49300   49300    252   36.5%  1403    13   218   56   -59.0    0.78
          ─────04/07/2004  04/07/2004─────
今年       -17400    23500   23500     83   31.3%  1411     8    83   53   -59.5    0.63
          ─────04/07/2004  04/07/2004─────
昨年       -23900    34925   34925    251   38.2%  1616     7   249   56   -58.8    0.85
          ─────11/06/2003  11/06/2003─────
トータル    -21080   124793  124793   4603   36.4%  1358    15  3763   57    -0.9    0.98
          ─────10/31/1996  10/31/1996─────
```

あなたの結論はおそらくは私のものと同じだろう——お粗末。このアプローチはあまりうまくいかなかったが、石炭の塊のなかにはダイアモンドが埋まっているものだ。そして、そのダイアモンドが30分ブレイクアウトなのである。大金を稼げる日は1方向にブレイクアウトして、一日中その方向に動き続けるときである。30分ブレイクアウトはそういったトレードのほとんどをとらえることができる。しかし、30分ブレイクアウトはダマシのブレイクアウトにもよく引っかかる。これがお粗末の要因だ。ダマシのブレイクアウトにはひっかからないようにしなければならない。私が提唱する方法は、30分ブレイクアウトをトレードの仕掛けメカニズムとして使う方法だ。しかし、執行数は制限する。注文を出すときの条件は以下のとおりだ。

①昨日のトゥルーレンジがその前日のトゥルーレンジより小さくなければならない。
②最初の30分のレンジが10日ATRの1/3よりも大きくなければならない。
③午前11時30分（中央時間帯）までのトレードのみを行う。それ以降のトレードはスキップする。

新しいシステムも元々のシステムと同じプロテクティブストップを使い、その日の終わりに手仕舞う。以下に示すパフォーマンスは手数料およびスリッページとして100ドルを差し引いたものである。

純損益	107388$	年次平均損益	5858$
幾何平均損益	72$	悲観的リターン	1.29
オプティマル f	0.23	幾何平均	1.0034
勝ち月	49%	%Gain/Mr+DD	28%
	266%	市場時間平均リターン	
決済時最大DD	15300$	利益・DD比率0.38	2003年11月11日
値洗い時最大DD	15300$	利益・DD比率0.38	2003年11月11日
最良トレード	18250$	最悪トレード	-4900$
平均トレード	153$	純利益・純損失比率	1.3
平均勝ちトレード	1517$	平均損失	-933$
買いの純損益	25400$	売りの純損益	81988$
トレード数	704	年間平均トレード数	38
勝ちトレード数	312	勝率	44.3%
負けトレード数	392	最大連敗数	8
1トレード当たりの平均日数	0.7	最長フラットタイム	2422日
市場時間	10%	シャープレシオ	0.15

	純損益	決済時最大DD	値洗い時最大DD	トレード数	勝率	平均勝ちトレード	最大連敗数	フラット日	市場時間	%Gain/Mr+DD	悲観的リターン
過去6カ月	7050	7600	7600	29	48.3%	1754	6	79	16	211.2	1.39
		02/25/2004	02/25/2004								
過去12カ月	-3975	15000	15000	58	44.8%	1435	6	249	15	-19.2	0.88
		11/11/2003	11/11/2003								
今年	2000	5875	5875	17	47.1%	1594	4	69	18	17.2	1.15
		02/25/2004	02/25/2004								
昨年	5625	15300	15300	57	47.4%	1690	6	179	15	26.7	1.13
		11/11/2003	11/11/2003								
トータル	107388	15300	15300	704	44.3%	1517	8	2422	10	27.8	1.29
		11/11/2003	11/11/2003								

パフォーマンスは大幅に改善された。古いことわざに「少ないほど良い」というのがあるが、トレードは厳選しなければならない。毎日お金を儲けることは難しいが、毎日損をするのは簡単だ。フィルター

を加えれば、30分ルールは予言的パワーを持つのではないだろうか。

パターン2　アフターランチ・ブレイクアウト

　S&P500のピットはランチタイムには休憩する。したがって、この時間帯のボラティリティは1日のそのほかの時間帯に比べると低い。また、休憩後は休憩前と同じ方向に市場が動く。これは1日の残りの時間帯の方向性を予測するうえでのヒントになる。ここで紹介するシステムは午後1時30分から2時30分（中央時間帯）にのみトレードする。最後に高値を付けたのが午後1時30分前（中央時間帯）であれば、午後1時30分前につけた高値に1ティック足したものが買いポイントになる。そして、最後に安値をつけたのが午後1時30分前であれば、その安値から1ティック差し引いたものが売りポイントになる。プロテクティブストップはその前の30分足の安値または高値に設定する。その日の終わりにすべてのポジションを手仕舞い、トレードは1日に1回のみ。なかなかいい具合だ。ボラティリティフィルター（昨日のトゥルーレンジはその前日のトゥルーレンジよりも小さい）を使えばこのシステムはもっと良くなるかもしれない。

S&P500の18.33年分のデータ（4626トレード日）で検証

純損益	116150$	年次平均損益		6335$
幾何平均損益	32$	悲観的リターン		1.23
オプティマルf	0.22	幾何平均		1.0024
勝ち月	53%	%Gain/Mr+DD		23%
		市場時間平均リターン		434%
決済時最大DD	22225$	利益・DD比率0.29	1999年7月27日	
値洗い時最大DD	22225$	利益・DD比率0.29	1999年7月27日	
最良トレード	10625$	最悪トレード		-2875$
平均トレード	65$	純利益・純損失比率		1.2
平均勝ちトレード	847$	平均損失		-451$
買いの純損益	63875$	売りの純損益		52275$
トレード数	1782	年間平均トレード数		97
勝ちトレード数	709	勝率		39.8%
負けトレード数	1073	最大連敗数		12
1トレード当たりの平均日数	0.1	最長フラットタイム		725日
市場時間	5%	シャープレシオ		0.19

	純損益	決済時最大DD	値洗い時最大DD	トレード数	勝率	平均勝ちトレード	最大連敗数	フラット日	市場時間	%Gain/Mr+DD	悲観的リターン
過去6カ月	3250	3000	3000	55	30.9%	1194	7	48	6	148.6	1.08
		04/13/2004	04/13/2004								
過去12カ月	4175	4950	4950	109	37.6%	916	7	66	6	39.0	1.08
		05/30/2003	05/30/2003								
今年	950	3000	3000	35	22.9%	1772	7	28	5	10.9	0.86
		04/13/2004	04/13/2004								
昨年	6950	6825	6825	105	41.9%	823	9	104	6	55.3	1.21
		05/30/2003	05/30/2003								
トータル	116150	22225	22225	1782	39.8%	847	12	725	5	22.6	1.23
		07/27/1999	07/27/1999								

パターン3　リトレーストレード

　ダマシのブレイクアウトにひっかかったらどうなるのだろうか。市場は寄り付きからある方向に動きだす。そして、あなたがトレードを仕掛けると逆方向に動いて損切りに引っかかる。もしこれが頻繁に発生するとしたら、ブレイクアウトを利用することなどできないのではないだろうか。最後のパターンはまさにこのためのものだ。市場が寄り付きから過去10日のATRの1/3だけ上昇したら、寄り付き価格－1ティックの位置に売りの逆指値を入れる。市場が寄り付きから過去10日のATRの1/3だけ下落したら、寄り付き価格＋1ティックの位置に買いの逆指値を入れる。注文を入れる前にやらなければならないことは次の2つだ。

①昨日のトゥルーレンジが過去10日のATRよりも小さいことを確認。
②最初の1時間が過ぎるまで待つ。

　トレード数を減らすのに使うのがボラティリティフィルターだ。レンジの狭い足の次にはレンジの広い足が発生する。市場がその前に発表されたニュースを消化するまで1時間待つ。1日に仕掛けるトレードは1回のみで、午後2時30分（中央時間帯）以降はトレードはしない。買いの仕掛け価格から10日ATRの1/3を引いた位置と、売りの仕

掛け価格に10日ATRの1/3を加えた位置にプロテクティブストップを設定する。

S&P500の18.33年分のデータ（4626トレード日）で検証

純損益	53438$	年次平均損益	2915$
幾何平均損益	32$	悲観的リターン	1.17
オプティマルf	0.15	幾何平均	1.0015
勝ち月	46%	%Gain/Mr+DD	12%
		市場時間平均リターン	167%
決済時最大DD	19450$	利益・DD比率0.15	2003年12月31日
値洗い時最大DD	19450$	利益・DD比率0.15	2003年12月31日
最良トレード	7188$	最悪トレード	-3175$
平均トレード	66$	純利益・純損失比率	1.2
平均勝ちトレード	997$	平均損失	-658$
買いの純損益	9450$	売りの純損益	43988$
トレード数	812	年間平均トレード数	44
勝ちトレード数	355	勝率	43.7%
負けトレード数	457	最大連敗数	7
1トレード当たりの平均日数	0.4	最長フラットタイム	1096日
市場時間	7%	シャープレシオ	0.11

	純損益	決済時最大DD	値洗い時最大DD	トレード数	勝率	平均勝ちトレード	最大連敗数	フラット日	市場時間	%Gain/Mr+DD	悲観的リターン
過去6ヵ月	-1300	5625	5625	28	39.3%	1032	5	55	10	-45.7	0.83
		03/31/2004	03/31/2004								
過去12ヵ月	-7425	14750	14750	63	36.5%	1062	7	208	10	-36.2	0.72
		12/31/2003	12/31/2003								
今年	4025	5625	5625	19	52.6%	1098	5	53	11	35.4	1.62
		03/31/2004	03/31/2004								
昨年	-11300	14750	14750	60	33.3%	1168	7	125	10	-55.1	0.62
		12/31/2003	12/31/2003								
トータル	53438	19450	19450	812	43.7%	997	7	1096	7	11.6	1.17
		12/31/2003	12/31/2003								

　これらの数字は最初の2つほど感動的ではないが、カウンタートレンド手法のさらなるリサーチの基礎にはなるはずだ。ここで紹介した3つのアプローチはそれだけでトレードすべきものではない。これらのアプローチはさらなるリサーチを促すために提示したものだ。これらはポピュラーなトレードシステムの多くに見られるパターンである。次のグラフはこれら3つのアプローチを同時に使ってトレードした結果を示したものだ。幸運を祈るとともに、リサーチもお忘れなく。

3つのアプローチを同時に使ってトレードした資産曲線

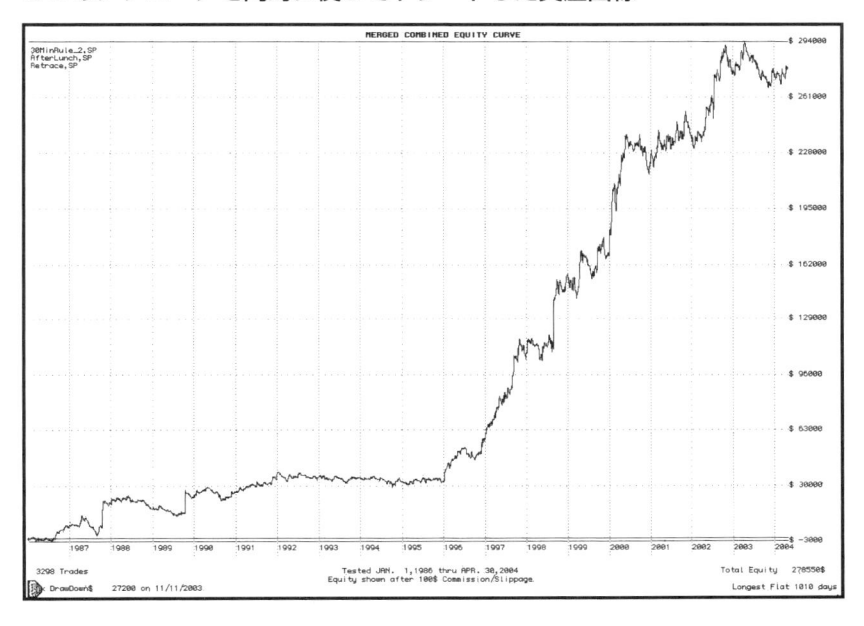

2004年第4号
商品ポートフォリオの効果的な分散化

　フューチャーズ・トゥルースに寄せられる質問で2番目に多い（最もよく聞かれる質問はご存知のはずだ）のは、「リスクにさらすお金を最もよく分散化できるポートフォリオはどんなもの？」だ。これに答えるのは、「正しい」システムを見つけるのと同じくらい難しい。分散化の利点はよく知られている――利益が増え、リスクが減少するようにできるだけ多くの市場をトレードする。これは分散化の理想だ。多くの場合、分散化はこれとは逆に働く。多くの市場に投資することが分散化の適切な方法ではないというのなら、分散化の適切な方法とはどういうものなのだろうか。

　経験から言えば、逆相関の市場をできるだけ多く選び、試行錯誤によって市場を追加したり削除したりするのがよい。ドローダウンの数字が適切な範囲内であるかぎり、市場を追加したり削除したりする。例えば、トレード資金5万ドルからスタートしたとすると、最大ドローダウンが2万5000ドル以下であればできるだけ多くの市場をトレードする。一例としてピーター・ウエートのアンドロメダ・システムで考えてみよう。この場合、2万5000ドルのリスクパラメーターに基づいてポートフォリオを構築する必要がある。経験によれば、Tボンド、ユーロ通貨、原油のポートフォリオから始めるのが良いだろう。Tボンドと通貨は非常に高い相関性を持つ。しかし、これら2つの市場は投資には最適で、ポートフォリオの基礎となることが多い。そこで、これら2つの市場をアンドロメダで検証してみることにしよう。**表1**は結果を示したものだ。

	総損益	年次平均損益	最大DD	過去12カ月の損益	過去12カ月のDD	年間トレード数	勝率	市場時間	勝ち／負け	%Gain/Mr+DD
Tボンド	45760	2615	21680	6400	5080	5	49.4	54	1.6	10.7
ユーロ通貨(独マルク)	95563	5487	13138	-488	2750	3	52.1	23	3.3	35.1
	純損益	最大DD	日付	トレード数	市場時間	必要平均証拠金	%Gain/Mr+DD			
過去6カ月	-4515	4385	20030320	3	25	675				
過去12カ月	4908	7295	20030214	6	38	1013				
年平均	8075	9224	Avg. Hi 17	8	63	2001				
トータル	141318	18435	20020423	137	63	2001	34.2			

表1(検証期間──1986年~2004年6月)

これまでのところは上々だ。最大ドローダウンは想定の範囲内に収まった。

次は原油市場を追加して、最大ドローダウン以上に利益を増やせるかどうかを調べてみよう。表2は原油を追加したポートフォリオの結果を示したものだ。

	総損益	年次平均損益	最大DD	過去12カ月の損益	過去12カ月のDD	年間トレード数	勝率	市場時間	勝ち／負け	%Gain/Mr+DD
Tボンド	45760	2615	21680	6400	5080	5	49.4	54	1.6	10.7
ユーロ通貨(独マルク)	95563	5487	13138	-488	2750	3	52.1	23	3.3	35.1
原油	52920	3024	11000	-1810	11000	7	55.2	64	1.8	21.0
	純損益	最大DD	日付	トレード数	市場時間	必要平均証拠金	%Gain/Mr+DD			
過去6カ月	-5450	15380	20030619	8	67	2907				
過去12カ月	3093	15380	20030619	15	79	3466				
年平均	11099	9823	Avg. Hi 17	15	87	4189				
トータル	194233	23615	20020412	262	87	4189	34.5			

表2(検証期間──1986年~2004年6月)

利益は5万2920ドル増え、最大ドローダウンも5200ドル増えた。証拠金とドローダウンに対する年次リターン(%Gain/Mr+DD)は34.2%から34.5%に上昇した。原油はポートフォリオに追加して正解だったように思える。最大ドローダウンも基準である2万5000ドルを下回

っているので、逆相関の市場をもう1つ加えてみることにしよう。追加する市場は綿花だ。綿花価格はTボンドとも、ユーロ通貨とも原油とも相関がない(少なくともここ数年にわたっては相関がない)。**表3**はTボンド、ユーロ通貨、原油、綿花のポートフォリオの結果を示したものだ。

	総損益	年次平均損益	最大DD	過去12カ月の損益	過去12カ月のDD	年間トレード数	勝率	市場時間	勝ち:負け	%Gain/Mr+DD
Tボンド	45760	2615	21680	6400	5080	5	49.4	54	1.6	10.7
ユーロ通貨(独マルク)	95563	5487	13138	-488	2750	3	52.1	23	3.3	35.1
原油	52920	3024	11000	-1810	11000	7	55.2	64	1.8	21.0
綿花	58115	3321	16555	-12115	12115	7	50.9	60	1.8	18.9
	純損益	最大DD	日付	トレード数	市場時間	必要平均証拠金				%Gain/Mr+DD
過去6カ月	-12900	19630	20030619	12	100	3770				-96.6
過去12カ月	-9023	21582	20030619	22	98	4149				-31.5
年平均	14420	11130	Avg. Hi 17	21	96	4796				69.6

表3 (検証期間 ── 1986年～2004年6月)

分散化の成果がようやく現れたようだ。利益は5万8115ドル増え、最大ドローダウンは2000ドル以上も減少した。年次平均リターンは34.5%から69.6%に増えた。リスクパラメーターはこのままで、どれくらい市場を増やせるか試してみることにしよう。次に加えるのは銅だ。銅はポートフォリオのほかの市場とは相関がないはずだ。銅はシステマティックなアプローチでトレードできる唯一の金属だろう。**表4**は5つの市場からなるポートフォリオのパフォーマンスを示したものだ。

	総損益	年次平均損益	最大DD	過去12カ月の損益	過去12カ月のDD	年間トレード数	勝率	市場時間	勝ち：負け	%Gain/Mr+DD
Tボンド	45760	2615	21680	6400	5080	5	49.4	54	1.6	10.7
ユーロ通貨(独マルク)	95563	5487	13138	-488	2750	3	52.1	23	3.3	35.1
原油	52920	3024	11000	-1810	11000	7	55.2	64	1.8	21.0
綿花	58115	3321	16555	-12115	12115	7	50.9	60	1.8	18.9
銅	150	9	21738	-3550	4900	7	39.2	63	1.0	0.0

	純損益	最大DD	日付	トレード数	市場時間	必要平均証拠金	%Gain/Mr+DD
過去6カ月	-15788	21380	20030626	17	100	5459	-103.1
過去12カ月	-12573	25770	20030626	31	98	5734	-35.9
年平均	14428	12516	Avg. Hi 17	29	97	6185	59.5
トータル	252498	25770	20030626	501	97	6185	38.5

表4（検証期間──1986年～2004年6月）

　どうも銅は追加すべき最良の市場ではなかったようだ。年次リターンは46.3％から38.5％に減少した。しかもリスクパラメーターを超過している。良い面を言えば、コストをかけずに逆相関の市場を追加できたことくらいである。銅の代わりにほかの市場を追加し、もっと良いポートフォリオにできるかどうかを調べてみよう。しかし、これは簡単にはいかないかもしれない。十分な流動性があるトレンド市場はわずかしかないからだ。私たちが検証しているのはトレンドフォローシステムなので、トレンド市場を探す必要がある。そこで見つけたのが大豆だ。大豆はほかのポピュラーな市場とは高い逆相関の関係にある。しかし、大豆はトレンド市場ではない。ときには負ける市場をポートフォリオに加えると全体ではうまくいく場合もある。負ける市場は利益を減らすが、最大ドローダウンが減る場合もあるのだ。それでは銅の代わりに大豆を加えて結果を見てみることにしよう。**表5**がその結果である。

	総損益	年次平均損益	最大DD	過去12カ月の損益	過去12カ月のDD	年間トレード数	勝率	市場時間	勝ち：負け	%Gain/Mr+DD
Tボンド	45760	2615	21680	6400	5080	5	49.4	54	1.6	10.7
ユーロ通貨(独マルク)	95563	5487	13138	-488	2750	3	52.1	23	3.3	35.1
原油	52920	3024	11000	-1810	11000	7	55.2	64	1.8	21.0
綿花	58115	3321	16555	-12115	12115	7	50.9	60	1.8	18.9
大豆	-15160	-866	29350	1220	4550	7	32.8	58	0.8	-2.8

	純損益	最大DD	日付	トレード数	市場時間	必要平均証拠金	%Gain/Mr+DD
過去6カ月	-12950	17745	20030619	15	100	4521	-99.0
過去12カ月	-7803	23382	20030619	28	98	4915	-24.5
年平均	13554	11724	Avg. Hi 17	29	98	5593	59.8

表5（検証期間 ── 1986年〜2004年6月）

何とかうまくいったというところだろうか。銅の代わりに大豆を加えたのは成功であったと同時に逆効果でもあった。では、大豆はそのままにして、別の市場を加えてみることにしよう。次に加えるのは砂糖だ。砂糖もポートフォリオのほかの市場とは相関がない。表6は結果を示したものだ。

	総損益	年次平均損益	最大DD	過去12カ月の損益	過去12カ月のDD	年間トレード数	勝率	市場時間	勝ち：負け	%Gain/Mr+DD
Tボンド	45760	2615	21680	6400	5080	5	49.4	54	1.6	10.7
ユーロ通貨(独マルク)	95563	5487	13138	-488	2750	3	52.1	23	3.3	35.1
原油	52920	3024	11000	-1810	11000	7	55.2	64	1.8	21.0
綿花	58115	3321	16555	-12115	12115	7	50.9	60	1.8	18.9
大豆	-15160	-866	29350	1220	4550	7	32.8	58	0.8	-2.8
砂糖	-11334	-648	19219	1389	1803	7	42.0	65	0.8	-3.3

	純損益	最大DD	日付	トレード数	市場時間	必要平均証拠金	%Gain/Mr+DD
過去6カ月	-12768	18365	20030619	19	100	4990	-92.9
過去12カ月	-6427	23063	20030619	34	100	5443	-20.0
年平均	12891	12233	Avg. Hi 17	36	99	6056	54.0
トータル	225586	23063	20030619	623	99	6056	37.2

表6（検証期間 ── 1986年〜2004年6月）

再び負け市場を追加すると、全体的なドローダウンは減少した。し

かし残念ながら、利益も大幅に減少した。こんなときは判断が必要になる。少しばかりパフォーマンスの良い小さなポートフォリオにすべきか、それとも市場をもっと増やした大きなポートフォリオにすべきか。私たちの考えによると、大きなポートフォリオのほうが良い。したがって、最後のポートフォリオが最も良いということになる。価格が適切であれば再び銅を加えてみることにしよう。ご存知のように、仮説的なパフォーマンス履歴は将来的なパフォーマンスを占うものにはならない場合もある。昨日は良いポートフォリオだったものが、明日も良いポートフォリオであるとは限らないのである。しかし、トレードサンプルが大きく、堅牢なシステムを使っているのであれば、歴史はある程度繰り返す確率が高い。物事は確率でしか言えないのである。

　これを読んだあなたは、どういうふうに市場を選び、分析をどう行えばよいのか、と思っていることだろう。商品や先物の経験がなく、トレードシステムにも不慣れな場合、この種のリサーチは難しい。市場やトレードシステムに詳しくても、検証プラットフォームは個々の資産曲線を統合して統合分析を行う手立ては提供してはくれない。だからこそ私たちがいるのだ。私たちはこの種の分析はお手の物だ。第三者を雇いたくなければ、自分で分析してもよい。分析に必要なのはあなたのシステムの各市場ごとの日々の資産曲線だけである。これはトレードステーションを使えば簡単だ。データがそろったら、好みのスプレッドシートにデータを入れて結果を得る。日々の資産曲線をまとめたら、最悪のケースのドローダウンと利益を求めることができる。この分析のやり方を説明するに当たっては、ちょっと順序が前後する。分析を行う前に、ポートフォリオに加える市場のリストを作る必要がある。私たちは経験からどういった市場を加えればよいのか分かっている。もしこういった経験がないのであれば、できるだけ多くの市場を試してみることをお勧めする。データがすべてそろったら、シャー

プレシオが最良の市場を選んで分析を始める。良さそうな市場だがあまりよく知らない市場が含まれているときは、その市場の出来高と未決済建玉を調べてみるとよい。コメ市場は検証はうまくいくが、必ずしもトレードに向くとは限らない。この市場はときとして流動性がなくなることがあるからだ。こんなときはフューチャーズ・トゥルースにいつでも問い合わせてもらいたい。幸運を祈る。

2004年第5号
S&P500のデイトレードにおけるスケーリングテクニック

　メカニカルなS&Pデイトレードシステムでトレードしているとしよう。1枚だけポジションを建ててシステムに従うよりも、2～3枚のポジションを建て、部分的に利食いしたあと残りは利を乗せていったほうがよいのではないかと思ったことはないだろうか。そのほうが論理的ではないだろうか。ポジションを建てたあと市場がすぐに反転して損切りに引っかかることが時折ある。そのときにX枚のポジションを持っていたら、1枚のときのX倍の打撃を受けることになる。だが、こんなことはどれくらいの頻度で起こるのだろうか。日中スイングの高値で買って安値で売り、損切りになることはどれくらいの頻度で起こるのだろうか。答えはまだ伏せておこう。最終的には損切りになろうと、1つのトレードの期間で潜在的利益を提供してくれるシステムは確かに存在する。私たちが証明しようとしているのは、全ポジションをダメにするよりも、部分的に手仕舞って利食いしたほうがよいのではないかということである。ここで使うシステムは、検証プラットフォームとして2003年の『アクティブトレーダー』誌用に開発したものだ。ここでは2つの利食いシナリオを検証して、利益を増やし、全体的なドローダウンを減少させることができるかどうかを調べる。物事を簡単にするために、ここでは2枚のポジションを建て、1枚は一定の利益が出たら利食いし、残りの1枚はシステムにしたがって手仕舞うことにする。仕掛けと手仕舞いはごく平均的なシステムに従うものとする。

シナリオ1 ── 一定の水準で利食いする。一定の水準は250ドル、

500ドル、750ドル、1000ドルとする。利益・ドローダウン比率が本当に上昇したのかどうか調べるためにはベンチマークが必要になるが、そのベンチマークとして『アクティブトレーダー』誌の2003年8月号に掲載されたシステムを使う。検証期間は1990年1月から2004年8月までである。

コアシステムのパフォーマンス

純損益	168763$	年次平均損益	11507$
幾何平均損益	80$	悲観的リターン	1.37
オプティマルf	0.15	幾何平均	1.0069
勝ち月	53%	%Gain/Mr+DD	44%
		市場時間平均リターン	298%
決済時最大DD	20700$	利益・DD比率0.56　1999年10月8日	
値洗い時最大DD	20700$	利益・DD比率0.56　1999年10月8日	
最良トレード	10975$	最悪トレード	-1725$
平均トレード	168$	純利益・純損失比率	1.4
平均勝ちトレード	1365$	平均損失	-797$
買いの純損益	78413$	売りの純損益	90350$
トレード数	1006	年間平均トレード数	69
勝ちトレード数	449	勝率	44.6%
負けトレード数	557	最大連敗数	12
1トレード当たりの平均日数	0.5	最長フラットタイム	1079日
市場時間	15%	シャープレシオ	0.27

250ドルの利益で利食い

純損益	167325$	年次平均損益	11409$
幾何平均損益	45$	悲観的リターン	1.32
オプティマルf	0.22	幾何平均	1.0029
勝ち月	55%	%Gain/Mr+DD	34%
		市場時間平均リターン	246%
決済時最大DD	25775$	利益・DD比率0.44　1999年10月8日	
値洗い時最大DD	25775$	利益・DD比率0.44　1999年10月8日	
平均枚数	1.29	最大枚数	2
最良トレード	10975$	最悪トレード	-3450$
平均トレード	83$	純利益・純損失比率	1.3
平均勝ちトレード	639$	平均損失	-758$
買いの純損益	79263$	売りの純損益	88063$
トレード数	2012	年間平均トレード数	137
勝ちトレード数	1223	勝率	60.8%
負けトレード数	789	最大連敗数	10
1トレード当たりの平均日数	0.3	最長フラットタイム	1065日
市場時間	15%	シャープレシオ	0.23

500ドルの利益で利食い

純損益	205413$	年次平均損益	14005$
幾何平均損益	63$	悲観的リターン	1.36
オプティマル f	0.24	幾何平均	1.0044
勝ち月	55%	%Gain/Mr+DD	44%
		市場時間平均リターン	330%
決済時最大DD	23150$	利益・DD比率0.60	2004年7月14日
値洗い時最大DD	23150$	利益・DD比率0.60	2004年7月14日
平均枚数	1.48	最大枚数	2
最良トレード	10975$	最悪トレード	-3450$
平均トレード	102$	純利益・純損失比率	1.4
平均勝ちトレード	798$	平均損失	-742$
買いの純損益	98675$	売りの純損益	106738$
トレード数	2012	年間平均トレード数	137
勝ちトレード数	1120	勝率	55.7%
負けトレード数	892	最大連敗数	16
1トレード当たりの平均日数	0.3	最長フラットタイム	1153日
市場時間	15%	シャープレシオ	0.26

750ドルの利益で利食い

純損益	215350$	年次平均損益	14683$
幾何平均損益	71$	悲観的リターン	1.35
オプティマル f	0.23	幾何平均	1.0047
勝ち月	55%	%Gain/Mr+DD	46%
		市場時間平均リターン	357%
決済時最大DD	22425$	利益・DD比率0.65	1995年3月29日
値洗い時最大DD	22425$	利益・DD比率0.65	1995年3月29日
平均枚数	1.61	最大枚数	2
最良トレード	10975$	最悪トレード	-3450$
平均トレード	107$	純利益・純損失比率	1.4
平均勝ちトレード	923$	平均損失	-743$
買いの純損益	95325$	売りの純損益	120025$
トレード数	2012	年間平均トレード数	137
勝ちトレード数	1048	勝率	52.1%
負けトレード数	964	最大連敗数	16
1トレード当たりの平均日数	0.3	最長フラットタイム	1162日
市場時間	15%	シャープレシオ	0.26

1000ドルの利益で利食い

純損益	217038$	年次平均損益	14798$
幾何平均損益	77$	悲観的リターン	1.34
オプティマルf	0.21	幾何平均	1.0047
勝ち月	55%	%Gain/Mr+DD	40%
		市場時間平均リターン	305%
決済時最大DD	27250$	利益・DD比率0.54　1999年10月8日	
値洗い時最大DD	27250$	利益・DD比率0.54　1999年10月8日	
平均枚数	1.69	最大枚数	2
最良トレード	10975$	最悪トレード	-3450$
平均トレード	108$	純利益・純損失比率	1.3
平均勝ちトレード	1021$	平均損失	-748$
買いの純損益	90363$	売りの純損益	126675$
トレード数	2012	年間平均トレード数	137
勝ちトレード数	998	勝率	49.6%
負けトレード数	1014	最大連敗数	16
1トレード当たりの平均日数	0.3	最長フラットタイム	153日
市場時間	15%	シャープレシオ	0.25

　結果を見ると分かるように、トレード数は2倍に増え、利益目標によって利益・ドローダウン比率は上昇または下落している。利益・ドローダウン比率が上昇したのは利益目標が500ドルと750ドルのときで、比率がほぼ同じだったのは利益目標が1000ドルのときである。この検証は成功したと言えるのではないだろうか。利益目標が500ドルと750ドルのとき、利益・ドローダウン比率を上昇させるという目的を達成できた。1000ドルのときは比率は上昇しなかったものの、コアシステムとほぼ同じで、全体的な利益は上昇した。

　シナリオ2――ATRの関数としての水準で利食いする。S&Pの500ドルは、パーセンテージとは違って、今日と10年前とでは異なることはご承知のとおりだ。それを念頭に置いて、ATRの異なる水準（0.10、0.15、0.20……1.0）での利食いを検証してみることにしよう。つまり、利益が10日ATRの10%（15%、20%、25%……）になったら、1枚手仕舞うということである。

ATRの%	総利益	最大DD	利益・DD比率
10	188113	23000	8.178826087
15	198825	27200	7.309742647
20	212225	28150	7.539076377
25	234200	28200	8.304964539
30	250025	31800	7.862421384
35	262700	30825	8.522303325
40	271288	37925	7.153276203
45	284050	36175	7.852107809
50	304475	38075	7.996717006
55	312238	38700	8.068165375
60	318575	38450	8.285435631
65	321513	38950	8.254505777
70	315025	38150	8.257536042
75	327225	36675	8.922290389
80	328338	37075	8.85604855
85	338675	36550	9.266073871
90	322925	36025	8.963913949
95	320100	40300	7.94292804
100	326450	40300	8.100496278

　ベンチマークの利益・ドローダウン比率は8.5である。利益目標として10日ATRの85％を使ったとき、この比率は9.3に上昇した。しかし残念ながら、利益の上昇と引き換えにドローダウンが100％近くも上昇した。パーセンテージベースの変数を使っているのだから、もっと良い結果が出てもよいのではないかと思うはずだ。このアプローチの問題はヒストリカルボラティリティにある。1990年にはATRの10％はおよそ100ドルに相当したが、1999年にはおよそ500ドルになった。先の検証では、早く利食いしすぎた。パーセンテージを高くするとボラティリティが高くなり、すぐに利食いできなくなってしまうのである。

　スケールアウト（部分利食い）のメリットについては検証では確認できたともできなかったとも言えない。私たち（特にジョージ）は部分利食いにはメリットがあり、リターンを向上させる素晴らしい方法

だと思っている。難しいのは、どこで手仕舞うかである。検証では750ドルが最適水準のように思えるが、これは固定値であり、固定値は好ましくないことはよく分かっているはずだ。パーセンテージをもっと細かく設定すれば、750ドルの固定水準で得たのと同じような結果を得られるのではないかと思っている。ただしこれではカーブフィッティングになってしまう。とはいえ、ドローダウンを倍増させることなくリターンが倍増し、2倍のドローダウンに耐えられるのであれば、これはやってみる価値はあると思う。一定の利益水準で部分利食いすることに興味があるのであれば、チャートで定義した部分利食いポイントを研究してみることをお勧めする。ここでは表面に触れたにすぎない。部分利食いのメリットについてさらにリサーチを進めてみたところ、システムによって有効な場合と有効ではない場合があった。頻繁にトレードするシステムはメリットは少なく、トレード数の少ないシステムはメリットがあった。既存のシステムに手を加える前に、さらに深く調べてみるとよいだろう。トレードステーションのコードが必要なら、ftp://www.futurestruth.com/pub/ からダウンロードすることができる。

2004年第6号
ジョージが選んだトップ10のトレードシステム

　今回のこのコーナーでは、私が選んだトップ10のトレードシステムを紹介する。これらのシステムはこの数年の激動を乗り越えてきたものばかりだ。時の試練に耐えたシステムと言えるだろう。これらのシステムのなかには1990年代初期にさかのぼるものもある。どの戦でも勝ったわけではなく、その傷跡を見ることができる。しかし、これらのシステムは転んでもまた復活した。アルファベット順に紹介しよう。

- アベレイション（キース・フィッチェン作成）
- アンドロメダ（ピーター・ウェイト作成）
- ブリックス（アルファランダCTA作成）
- DCS2（PWAフューチャーズ・トゥルース作成）
- ダラトレーダー・フォア・カランシー
- ゴールデンSX（ランディー・スタッキー作成）
- チェックメイト（ディーン・ホフマン作成）
- Rブレーカー（リチャード・サイデンバーグ作成）
- STC S&Pデイトレード（スタッフォード・トレーディング作成）
- トレンドチャネル（サイエンティフィック・トレーディング・ソリューションズ作成）

　これらのシステムは1986年からの検証期間でいろいろな市場で構成されたポートフォリオで検証した。ただし、ダラトレーダーは3つの通貨のみで検証し、デイトレードシステムはS&P500のみで検証した。

アベレイション

図1を参照。2003年3月に始まったドローダウンからは完全には復活できなかったが、今年はほぼ復活してうまくいっている。2004年に発生したトレンドの大部分（エネルギー、金融、通貨）はとらえている。

アンドロメダ

図2を参照。2003年に始まったドローダウンからは完全に復活し、今年の初めに資産の新たな高値を更新している。年半ばに資産曲線が落ち込んでいるが、9月と10月は復活している。

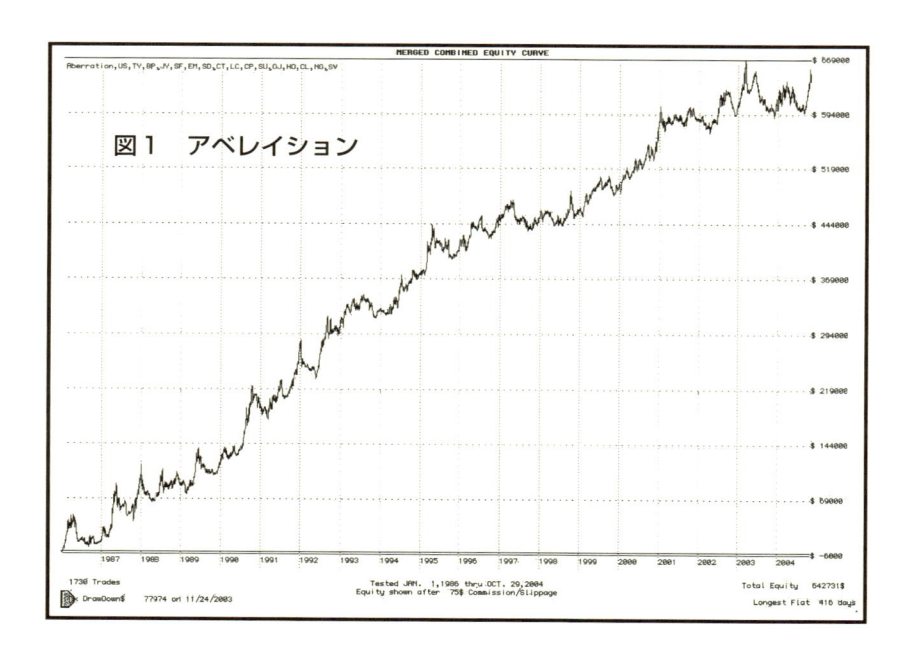

図1　アベレイション

図2　アンドロメダ

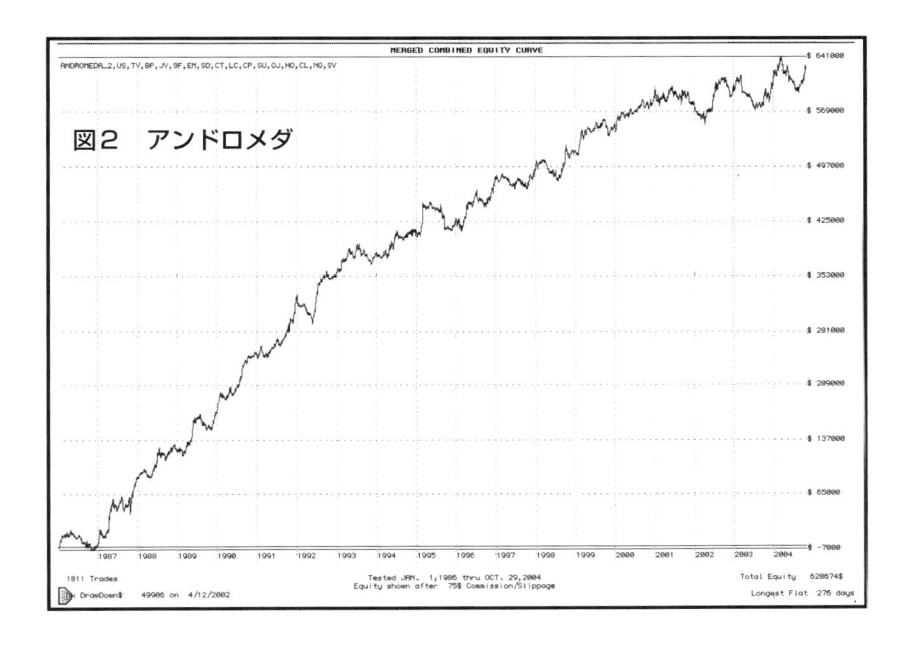

ブリックス

　図3を参照。2003年のドローダウンからは復活しているが、過去2年利益を出していない。次の6カ月が正念場だ。資産曲線はおよそ3年半にわたってレンジで推移してきたが、ここにきてどうやらレンジからは脱却しそうだ。ブレイクアウトのビッグチャンスかもしれない。一方、これはトレンドに追随できない兆候でもある。

DCS2

　図4を参照。DCS2はトップ10のなかで最も古いシステムで、リストから外れかけたこともたびたびあった。1990年代半ばはこのシステムにとって厳しい時代だった。今のブリックスと同じく資産曲線はレンジで推移したが、その都度資産は新たな高値を更新している。

図3 ブリックス

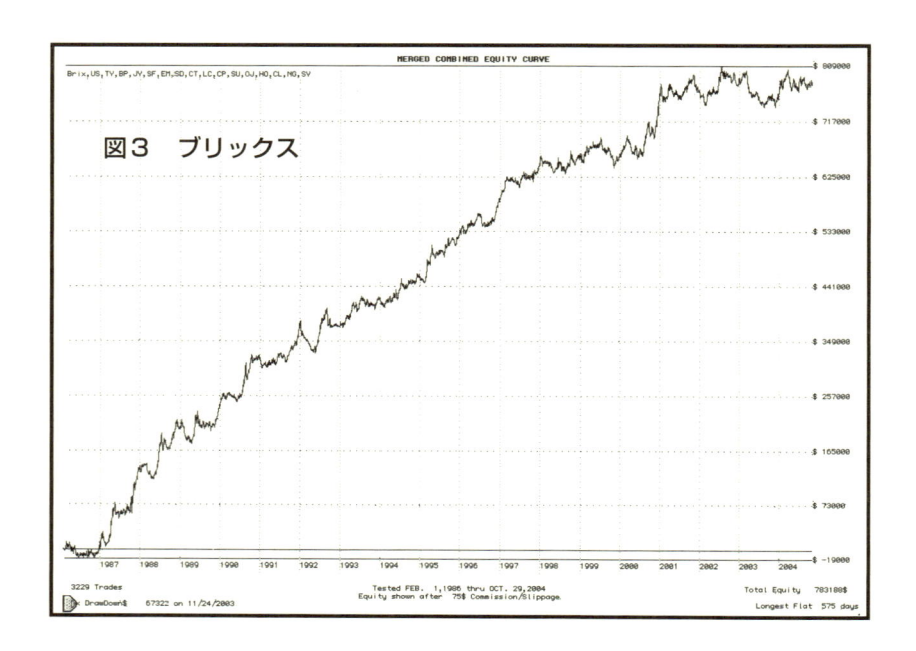

ダラートレーダー・フォア・カランシー

　図5を参照。過去12カ月は非常に良い。出血はようやく止まったようだ。最近、このシステムの有効性に関する質問が多いが、私は次のように言うようにしている——「これだけの実績があるシステムだ。疑う余地はない」。すると彼らは、ドローダウンが始まったときにトレードを開始して、3万ドル損をした、と言う。「ご愁傷様」と言うしかない。私はこのシステムはこれからも長期にわたって機能し続けると信じている。

ゴールデンSX

　図6を参照。ゴールデンSXはほかの長期システムと同じような弱点と強みを見せた。最悪のドローダウンからは回復しつつある。

図4　DCS2

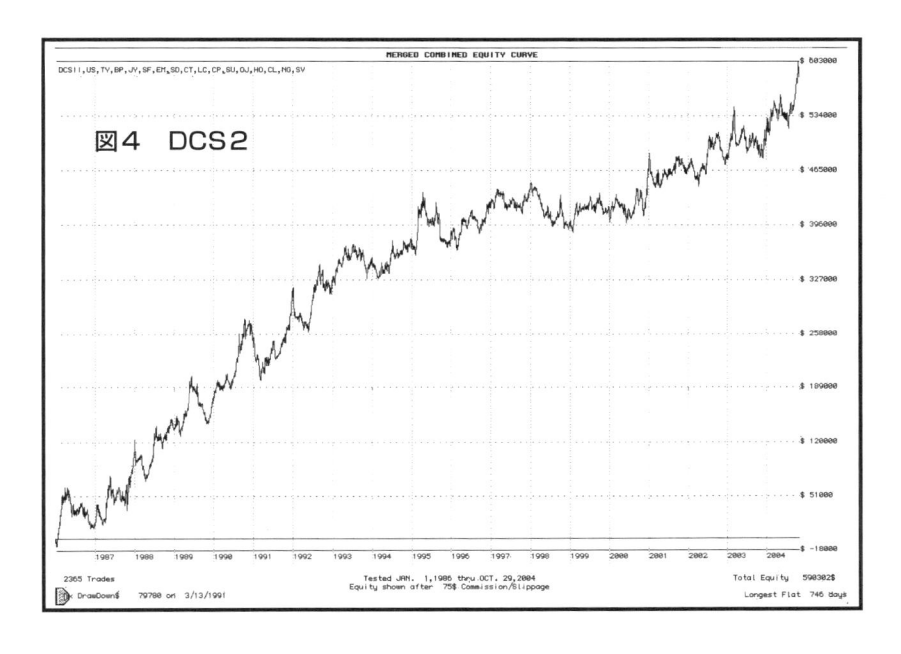

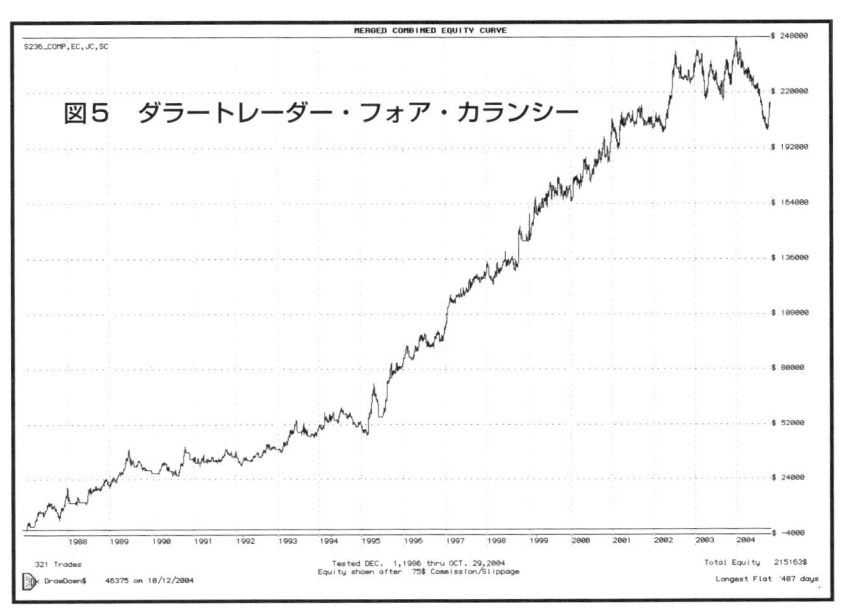

図5　ダラートレーダー・フォア・カランシー

図6 ゴールデンSX

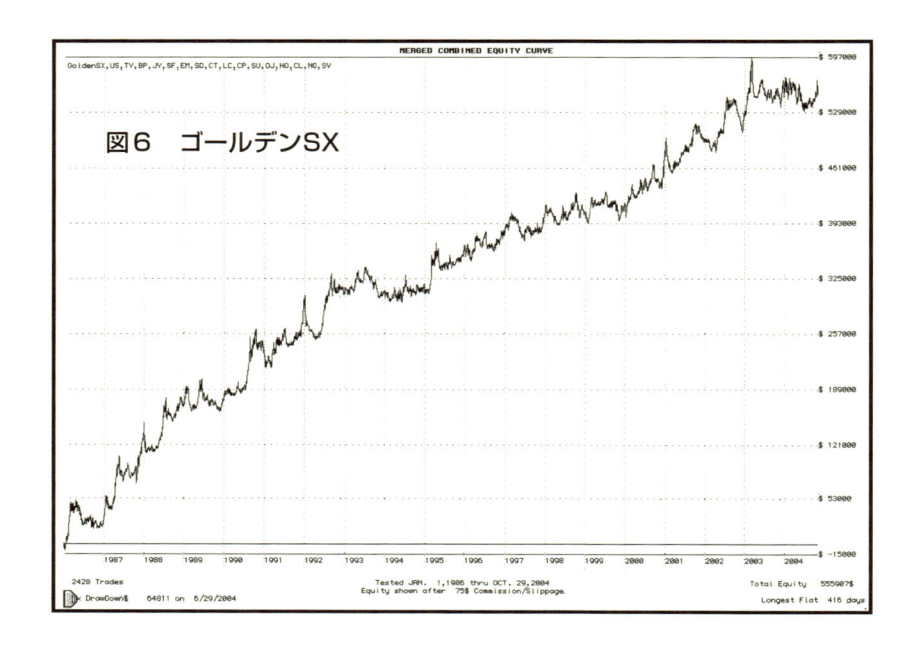

チェックメイト

　図7を参照。チェックメイトはリストのなかで唯一のブラックボックスシステムだ。これは資産曲線を見ると分かると思う。パフォーマンスがフラットな時期が何箇所かあるが、ほかの長期システムが見せたようなドローダウンは見せていない。トレードを厳選し、可能性がなければすぐに見切りをつけるという点で、このシステムはほかの長期システムとは異なる。

図7　チェックメイト

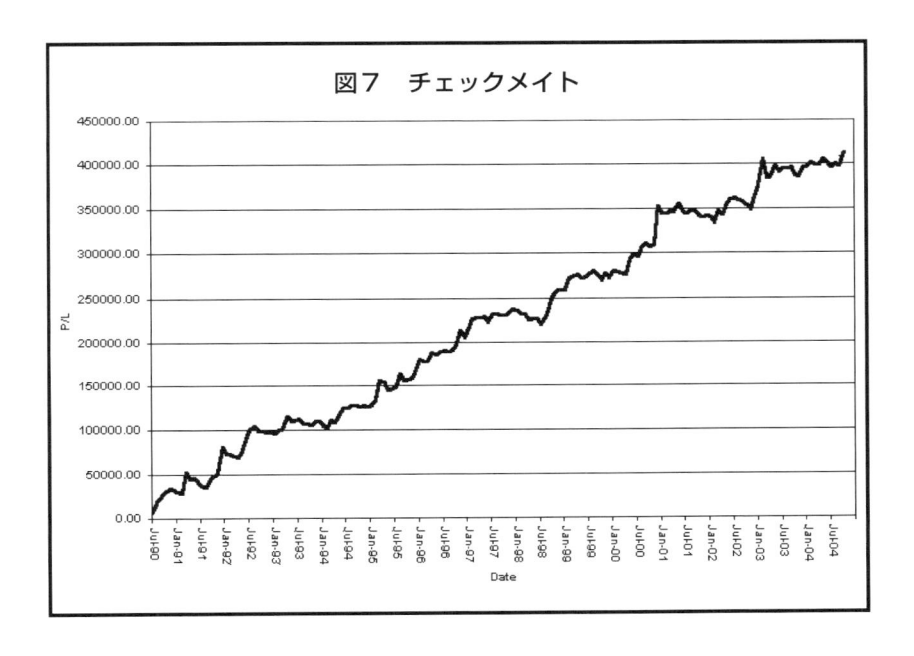

Rブレーカー

　図8を参照。Rブレーカーは非常に働き者だ。今年を除き、毎年利益を出している。最近になってS&P500はこの10年で最も低いボラティリティを記録した。私たちは今1998年のボラティリティ水準にある。これはヘリックスやIマスターのようなボラティリティに依存するトレードシステムにとってはマイナスの影響を及ぼす。Rブレーカーは基本的に健全なシステムなので、落ち込んでもそこからきっと抜け出せるはずだ。

図8　Rブレーカー

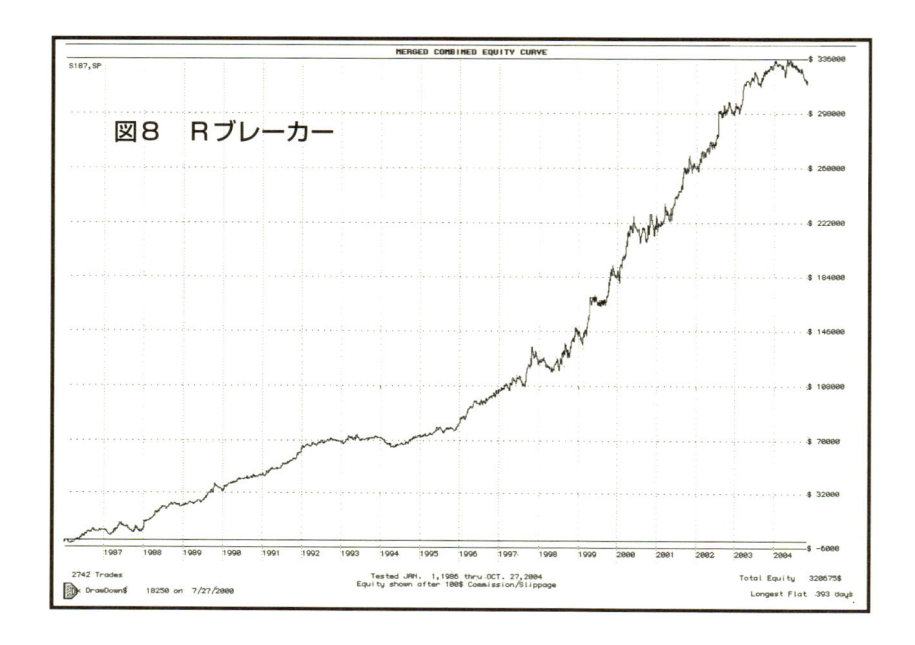

STC

図9を参照。STCの資産曲線はRブレーカーほどスムーズではないが、最近の低いボラティリティ期間では非常にうまくいっている。RブレーカーとSTCはよく似ているが、市場ではまったく異なった振る舞いをする。

トレンドチャネル

図10を参照。トレンドチャネルの資産曲線はアベレイションに非常によく似ている。2003年3月に資産がピークを記録し、2003年の4月から5月にかけて落ち込み、ここ数カ月は回復している。2004年には多くの人がこのタイプのシステムを放棄した。トレンドチャネルは単純なアプローチながら、非常にエネルギッシュなシステムだ。

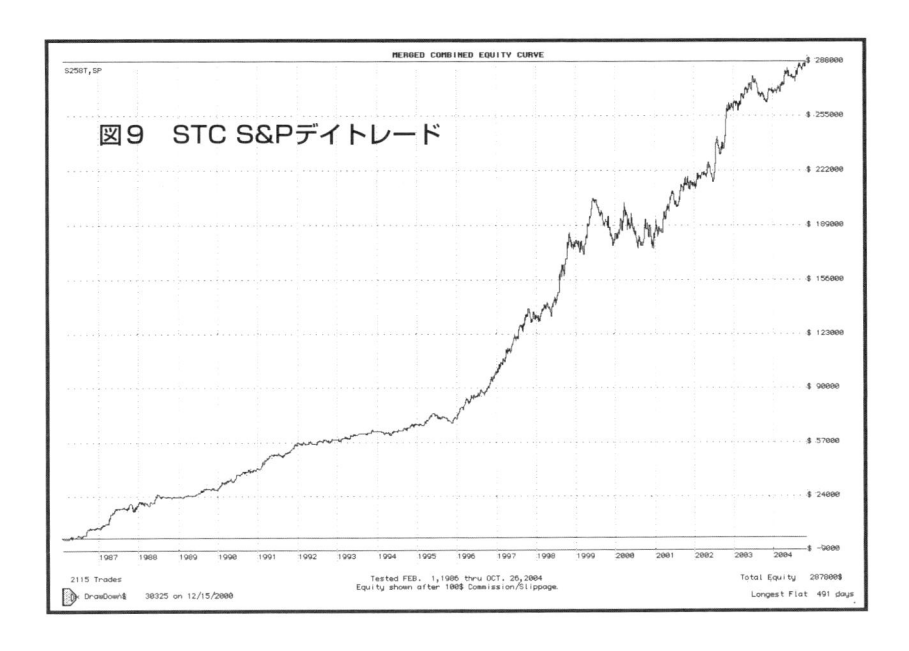

図9　STC S&Pデイトレード

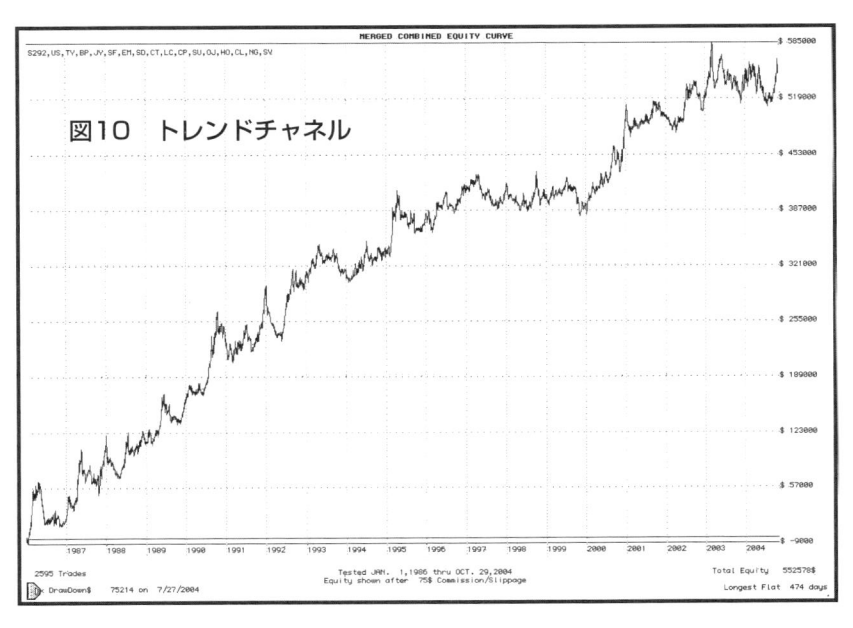

図10　トレンドチャネル

これらのシステムは困難な時期を見事克服したシステムだ。過去２年はシステムトレードとマネージドフューチャーズ（商品ファンド）にとっては試練の時期だった。裏で笑っているシステムトレード反対派の含み笑いが聞こえてきそうだ。しかし、これは一時的な落ち込みにすぎない。市場で常に変わらないものが１つある。それはトレンドだ。これらのシステムはやがては市場と足並みをそろえ、必ず発生するトレンドをとらえることができるはずである。

2005年第1号
長期トレンドフォローシステムの強みと弱み

　時というものは巡ってくるものだ。昔から何回も聞かれてきた質問に答える時期が来たようだ。トレンドフォロワーはもう機能しないのだろうか。これにはきっぱりとノーと答えたい。なぜこんなに早く答えられるのかというと、過去10年何回も質問されて答えてきたからだ。これは永遠に続く質問だが、トレンドフォロワーが健在であることはそれ自身が証明している。今、トレンドのない時期が続いているが、この状態はしばらくは続くだろう。この市場状態はトレンドフォロワーにとってアキレス腱であることは確かだ。こういった時期にお金儲けできるのはトレンドフォロワーのブローカーだけである。あなたがトレンドフォロワーなら、なぜこんなことになるのかと自問したくなるはずだ。堅牢で生産的なトレンドフォローシステムがうまくいかないのはなぜなのか。とても複雑な質問のように聞こえるが、実はそうではない。これは一言で答えることができる。原因はちゃぶつきだ。ちゃぶつきとは、市場がトレンドが始まるかのように動いているが、突然反転して損切りになったり、さらに悪いことにドテンしなければならないハメに陥ることを言う。これが年に２～３回ほど発生するのなら問題はないが、そうではない。この狂気に終止符を打つ時期を決めるのは市場だけである。このいらだちを解消してくれる事実が１つある。それは、トレンドは過去に発生したので、将来的にも必ず発生する、ということである。問題は給料日まで持つかどうかである。

トレンドフォロワーの強み

- ほとんどの市場で機能する。
- 執行コストが最小限に抑えられる。
- 大きなトレンドのほとんどをとらえることができる。
- トレードが簡単。

まずはトレンドフォロワーの強みを見ていくことにしよう。その次に弱みを見ていく。私の経験から言えば、トレンドフォロワーはほとんどの市場で機能する。**表1**は1983年1月から2004年12月まで80/40のドンチャン・ブレイクアウトで20の市場を検証した結果を示したものだ。このシステムは80日の高値または安値のブレイクアウトで仕掛ける。買いポジションは過去40日の最安値で手仕舞い、売りポジションは過去40日の最高値で手仕舞う。

表1

	総損益	年次平均損益	最大DD	過去12カ月の損益	過去12カ月のDD	年間トレード数	勝率	市場時間	勝ち：負け	%Gain/Mr+DD	
Tボンド	24070	1094	37020	2990	10490	7	41.6	88	1.1	2.8	US
Tノート	23250	1057	25370	3010	5570	7	43.7	89	1.2	3.9	TY
ユーロドル	19525	888	6875	-75	1050	6	46.9	86	1.4	11.1	ED
英ポンド	63469	2885	43175	1725	16050	7	40.4	89	1.3	6.5	BP
ユーロ通貨(独マルク)	149213	6808	32775	17513	12538	6	51.4	90	1.6	19.3	EM
日本円	116888	5313	38700	-13125	23350	7	46.9	90	1.7	13.1	JY
スイスフラン	81713	3714	23163	2313	10825	7	46.7	92	1.5	14.9	SF
綿花	64540	2934	20805	1445	14105	8	43.8	89	1.5	13.5	CT
砂糖	4603	209	14851	-2509	3886	7	40.4	88	1.1	1.3	SU
天然ガス	102800	7009	38160	13540	32410	9	48.5	93	1.5	15.8	NG
原油	53590	2512	17400	9760	14050	9	50.8	92	1.4	12.1	CL
灯油	3389	154	46045	16241	21853	9	40.4	91	1.0	0.3	HO
大豆	8730	397	45950	11780	8905	9	40.2	90	1.1	0.8	SD
生牛	5596	254	21796	-1724	5832	10	39.2	94	1.1	1.1	LC
銅	12575	572	21138	9488	8263	8	45.6	90	1.1	2.5	CP
小麦	-18825	-856	24113	1763	4200	9	38.6	91	0.8	-3.4	WD
トウモロコシ	20700	941	10663	7038	3288	8	44.3	92	1.4	8.4	CN
パラジウム	89500	4068	26380	3920	13520	8	43.3	91	1.9	14.6	PA
木材	52910	2405	17941	5500	9295	9	41.3	92	1.3	12.3	LB
コメ	20320	1232	12304	-1690	4384	9	49.3	94	1.3	8.6	RR

	純損益	最大DD	日付	トレード数	市場時間	必要平均証拠金	年次損益×10÷最大DD	%Gain/Mr+DD	%Gain/20%DD
過去6カ月	39932	64844	20041217	87	100	33190		78.8	
過去12カ月	65529	64844	20041217	162	100	34008		64.7	
年平均	40772	49177	Avg. Hi 22	149	100	30883		47.6	
トータル	896976	83787	19891113	3273	100	30883	4.9	33.9	9.7

248

表を見ると分かるように、トレンドフォロワーはほとんどの市場で機能している。また、最悪のドローダウンは過去６カ月の間に発生していることも分かる。１月にはこれを上回る可能性もある。最悪のドローダウンを乗り越えるには時間と資金が決め手になるが、大きなファンドマネジャーはこの両方を持っている。

　長期トレンドフォローシステムは年に４回から８回しか仕掛け・手仕舞いを行わない。手数料が25ドルで、スリッページが100ドルとすると、執行コストは１市場につき年間わずか500ドルから1000ドルである。それほど悪くはない。頻繁にトレードしないのであればスリッページはそれほど厳密である必要はないが、年に100回ほどトレードするのであれば、スリッページを厳密に計算しなければバックテストの結果は大きくゆがむ。

　市場はランダムではなく、トレンドは存在する、ということには同意してもらえると思う。トレンドが１年以上続いた例もある。トレンドの長さというものは見る人によって違う。私は大きく押したり戻すことなく２～３カ月続くものをトレンドとみなしている。株式市場は何年にもわたって上げ相場にあったという人もいる。優れたトレンドフォローシステムはトレンドが始まってから仕掛け、トレンドが終わってから手仕舞う。トレンドが始まってから仕掛けるまでの時間と、トレンドが終わってから手仕舞うまでの時間はトレンドフォローシステムによって異なる。このラグタイムが良いトレンドフォローシステムと悪いトレンドフォローシステムとを分けるのだ。有能なトレンドフォローシステムはトレンドがある間に仕掛けるのが普通だ。**チャート１**を見てみよう。

チャート1

トレンドは友だち

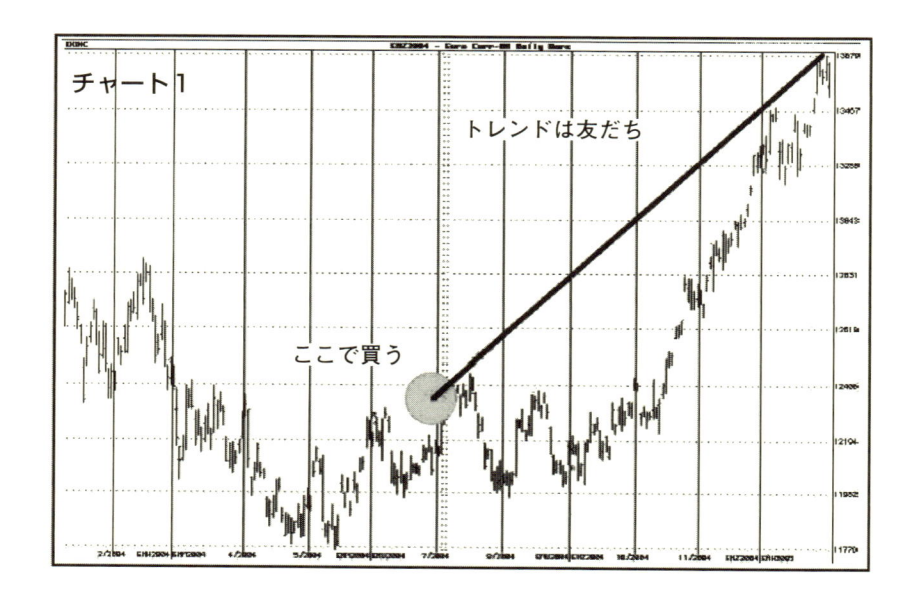

ここで買う

　チャートを見ると分かるように、単純なドンチャン・システムは2004年のユーロのトレンドのほとんどをとらえている。
　私がこれまでに見てきたトレンドフォローシステムのほとんどは、仕掛けたり手仕舞ったりするのにそれほど優れたスキルは必要としない。シグナルがいつ出るかは事前に分かるものだ。このチャートではトレードシグナルの発生を視覚的に確認でき、それほど苦労せずに予測ができる。こうしたシステムでは注文を出すスキルが若干ある人なら、大した間違いをすることなくトレードできる。注文を出すのに時間がかからなければ、その時間はリサーチに充てられる。

トレンドフォロワーの弱み

- ドローダウン
- 大きなドローダウン
- より大きなドローダウン
- 大きな利益を取り損なう

　トレンドフォローシステムには２つの弱点がある。１つは非効率な手仕舞いだ。これはトレードにおいて最もストレスのたまる側面の１つである。そして、ひいてはこれが大きなドローダウンにつながる。ちょうど今日、原油を１バレル46ドルで買って、55ドルを上回るところまで行ったが、結局は45ドルで売ったトレーダーと話をしたばかりだ。彼はすべての利益を取り損ねたばかりか、少し損失を出してしまった。まさに泣きっ面にハチだ。これはトレンドフォロワーにとって克服するのがなかなか難しい弱点である。大きなトレンドは時間をかけて形成されるが、ほとんどの場合、瞬く間に消滅する。過去数カ月の原油の動きを見ると、強気トレンドはものの数日で反転した。これが発生すると、長期トレンドフォロワーのインディケーターは素早く対応できないため、大きな利益の出るような手仕舞いはできない。ときには広いトレーリングストップが役に立つこともある。純粋な利益目標ではほとんどの場合時期尚早に手仕舞わされることになり、大きなトレンドのメリットを十分に生かすことができない。**チャート２**はまさにこれを示したものだ。

チャート2

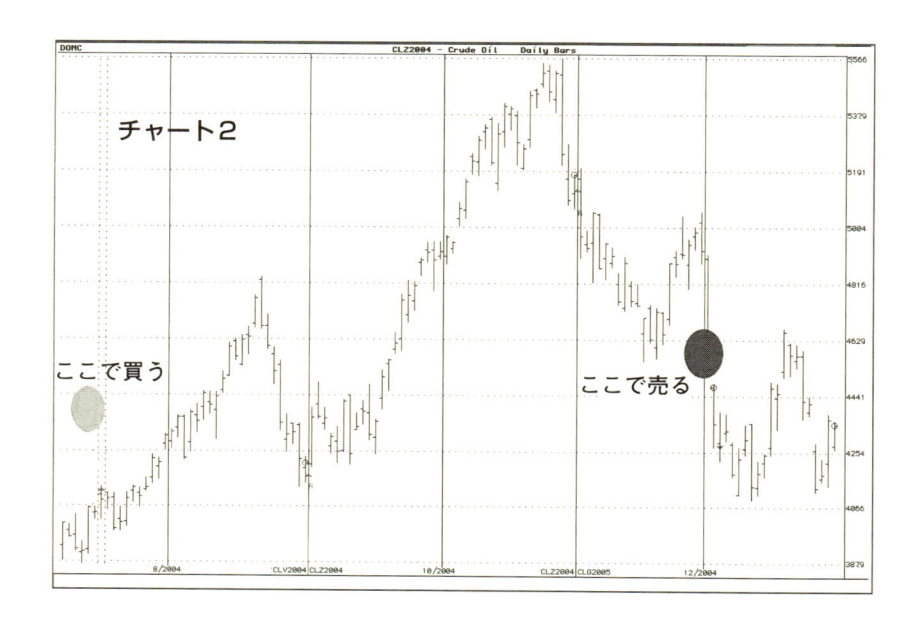

ここで買う
ここで売る

　トレンドフォローシステムの最大の問題は、大きなドローダウンが発生することである。トレンドフォローシステムの勝率はおよそ30％なので、ほかの70％の時間帯はドローダウンに貢献することになる。唯一のなぐさめは、負けトレードのほとんどはそれほど大きくないことである。もう１つの希望の光は、大きなトレンドが複数市場で年に何度も発生するという歴史的証拠があることだ。したがって、大きな網を仕掛けておけば、良いトレンドの１つや２つはとらえられるはずだ。これはこのアプローチで成功する秘訣だ。起こる可能性のある（もちろん保証はできない）トレンドをとらえるためには、各セクターから最低１つの市場をトレードする必要がある。ドローダウンはトレードには付き物なので、受け入れるしかない。リスクなくしてリワードなしである。しかし、リスクは非常に大きい。

　では結論を言おう。長期トレンドフォローシステムは機能する。目的が手段を正当化してしまったような形だ。このタイプのトレードは

だれにでも向くとは言えない。素早いリターンを望み、ドローダウンに耐えられず、利益の大部分を取り損なうことが嫌いな人は、長期トレンドフォローシステムでのトレードはやらないほうがよい。こういう人には短期アプローチのほうが向いているかもしれない。残念ながら、うまくいく短期スイングシステムはあまり多く存在しない。とはいえ、次号では短期アプローチの長所と欠点を見ていくことにしよう。

2005年第2号
タートル・トレーディング・アプローチに対する洞察

『テクニカル・アナリシス・オブ・ストック・アンド・コモディティー』の2005年4月号では、リチャード・デニス（タートルシステムの開発者）がインタビューに登場し、大いに考えさせられた。インタビューで彼が言いたかったことは、1980年代と1990年代のトレンドフォローシステムはもはや機能しないということだった。さらに彼は業界が認めるほかのトレードシステムの原理についても述べている。私が思うに、デニスは市場原理は必ずしも永遠ではないと思っているようだ。つまり、途中で鞍替えしなければならないということである。また彼は単純なコアコンセプトだけでは必ずしも良いトレードシステムができるとは限らないとも言っている。これらのコメントは私がよく話をするトレーダーたちの間に不安をかきたてた。

デニスが語ったことは私たちがすでに知り、受け入れていることなので、彼らの不安は杞憂だ。1980年代終わりから1990年代初めにかけて続いた素晴らしい相場はすでに終焉したことを私たちは知っているし、トレードは複数のシステムで分散化したほうがよいことも知っている。そして、良いトレードシステムは堅牢な仕掛け手法と賢明なトレード管理から成り立つことも知っている。

デニスのコメントを読んだトレーダーのなかには、トレンドフォローシステムはあきらめなければならないと思った人もいるかもしれない。過去4～5カ月のひどいパフォーマンスもあきらめモードに油を注ぐ。前号のこのコーナーで話したように、トレンドフォローシステムは今は元気がないが、けっして死んでしまったわけではない。タートル・トレーディング・システムの中核をなす単純なドンチャン・シ

ステムは完成形のシステムではないかもしれないが、出発点としてはよい。今回のこのコーナーでは、タートル・トレーディング・アプローチを構成する概念を見ていくとともに、単純なトレンドフォローシステムを改善する方法について考えてみたいと思う。

タートル・トレーディング・システムを販売している会社は数社ある。彼らが売っているのは、ほとんどの人がタートル・トレーディング・システムだと思っている単純なブレイクアウトアプローチをはるかに超えたものである。システムは中核となるドンチャンシステム、資産配分手法、トレードフィルターからなる。また、トレード心理や主観的分析の問題にも触れている。

まずは、中核となる55/20ブレイクアウトシステムについて見ていこう。このシステムは、その日の高値が過去55日の最高値を抜けたら買い、その日の安値が過去20日の最安値を抜けたら手仕舞うというものだ。

市場	仕掛けの長さ	手仕舞いの長さ	コメント
コーヒー	34	10	売りの仕掛けの長さと売りの手仕舞いの長さ
ココア	55	20	何も機能していない
砂糖	50	32	何も機能していない
綿花	55	22	最初のパラメーターに非常に近い
ユーロ通貨(独マルク)	50	20	最初のパラメーターに非常に近い
スイスフラン	46	22	最初のパラメーターにある程度近い
英ポンド	30	30	仕掛けの長さ＝手仕舞いの長さがベスト
日本円	50	12	買いの仕掛けの長さと売りの手仕舞いの長さ
カナダドル	58	14	買いの仕掛けの長さと売りの手仕舞いの長さ
Tボンド	26	12	中期のパラメーター
Tノート	24	20	中期のパラメーター
ユーロドル	50	16	最初のパラメーターに非常に近い
金	20	20	機能しない
銀	56	22	最初のパラメーターに近いが機能しない
銅	60	40	買いの仕掛けの長さと買いの手仕舞いの長さ
原油	56	16	最初のパラメーターに非常に近い
灯油	42	30	何も機能していない
無鉛ガソリン	20	20	売りの仕掛けの長さと売りの手仕舞いの長さ

全体的に最良のパラメーターは最初のものとは違うものが多い。私は固定パラメーターの反対者なので、これには特に驚かない。パラメーターは市場から導きだされたもののほうが機能するように思える。パラメーターとしては固定値の代わりにパーセンテージを使うのが良い。とはいえ、中核となるシステムは機能し、トレーディングエッジは提供してくれた。

　ご存知のように、仕掛けテクニックと手仕舞いテクニックだけでは完全なトレードシステムは作れない。完全なシステムには仕掛けと手仕舞いのルールのほかに、マネーマネジメントも必要だ。タートルシステムと単なるドンチャン・ブレイクアウトとの違いは後者の要素、つまりマネーマネジメントである。タートルのマネーマネジメントは、ボラティリティベースのポジションサイズの概念をベースとしたものだ。ポジションサイズは現在の市場ボラティリティとリスクにさらす資産額の関数として計算する。市場ボラティリティは過去20日のATRをドルで表したものである。ポジションサイズの計算式は以下のとおりである。リスクにさらす資産額を市場ボラティリティで割るとポジションサイズが求まる。

N＝過去20日のATR
V＝N×1ポイント当たりのドル数
ポジションサイズ＝口座の1％÷ボラティリティ

　口座の1％が5000ドルで、ボラティリティが1000ドルだとすると、ポジションサイズは5枚ということになる。ボラティリティ（予想される市場リスク）が上昇すればポジションサイズは減少し、ボラティリティが下落するとポジションサイズは増加する。この公式の素晴らしさは2つある――資金がリスクの高い市場を避けて割り当てられることと、市場がリスクを基に正規化されることである。大豆1枚は

Ｔボンド１枚のリスクと同じである。タートルシステムは逆行が２％を超えると手仕舞う。１Ｎは１％のリスクなので、２Ｎは２％のリスクを意味する。前に戻って最初の55/20ブレイクアウトシステムを２Ｎのプロテクティブストップを使って再度検証してみよう。最初の検証と同じように、検証は１市場につき１枚で行う。結果は次の表に示すとおりである。

	総損益	年次平均損益	最大DD	過去12カ月の損益	過去12カ月のDD	年間トレード数	勝率	市場時間	勝ち：負け	%Gain/Mr+DD	
コーヒー	37219	1942	100313	7894	4631	8	40.6	56	1.2	1.8	KC
ココア	-34240	-1786	38440	-3430	3690	9	26.4	55	0.6	-4.5	CC
砂糖	-15086	-787	21549	-2565	2979	9	29.6	57	0.7	-3.5	SU
綿花	49290	2572	18970	2275	7290	9	43.6	60	1.5	12.9	CT
ユーロ通貨(独マルク)	120350	6307	27225	-5813	11438	7	42.3	60	1.7	21.2	EM
スイスフラン	46838	2444	19450	-838	6738	8	40.3	59	1.4	11.5	SF
英ポンド	39675	2070	48031	-3375	8544	7	33.6	52	1.3	4.2	BP
日本円	55188	2879	27025	-3900	8650	7	40.1	56	1.4	10.0	JY
カナダドル	3020	158	13060	3720	5050	7	34.6	51	1.1	1.2	CD
Ｔボンド	26210	1367	24170	-630	9220	7	40.3	58	1.2	5.1	US
Ｔノート	19270	1005	13870	-1190	5460	8	41.8	57	1.2	6.5	TY
ユーロドル	16950	884	5825	-25	1125	6	45.2	60	1.6	12.8	ED
金	-16250	-848	23130	-5670	6130	8	35.2	54	0.8	-3.5	GC
銀	-20035	-1045	39700	-2675	10855	8	38.8	51	0.8	-2.5	SV
銅	-3525	-184	18525	-12588	14388	9	38.0	59	1.0	-0.9	CP
原油	33160	1730	18320	-1270	12870	9	46.1	61	1.3	8.0	CL
灯油	-5015	-262	34314	-3024	17783	9	35.4	60	1.0	-0.7	HO
無鉛ガソリン	-17447	-914	33915	-7909	23747	10	32.1	59	0.9	-2.5	HU

	純損益	最大DD 日付	トレード数	市場時間	必要平均証拠金	年次損益×10÷最大DD	%Gain/Mr+DD	%Gain/20%DD
過去6カ月	-10493	54276 20050222	74	100	18513		-26.0	
過去12カ月	-45452	64986 20050222	154	100	20266		-46.4	
年平均	17458	40797 Avg. Hi 19	145	100	20399		23.1	
トータル	334617	84964 19990122	2770	100	20399	2.1	14.6	4.1

　結果はそれほど変わらない。いくつかのトレンドがプロテクティブストップによって時期尚早にカットされたようだ。しかし、ここに示したシステムは依然として正の期待値を持っている。ポートフォリオ

を1枚ベースで検証するのは時間のムダではないか、と思っているトレーダーがいるかもしれない。これは現実的ではなく、大豆1枚とTボンド1枚は異なるではないか、と彼らは言う。後者には同意するが、前者には同意できない。私の考えによれば、システムが1枚で儲けられないのであれば、マネーマネジメントを使っても儲けられない。私の考えはともかくとして、同じシステムをタートルのポジションサイズの概念を使って同じポートフォリオで検証してみよう。ただし、砂糖1枚はTボンド1枚に等しいものとする。最終的にはTボンド1枚で砂糖3枚をトレードすることになるかもしれないが、少なくともすべての市場は正規化される。次に示す表は1トレードにつき10万ドルの2％をリスクにさらした結果である。マネーマネジメントを適用した結果、パフォーマンスが向上したかどうかを見てみよう（この検証では利益は再投資しないものとする）。

	総損益	年次平均損益	最大DD	過去12カ月の損益	過去12カ月のDD	年間トレード数	勝率	市場時間	勝ち：負け	%Gain/Mr+DD	
コーヒー	114881	5994	114863	15788	9263	14	42.0	56	1.5	4.8	KC
ココア	-157680	-8227	186230	-14940	16590	57	27.4	55	0.8	-4.3	CC
砂糖	-84974	-4433	129058	-25334	30307	67	29.4	57	1.0	-3.3	SU
綿花	161470	8425	39925	-1450	13955	27	42.4	60	1.6	19.6	CT
ユーロ通貨(独マルク)	178113	9333	27225	-5813	11438	9	42.0	60	1.9	30.6	EM
スイスフラン	120400	6282	28350	350	12175	15	42.1	59	1.5	19.6	SF
英ポンド	106563	5560	104869	-4475	14813	16	34.2	52	1.4	5.1	BP
日本円	159813	8338	43725	-3838	14563	16	42.2	56	1.6	17.5	JY
カナダドル	82410	4300	64620	13590	13610	45	38.3	51	1.5	6.2	CD
Tボンド	91590	4779	44630	-2040	18440	14	42.4	58	1.4	9.5	US
Tノート	98260	5127	48490	-4470	17580	24	44.1	57	1.5	9.6	TY
ユーロドル	197200	10289	69300	-825	30900	101	41.7	60	2.3	12.1	ED
金	-33330	-1739	94730	-15640	18720	50	35.5	54	1.1	-1.7	GC
銀	-73030	-3810	156310	-600	24485	31	39.0	51	0.9	-2.3	SV
銅	29775	1553	88963	-28225	34450	42	40.1	59	1.3	1.6	CP
原油	182070	9499	55410	-190	12870	36	48.0	61	1.8	13.6	CL
灯油	56452	2945	76339	-3024	17783	27	35.9	60	1.2	3.6	HO
無鉛ガソリン	-17951	-941	80850	-7909	23747	29	31.5	59	1.0	-1.1	HU

	純損益	最大DD 日付	トレード数	市場時間	必要平均証拠金	年次損益×10÷最大DD	%Gain/Mr+DD	%Gain/20%DD
過去6カ月	-17730	91176 20050222	262	100	54196		-21.0	
過去12カ月	-93250	110243 20050222	576	100	57958		-46.4	
年平均	62999	105711 Avg. Hi 19	620	100	72948		24.2	
トータル	1207473	227082 19980529	11890	100	72948	2.8	16.5	5.5

　タートルのポジションサイズの概念はうまくいったようだ。平均資本収益率は14.6％から16.5％に上昇した。しかし、マネーマネジメントを使っても思ったほどパフォーマンスは上がらなかった。マネーマネジメントはシステムを向上させることはできるが、悪いシステムを良いシステムに変えることはできない。1トレードにつき資産の2％をリスクにさらしても、システムは依然として227％の最大ドローダウンを喫している。この最大ドローダウンがトレードを始めていきなり発生したら、システムは破綻するだろう。この検証では分析を開始して13年後の資産が高値を更新したときにこれが発生した。ほとんどのトレーダーは20万ドルのドローダウンを喫する前に市場から逃げ出していたはずだ。こんな素晴らしいシステムなのに、どうしてそれほど大きなドローダウンが発生するのか、とあなたは思うはずだ。それは「ポートフォリオの構成」に問題がある。金属と非伝統的なエキゾチックな商品はトレンドを形成しないことが知られている。これらの市場をポートフォリオから外せば、まったく違ってくるはずだ。良いものだけを選ぶことに若干の罪悪感を感じるかもしれないが、失敗すると分かっているものをわざわざ選ぶ必要はない。

　最初のタートルシステムは55/20ブレイクアウトに加え、仕掛けテクニックとして、前のトレードの成功によってフィルタリングされる短期（20日）のブレイクアウトを使っていた。つまり、20日のブレイ

クアウトによる仕掛けを受け入れるのは、その前のブレイクアウトが負けトレードになったときのみということである。また、手仕舞いには、２Ｎプロテクティブストップか10日の安値または高値を使った。それではこの仕掛けテクニックを使った同じポートフォリオの結果を見てみよう。

	総損益	年次平均損益	最大DD	過去12カ月の損益	過去12カ月のDD	年間トレード数	勝率	市場時間	勝ち：負け	%Gain/Mr+DD	
コーヒー	99788	5206	70031	8175	4613	15	38.6	69	1.3	6.9	KC
ココア	-34000	-1774	39260	-2180	5410	16	31.9	70	0.7	-4.4	CC
砂糖	-23856	-1245	31483	-4850	6250	15	31.6	69	0.7	-3.9	SU
綿花	14000	730	25600	-2530	7610	15	32.9	71	1.1	2.7	CT
ユーロ通貨(独マルク)	93975	4924	21388	1350	13638	13	41.9	69	1.3	20.6	EM
スイスフラン	37088	1935	16530	2413	7388	14	35.6	69	1.2	10.6	SF
英ポンド	35606	1858	40450	-4931	10925	13	36.7	66	1.2	4.4	BP
日本円	96400	5030	20063	-3100	9100	13	43.5	67	1.5	23.0	JY
カナダドル	-15050	-785	22090	140	4690	13	34.4	72	0.8	-3.4	CD
Tボンド	31830	1661	19420	6080	10280	14	41.7	69	1.2	7.5	US
Tノート	13470	703	15800	1460	8880	14	38.8	69	1.1	4.1	TY
ユーロドル	925	48	9600	-1625	1625	13	33.7	68	1.0	0.4	ED
金	-10790	-563	21330	-4730	7100	15	38.6	69	0.9	-2.5	GC
銀	-38030	-1984	59010	5435	8455	15	36.0	64	0.7	-3.2	SV
銅	-31025	-1619	38963	-17025	19775	15	34.4	70	0.8	-3.9	CP
原油	27360	1427	20600	2450	7840	15	43.0	73	1.2	6.0	CL
灯油	-28300	-1477	43617	-19480	23902	16	38.3	72	0.9	-3.2	HO
無鉛ガソリン	554	29	29648	-8887	15393	16	37.9	73	1.0	0.1	HU

	純損益	最大DD日付	トレード数	市場時間	必要平均証拠金	年次損益×10÷最大DD	%Gain/Mr+DD	%Gain/20%DD
過去6カ月	-12644	63038 20050216	139	100	24664		-25.9	
過去12カ月	-44441	71832 20050216	282	100	25150		-41.7	
年平均	14002	44827 Avg. Hi 19	260	100	25529		17.6	
トータル	268380	108154 19910129	4974	100	25529	1.3	9.8	2.6

このシステムではフィルターが機能したようだ。あなたはどちらのシステムを使ってトレードしたいと思うだろうか。タートルシステムはどちらででも構成できる。20日ブレイクアウトはトレンドを早くとらえられ、負けトレードも大きな痛みを伴わずに手仕舞うことができ

る。55日ブレイクアウトは「最後のトレードが負けトレード」フィルターを使うことで、たとえトレンドを見逃してもトレンドに乗ることができる。

　タートルシステム（タートルシェルと言ったほうがよいかもしれない）の簡単な説明は以上である。タートルアプローチにはここで紹介した以外にもいろいろある。勝ちポジションのピラミッディングについては述べなかったが、これは収益性を上げるうえで大きな役割を果たす。それほど美しいものではないが、機能はする。これはスモールトレーダーでも使うべきものなのだろうか。もちろんだ。このシステムはメカニカルなシステムで、たとえドローダウンは大きくてもトレンドはとらえられる。ところで、個人的に変えたい点がいくつかある。

①もっと良いポートフォリオ（トレンドを持つ大きな市場）
②各トレードでは２％もの資産をリスクにさらさない（0.5％から１％にする）
③もっとアグレッシブなトレーリングストップを適用する（大金を取り損なうな）
④ボラティリティフィルターを使ってリスクの高いトレードを排除する

　次に示すのは私の「タートルに似た」システムの結果を示したものだ。

	総損益	年次平均損益	最大DD	過去12カ月の損益	過去12カ月のDD	年間トレード数	勝率	市場時間	勝ち:負け	%Gain/Mr+DD	
Tボンド	38460	2007	19780	-5970	9500	6	40.8	51	1.4	8.9	US
Tノート	32980	1721	21920	-5470	7910	10	41.3	56	1.3	7.2	TY
ユーロドル	98225	5125	34675	-4700	15350	50	40.8	58	2.3	12.2	ED
ユーロ通貨(DM)	51925	2721	11025	0	0	3	40.4	20	2.0	20.1	EM
日本円	70525	3680	16100	875	5100	7	41.8	48	1.6	20.3	JY
スイスフラン	59400	3099	18063	763	4400	7	41.9	51	1.5	15.6	SF
原油	79360	4141	25000	800	5160	16	46.9	56	1.7	13.0	CL
灯油	29463	1537	29257	0	0	11	33.5	49	1.3	4.8	HO
綿花	61115	3189	15550	-4250	9840	11	41.3	58	1.5	18.9	CT
銅	-800	-42	45375	-12450	15563	19	37.5	55	1.1	-0.1	CP
大豆	-3640	-190	63835	2665	9400	16	34.2	52	1.0	-0.3	SD

	純損益	最大DD 日付	トレード数	市場時間	必要平均証拠金	年次損益×10÷最大DD	%Gain/Mr+DD	%Gain/20%DD
過去6カ月	-8438	23615 20050218	80	100	14407		-34.9	
過去12カ月	-27733	50480 20050218	179	100	16891		-33.4	
年平均	26959	36839 Avg. Hi 19	156	100	19551		29.9	
トータル	516707	60049 19980715	2981	100	19551	4.5	23.8	9.0

前よりも管理しやすいものになっている。このシステムは次の項目を除いて元々の55/20ブレイクアウトと同じである。

①1トレードにつきリスクにさらす資産は1％。
②ポジションサイズが1枚を下回ったら、そのトレードはスキップする。
③利益が1ATRを超えたら、プロテクティブストップを1/2ATRだけ引き上げるか引き下げる。
④ポートフォリオの構成を改善する。通貨、金融、エネルギー、金属、穀物からなるポートフォリオに改良。

1990年に機能していたものが2004年には機能しない、と言ったリチャード・デニスは正しかった。しかし、堅牢なトレードプランの構築

には同じ概念が使えると私は思う。この20年、想像し得るありとあらゆる市場状態を見てきた。リサーチを正しい観点に立って行えば、このデータから学ぶべきことはある。データとコンピューターとソフトウエアがあれば、結果を超カーブフィットすることは簡単だが、それがどういう結果を生むのかはだれでも知っている。タートルトレーディングシステムに興味のある人は、http://www.tradingblox.com/originalturtles/（タートルの一員であったカーティス・ファイスのウエブサイト）から無料でダウンロードできる。

2005年第3号
トレンドフォローは廃れたのか

　6月1日、私はコンピューターの前に座っている。通貨、金属、エネルギー市場で大きな動きがあった。これは単なる2日スイングではなく、4月に始まったトレンドの延長だ。トレンドフォローシステムはこの波に乗れたのだろうか。それとも長期インディケーターのせいでトレンドに乗り損ねたのだろうか。

　まず最初に、トレンドが実際にあるのかどうかを調べてみよう。人間の目はコンピューターよりもより効果的にトレンドをとらえることができる。人間の目でトレンドに見えるものはコンピューターの目で見るとまったく違って見える。ご存知のように、コンピューターはトレンドとレンジとを区別できない。事実、コンピューターはトレンドとネコとも区別できない。コンピューターにできるのはアルゴリズムを適用して、その結果に基づいて意思決定することだけである。広く認められたトレンドフォローのアルゴリズムを適用して、最も最近のトレンドをどう解釈するかを見てみることにしよう。スペースに限りがあるため、Tボンドとユーロ通貨だけ見てみることにする。これら2つの市場は目で見て分かるトレンドが形成される。

ボリンジャーバンド・ブレイクアウト・システム　市場がこの包絡線タイプのインディケーターを突き抜けたらトレンドが形成されたことになる。ボリンジャーバンドの上バンドはN標準偏差を終値のX日の移動平均に足したもので、下バンドはN標準偏差を終値のX日の移動平均から引いたものである。この検証では、2標準偏差を50日移動平均に足したり引いたりして生成したボリンジャーバンドを用いる。

移動平均線の交差システム　終値の短期移動平均線が長期移動平均線を上または下に交差したらトレンドが形成されたものとみなされる。ここでは短期移動平均線として13日の移動平均線を、長期移動平均線として39日の移動平均線を用いる。

ケルトナーチャネル・ブレイクアウト・システム　概念はボリンジャーバンドと同じだが、標準偏差の代わりにATRを用いる点が異なる。ATRは過去X日のトゥルーレンジ（MAX（高値今日，終値昨日）－MIN（安値今日，終値昨日））の移動平均線を取ったものである。ここでは50日の移動平均線とそれに足したり引いたりする値として2ATRを用いる。

ドンチャンまたはタートルのX日ブレイクアウト・システム　前号で話したように、このシステムは過去X日の最高値を上回ったら買い、過去X日の最安値を下回ったら売る。ここでは、20日と50日のブレイクアウトを見ていく。

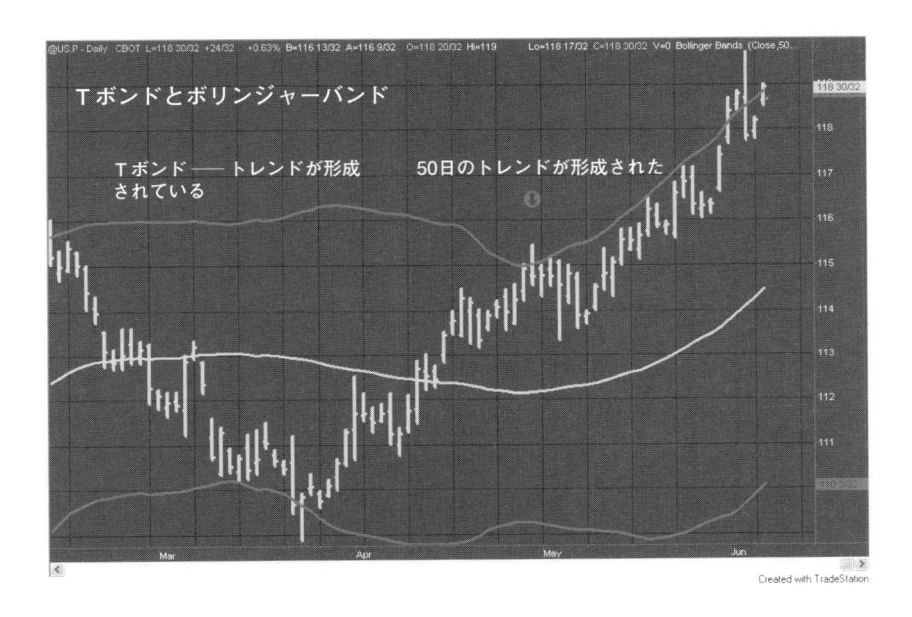

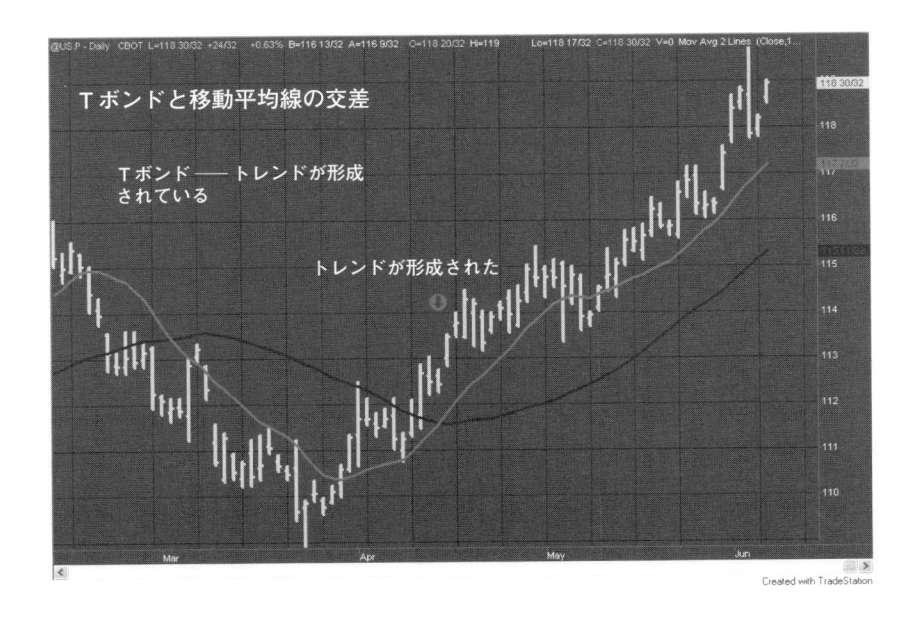

Tボンドとボリンジャーバンド

Tボンド――トレンドが形成されている　　50日のトレンドが形成された

Tボンドと移動平均線の交差

Tボンド――トレンドが形成されている

トレンドが形成された

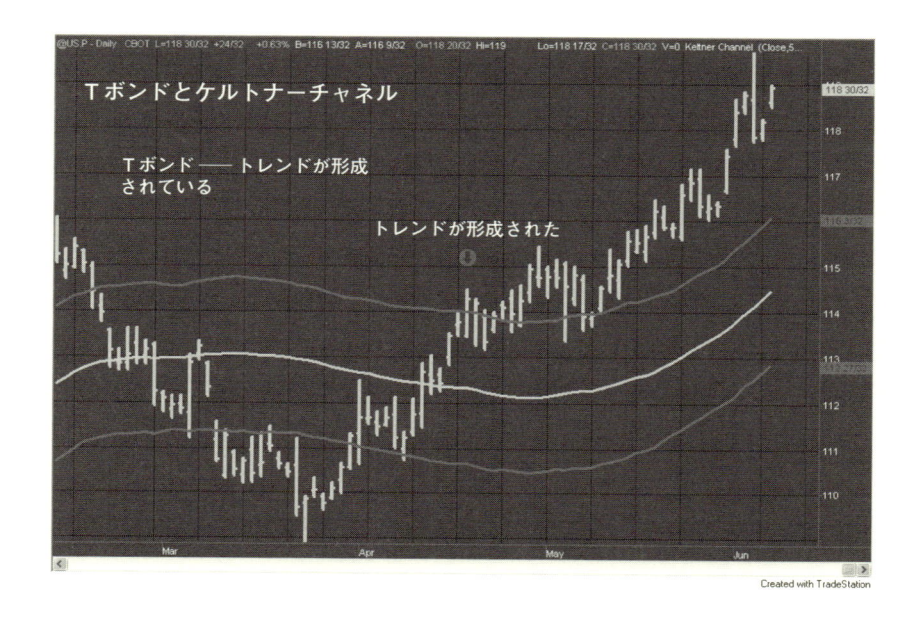

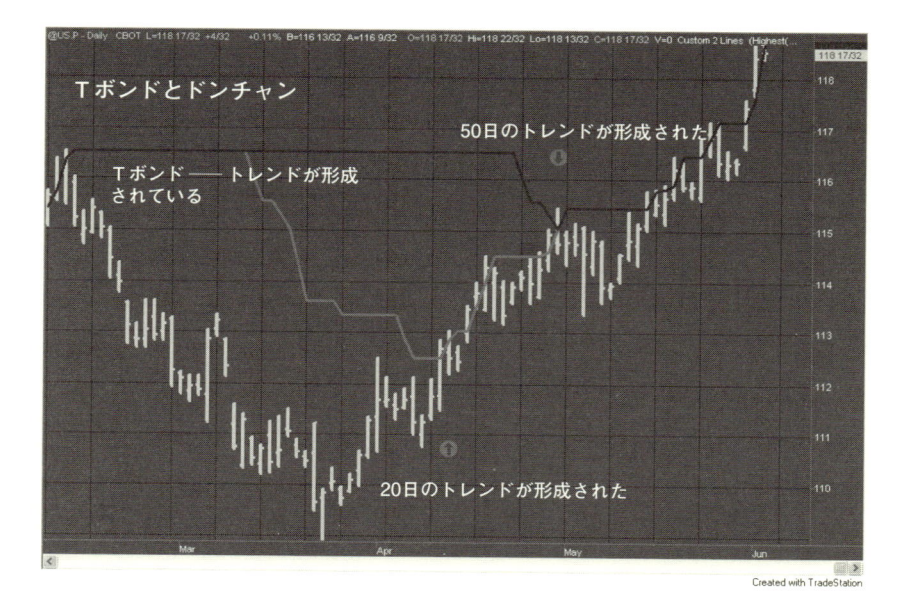

Tボンドとケルトナーチャネル

Tボンド──トレンドが形成されている

トレンドが形成された

Tボンドとドンチャン

Tボンド──トレンドが形成されている

50日のトレンドが形成された

20日のトレンドが形成された

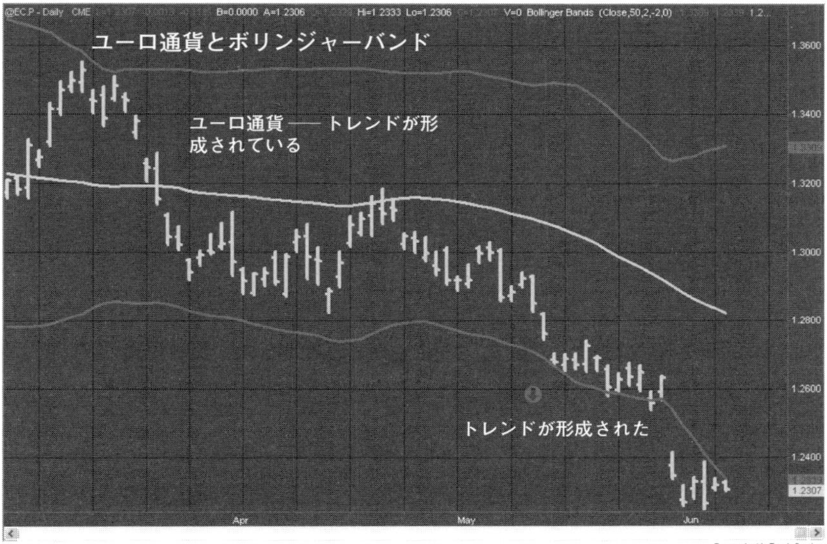

Created with TradeStation

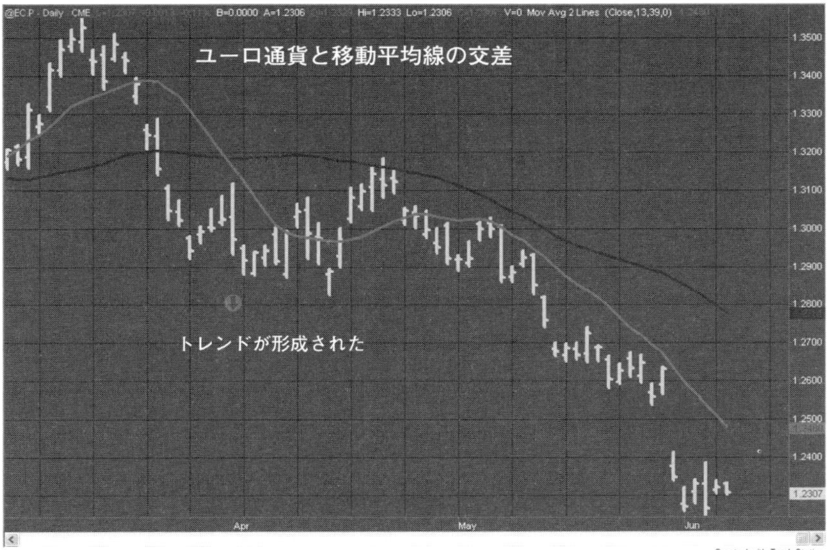

Created with TradeStation

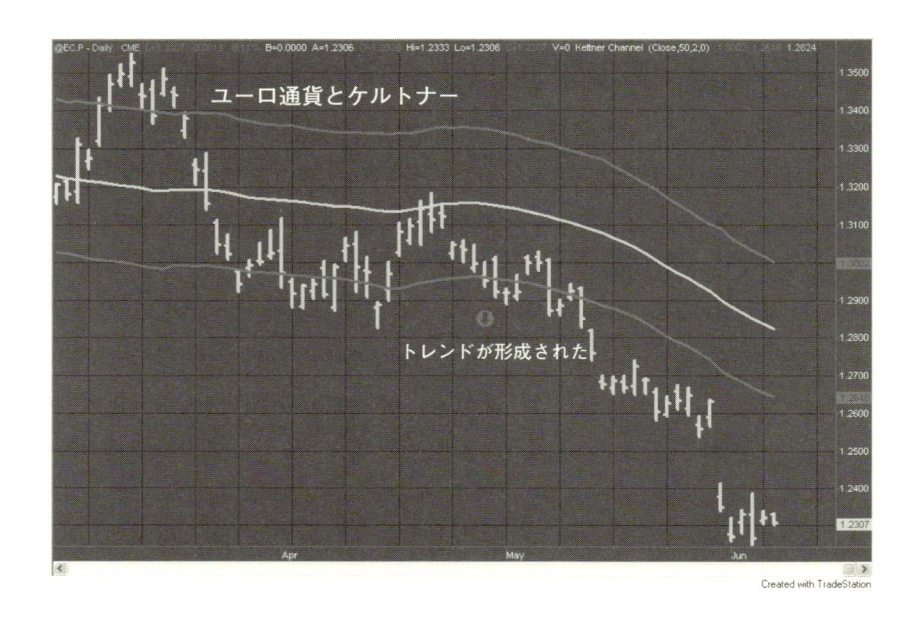

ユーロ通貨とケルトナー

トレンドが形成された

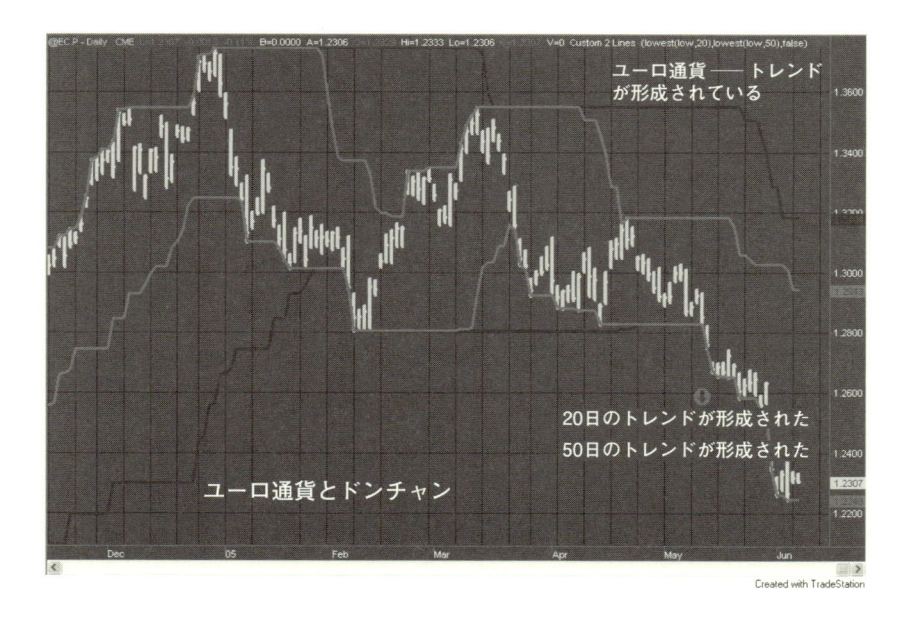

ユーロ通貨 ── トレンドが形成されている

20日のトレンドが形成された
50日のトレンドが形成された

ユーロ通貨とドンチャン

4つのインディケーターのうち、最も最近のトレンドに最も素早く乗っているのは20日ドンチャンと13日/39日移動平均線のようだ。だからといって、これら2つのインディケーターが最良というわけではない。これは単にトレンドフォローのインディケーターがトレンドの始まりに遅行することを示しているにすぎない。遅行はトレンドフォロワーの敵であるかに思えるが、実は偉大なる友だちなのである。多くの場合、遅行はちゃぶつきを防ぐことができる。ちゃぶつきは自動的に損失を意味するので、おそらくはトレンドに乗り損なうよりももっとイライラするものだ。

　そこでバックテストを行って、どのインディケーターがTボンドとユーロ通貨でパフォーマンスが一番良かったかを調べてみることにしよう。検証期間は、Tボンドは1986年1月1日から現在まで、ユーロ通貨は1999年1月1日から現在までである。ただし、往復手数料とスリッページは75ドルとする。

ボリンジャーバンド　50日ボリンジャーバンドのブレイクアウトで仕掛け、50日の移動平均線で手仕舞う。

移動平均線の交差　13日移動平均線が39日移動平均線を上に交差したら買い、13日移動平均線が39日移動平均線を下に交差したら売る。このシステムは純粋なるドテンシステムとして検証した。

ケルトナーチャネル　50日ケルトナーチャネルのブレイクアウトで仕掛け、50日の移動平均線で手仕舞う。

ドンチャン（またはタートル）　このアプローチには2つの変化形がある。20日のブレイクアウトと50日のブレイクアウトだ。過去20日の最高値または過去50日の最安値で仕掛け、過去10日の最安値または過

去25日の最高値で手仕舞う。

検証結果を示したものが次の表である。

システム	市場	利益	最大DD	現在の利益
ボリンジャー	Tボンド	$19,600	$25,300	$3,900
移動平均線	Tボンド	$33,400	$35,000	$5,200
ケルトナー	Tボンド	$5,600	$34,000	$4,900
ドンチャン20	Tボンド	$36,400	$18,800	$6,400
ドンチャン50	Tボンド	($3,200)	$37,400	$3,900
ボリンジャー	ユーロ通貨	$25,112	$13,700	$4,700
移動平均線	ユーロ通貨	$26,562	$22,300	$8,000
ケルトナー	ユーロ通貨	$22,400	$22,600	$8,150
ドンチャン20	ユーロ通貨	$15,000	$18,500	$6,400
ドンチャン50	ユーロ通貨	$35,200	$14,200	$6,400

　13日/39日移動平均線の交差と20日ドンチャン・ブレイクアウトが接戦だった。ほかのアプローチはこの2つほどうまくいかなかったが、だからと言って無効というわけではない。これらのアプローチはどれも堅牢なトレードプランの基礎になるものである。

2005年第4号
5万ドルで長期トレードすべきか、すべきでないか
── それが問題だ

　ときにはサイドラインに下がって傍観していたほうが良いこともある。2500ドルの損失を出すトレードよりも、トレードしないほうがいいに決まっている。大きなドローダウンが発生する前にトレードをやめさせてくれるインディケーターがあったらどんなに良いだろう。2004年12月、このインディケーターをどれくらいのトレンドフォロワーたちが欲しただろうか。ドローダウンはトレンドフォローシステム（どういったスタイルのトレードでも）には付き物なので、このシステムで5万ドルを下回る資金でトレードできるとは思っていない人が多い。今回のこのコーナーでは、この魔法のインディケーターを探してみよう。そして、それを使って小さい口座での長期トレードの正当性を立証してみたいと思う。そんなものは存在しないことは百も承知だが、ほんのわずかな時間だけでも機能する何かを見つけることができれば、これはやるだけの価値があるのではないだろうか。

　2005年初期、長期システムのパフォーマンスを見直しているとき、トレンドフォローシステムのなかにはほかのトレンドフォローシステムよりも大きなドローダウンが発生したものがあることを発見した。1月の大打撃を逃れたトレンドフォローシステムはひとつもなかった。しかし、ほかのシステムよりもこの打撃をうまくしのいだシステムがあった。この荒れた時期に新たなトレードを回避したシステムもあった。そこで読者は思うはずだ──「トレンドフォローシステムがそんなに大きなドローダウンを喫するのなら（ドローダウンの大きさはシステムによって異なる）、そもそもなぜトレンドフォローシステムなんかでトレードするのだ？」でも、1枚ベースで年間平均リターン

が27％で、21年のうち20年が勝ち年になると聞いたらどうだろう。飛びつかない人などいないのではないだろうか？　これこそがトレンドフォローシステムの真の姿なのである。だからと言って、トレンドフォローシステムは最良のシステムなのでだれもがこれを使うべきだというわけではない。私が言いたいのは、トレンドフォローシステムは長期的に見て正の期待値を与えてくれるもので、これこそがあなたが望むものなのではないのか、ということなのである。『**勝利の売買システム──トレードステーションから学ぶ実践的売買プログラミング**』（パンローリング）のなかで紹介されたボリンジャー・バンディットというトレンドフォローシステムを見てみることにしよう。**表１**はこのシステムの1983年からのパフォーマンスを示したものだ。ただし、トレードは１枚ベースで、手数料およびスリッページは75ドルとする。また、資金は５万ドルである。

表１

	総損益	年次平均損益	最大DD	過去12カ月の損益	過去12カ月のDD	年間トレード数	勝率	市場時間	勝ち：負け	%Gain/Mr+DD	
Tボンド	37090	1642	16320	-1490	7680	15	38.1	77	1.2	9.2	TY
ユーロドル	38875	5831	15913	4288	13113	14	38.5	78	1.4	31.7	EU
日本円	114650	5077	19300	4425	6400	13	39.1	72	1.5	24.1	JY
綿花	52715	2334	21015	395	5240	16	35.4	75	1.3	10.6	CT
原油	48480	2212	17310	15120	6130	16	38.7	76	1.3	10.7	CL
灯油	13385	593	26636	-8270	20240	17	34.4	76	1.1	2.1	HO
銅	15138	670	14813	-8238	12400	16	34.1	74	1.1	3.9	CP

	純損益	最大DD	日付	トレード数	市場時間	必要平均証拠金	年次損益×10÷最大DD	%Gain/Mr+DD	%Gain/20%DD
過去６カ月	13864	26532	20050510	56	100	11513		67.8	
過去12カ月	-2639	37884	20050215	117	100	11128		-5.1	
年平均	14159	20937	Avg. Hi 22	96	100	9931		40.1	
トータル	319757	37884	20050215	2163	100	9931	3.7	27.1	7.5

　表を見ると分かるように、バンディットは2005年の初期に損失を出している。ドローダウンが発生するのは仕方がないが、平均点なドローダウンの２倍ものドローダウンは耐え難いものがある。このドローダウンは当初資産のおよそ80％に相当するものだった。こんなひどいパフォーマンスを喫したあとは、こんなシステムは溝にでも投げ捨てた

くなるはずだ。こうしたひどいドローダウンを限定する良いアイデアはないものだろうか。今となってはどうしようもないことは分かっているし、カーブフィットしたことに罪悪感を感じるかもしれない。しかし、既存のシステムに論理的な要素を加え、パラメーターを最適化しすぎなければ安全なはずだ。

　トレード制限とドローダウン低減への対応策としてまず考えられるのが、リスクの高すぎるトレードは排除するというものだ。資金として５万ドルを想定し、各トレードでリスクにさらす資金をこの資金の２％にするものとする。つまり、仕掛けに対する手仕舞いポイントが1000ドルを上回ったら、そのトレードはスキップするということである。これで潜在的利益を制限するわけだから、リターンは低減し、それに伴ってリスクも低減する。**表２**はリスクベースのトレードフィルターを加えたときのバンディットのパフォーマンスを示したものだ。

表2	総損益	年次平均損益	最大DD	過去12カ月の損益	過去12カ月のDD	年間トレード数	勝率	市場時間	勝ち：負け	%Gain/Mr+DD	
Tボンド	51050	2261	11480	-790	7680	13	40.3	69	1.4	17.4	TY
ユーロドル	15525	2329	8688	-2288	2563	2	46.2	25	3.0	20.8	EU
日本円	88150	3903	12175	-88	6000	7	40.1	37	2.0	27.9	JY
綿花	35540	1574	23400	890	4025	15	34.3	65	1.2	6.5	CT
原油	43200	1971	13110	0	0	14	38.2	69	1.4	12.0	CL
灯油	19635	869	16733	0	0	13	35.2	59	1.1	4.6	HO
銅	10400	461	15213	-4100	8075	14	32.4	67	1.1	2.7	CP

	純損益	最大DD	日付	トレード数	市場時間	必要平均証拠金	年次損益×10÷最大DD	%Gain/Mr+DD	%Gain/20%DD
過去6カ月	2193	4743	20050418	27	95	3619		39.2	
過去12カ月	-11408	16512	20050203	58	97	3627		-46.6	
年平均	11649	14663	Avg. Hi 22	75	99	7709		42.3	
トータル	263065	24216	19971021	1704	99	7709	4.8	31.4	9.6

　最大ドローダウンは３万8000ドルから胃に優しい２万4000ドルに減少した。また、リスクベースの年次リターンは27％から31％に上昇した。しかし、全体的な利益は32万ドルから26万3000ドルに減少した。利益は減少したが、ほとんどのトレーダーはこのバージョンに満足すると思う。通常は最初のアイデアがベストなのだが、テクニカルトレ

ーダーというものはもっと良くしようと今機能しているものをいじくりたくなるものだ。それでは別のアイデアを見てみよう。

　私は長年にわたって長期システムでトレードし、最初から絶望的だと思えるトレードを数多く見てきた。これらのトレードはすぐに負けトレードになるトレードだ。つまり、市場が急に反対方向に反転してしまうということである。こういったトレードが好転して、最終的には勝ちトレードになったことがどれくらいあっただろうか。それほど多くはなかったはずだ。このアイデアを検証するには、「最初からうまくいかないトレード」という概念に基づいてフィルターを作成する必要がある。これはトレードを削減するという意図には若干反しているかもしれないが、「サイドラインに立つ」というアイデアに由来するものだ。負けトレードは損失が大きくなる前に手仕舞って、サイドラインに立たなければならないのである。これには時間ベースの手仕舞いが有効だ。バンディットのパフォーマンス履歴によれば、1トレード当たりの平均保有日数は16トレード日である（トレードの半分は保有期間がこれよりも長く、半分はこれよりも短い）。この16日という数字をフィルターとして使ってみることにしよう。トレードが損切りになっておらず、8トレード日が過ぎても利益になっていなければ、翌日の寄り付きで成行で手仕舞う。**表3**は最初のバンディットにこの新しい時間ベースの手仕舞いフィルターを加えたときのパフォーマンスを示したものだ。

表3

	総損益	年次平均損益	最大DD	過去12ヵ月の損益	過去12ヵ月のDD	年間トレード数	勝率	市場時間	勝ち:負け	%Gain/Mr+DD	
Tボンド	14320	634	15500	700	3390	11	34.9	54	1.1	3.7	TY
ユーロドル	6163	924	18675	-875	10913	11	34.2	55	1.1	4.4	EU
日本円	57675	2554	32575	-1288	4800	10	36.4	50	1.4	7.4	JY
綿花	7980	353	25495	3010	5080	12	31.3	48	1.1	1.3	CT
原油	19070	870	17540	11370	6120	11	35.7	54	1.2	4.2	CL
灯油	9295	412	23474	-8123	16094	13	36.8	53	1.1	1.6	HO
銅	21650	959	12875	-6150	10625	12	33.3	53	1.2	6.4	CP

	純損益	最大DD	日付	トレード数	市場時間	必要平均証拠金	年次損益×10÷最大DD	%Gain/Mr+DD	%Gain/20%DD
過去6カ月	18826	23024	20050510	46	100	8902		103.5	
過去12カ月	-6418	29397	20050215	87	100	7523		-15.0	
年平均	6009	15257	Avg. Hi 22	73	99	6963		20.3	
トータル	135709	47145	19950210	1653	99	6963	1.3	9.8	2.5

　トレードは見かけだけでは判断できない。トレードは最後までその運命をたどらせるのがよさそうだ。

　このアイデアはうまくいかなかったので、ダメなトレードをすべてスキップするというアイデアに戻ることにしよう。リスクの高いトレードをスキップするというアイデアを検証してみたところ、素晴らしい結果が出た。次の検証では、ゾーン分析を使って不要なトレードをふるい落とす。ちゃぶつきはトレンドフォローシステムにとって最大の敵である。市場がちゃぶつきの様相を見せているときにはトレードしてはならない。ゾーン分析は現在の市場状態を見極めるのに利用できる。これは現在の市場の位置と100日間の高値と安値との関係に基づくものだ。昨日の終値が100日レンジの上位10％（買いゾーン）に含まれているときのみ買い、昨日の終値が100日レンジの下位10％（売りゾーン）に含まれているときのみ売る。ゾーン水準は計算がとても簡単だ。まず過去100日間の最高値から過去10日間の最安値を引く。買いゾーンは得られた結果に10％を掛け、過去100日の最高値からその値を差し引く。売りゾーンは得られた結果に10％を掛け、過去100日間の最安値にその値を足す。**表4**はこの買いゾーンと売りゾーンを使ったときのバンディットのパフォーマンスを示したものだ。

表4

	総損益	年次平均損益	最大DD	過去12カ月の損益	過去12カ月のDD	年間トレード数	勝率	市場時間	勝ち：負け	%Gain/Mr+DD	
Tボンド	51110	2263	10490	860	4580	8	43.6	47	1.6	18.9	TY
ユーロドル	56175	8426	10050	13750	9688	7	47.8	51	2.5	67.1	EU
日本円	54200	2400	14650	2000	4963	7	41.2	40	1.5	14.6	JY
綿花	11600	514	16935	4030	2165	8	35.1	34	1.1	2.9	CT
原油	47300	2158	10210	9680	6120	8	44.1	45	1.7	15.9	CL
灯油	10336	458	24814	-5998	9412	7	38.0	36	1.1	1.7	HO
銅	20138	892	11100	-1488	4525	8	38.2	39	1.3	6.7	CP

	純損益	最大DD	日付	トレード数	市場時間	必要平均証拠金	年次損益×10÷最大DD	%Gain/Mr+DD	%Gain/20%DD
過去6カ月	15345	13378	20050721	28	100	6998		131.4	
過去12カ月	15038	14902	20050203	54	100	6253		60.0	
年平均	11097	12824	Avg. Hi 22	47	94	5249		40.8	
トータル	250607	26684	19950511	1055	94	5249	4.2	27.0	8.3

　結果は最初の改良ほどは良くないが、僅差の２位である。市場がちゃぶつきの様相を示しているときには、買いゾーンと売りゾーンによって市場の外にいることができるため、この概念はうまくいったようだ。ゾーンフィルターは一定水準のトレンドを示しているときに売買させるものである。私は100日と10％がうまくいくように思えたためこれらの数字を使ったが、最適化すればもっとよい結果が得られるかもしれない。だが、注意が必要だ。各市場の値が異なったら、カーブフィットのしすぎであり、最悪の事態に陥る。私の知るかぎり、リスクを限定する唯一の方法はエクスポージャーを制限するか、分散化を高めることである。巨額の資金がないかぎり、望む水準の分散化を達成することは難しい。５万ドルを下回る口座でも分散化は可能だが、個人的にはリスクを低減するほかの方法を使ったほうがよいと思う。今回は疑問のあるトレードをスキップすることでリスクを低減するいくつかの方法は示してきた。これらの方法はどんな長期トレンドフォローシステムにも適用可能だ。

　参考のためボリンジャー・バンディットのトレードステーションのコードを以下に示す。

　何か疑問があれば、遠慮なく電話してもらいたい（電話番号は、828-697-0273）。

```
Vars: upBand(0),dnBand(0),liqDays(50);

upBand = BollingerBand(Close,50,1.25);
dnBand = BollingerBand(Close,50,-1.25);

if(MarketPosition <> 1 and ExitsToday(date)= 0) then
Buy( "BanditBuy" )tomorrow upBand stop;
if(MarketPosition <>-1 and ExitsToday(date)=0) then
SellShort( "BanditSell" ) tomorrow dnBand stop;

if(MarketPosition = 0) then liqDays = 50;
if(MarketPosition <> 0) then
begin
liqDays = liqDays - 1;
        liqDays = MaxList(liqDays,10);
end;
if(MarketPosition = 1 and Average(Close,liqDays) < upBand) then
Sell( "Long Liq" ) tomorrow Average(Close,liqDays)stop;
if(MarketPosition = -1 and Average(Close,liqDays) > dnBand) then
BuyToCover( "Short Liq" ) tomorrow Average(Close,liqDays)stop;
```

2005年第5号
ホットな商品──買いのみの商品先物トレード

　ジム・ロジャーズの素晴らしい著書『大投資家ジム・ロジャーズが語る商品の時代』（日本経済新聞社）をちょうど読み終えたところだ。これは投資家にとって潜在的利益と商品（コモディティ）の分散化に対する啓蒙書になると思う。株式ブローカーやファイナンシャルプランナーによって広められてきた商品に対する神話を、彼は同書で崩すことに成功している。残念ながら、これまで繰り返し洗脳されてきたおかげで、一般投資家は商品先物はやりたがらない。これは、知り合いがポークベリーなどの商品（こういった話では必ずポークベリーがやり玉に挙がる）をトレードして一文無しになり、将来のために貯めておいたお金をすべて擦ってしまった悪夢のような話を聞いてきたからだ。ジム・ロジャーによれば、こういった状況は変わりつつある。この10年、商品市場は上げ相場にある。株式のみの投資家は、商品関連の企業をただ単に買えばこれらの市場でお金儲けできるわけではない。金鉱山会社の株価は金の上げ相場を反映していないし、原油やそのほかの商品も同じだ。商品で儲ける唯一の方法はライセンスを持った商品取引員に口座を開くことである。

　『大投資家ジム・ロジャーズが語る商品の時代』を読んだ人は、もうすぐやって来る上げ相場の波に乗るには商品に投資するしかないことを確信したはずだ。そこで2つの疑問が生じる──①どの商品を買うべきか、②いつ買うべきか。ジム・ロジャーズは商品トレードを推奨する（ジム・ロジャーズは最も利益が得られる商品をリストアップしている）ことと、先物の詳細を述べているだけで、マーケットタイミングについては詳しく述べていない。要するに『大投資家ジム・

ロジャーズが語る商品の時代』ではテクニカル分析についてはそれほど詳しく述べていないわけである。私たちが扱っているのはトレードシステムだ。そこで今回のこのコーナーでは、買いのみの長期トレンドフォローシステムについて見ていきたいと思う。これによって先ほどの質問、何をいつ買うべきか、に対する回答が得られるはずだ。ほとんどのシステムは買いと売りを行うが、今回は売りについては考えない。この分析では、売る代わりに、買いポジションを手仕舞うか、次の買いトレードが現れるまで待つ。まずは３つのよく知られたトレンドフォローシステムの買いのみのパフォーマンスを見てみよう。**チャート１**はアベレイション、アンドロメダ、およびゴールデンSXの商品のみのポートフォリオのパフォーマンスを示したものだ。検証はすべて１枚ベースで、手数料およびスリッページとして75ドルを想定し、検証期間は1972年１月から2005年９月までである。

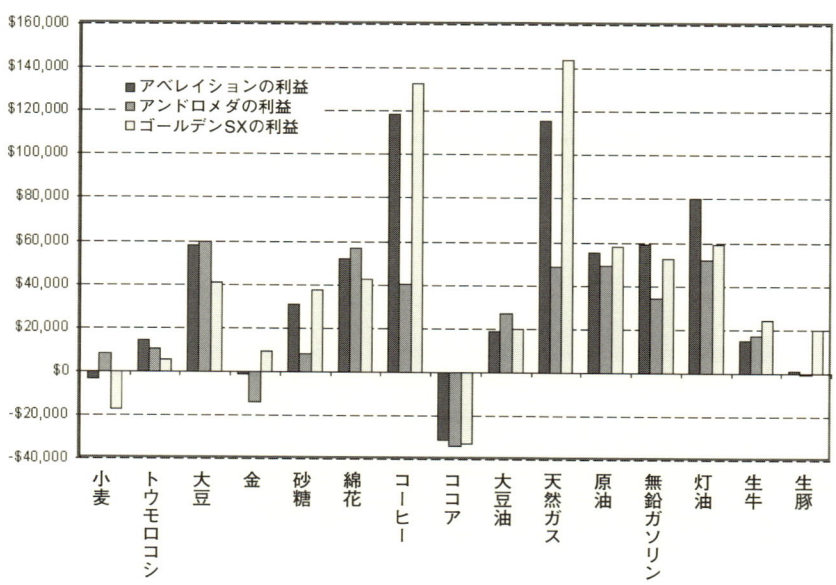

チャート１　買いのみ

検証期間――1972年1月(データが入手できれば)から2005年9月まで

チャート1を見ると分かるように、どのシステムも利益が出ている。ただし、利益のほとんどはコーヒーと天然ガスからのものである。アンドロメダの利益が少ないのは、ボラティリティベースのトレードフィルターによるものだ。今のところは、商品の買いのみのトレードには利点があると考えられる。ここで各システムの買いのみのトレードと買いと売り両方のトレードのパフォーマンスを見てみよう。

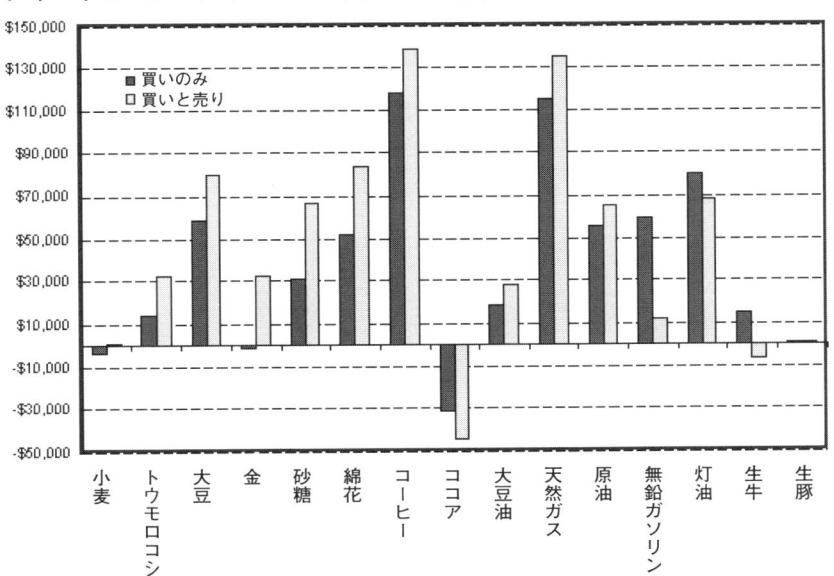

チャート2　アベレイションの買いのみと買いと売り両方のパフォーマンス

チャート3　アンドロメダの買いのみと買いと売り両方のパフォーマンス

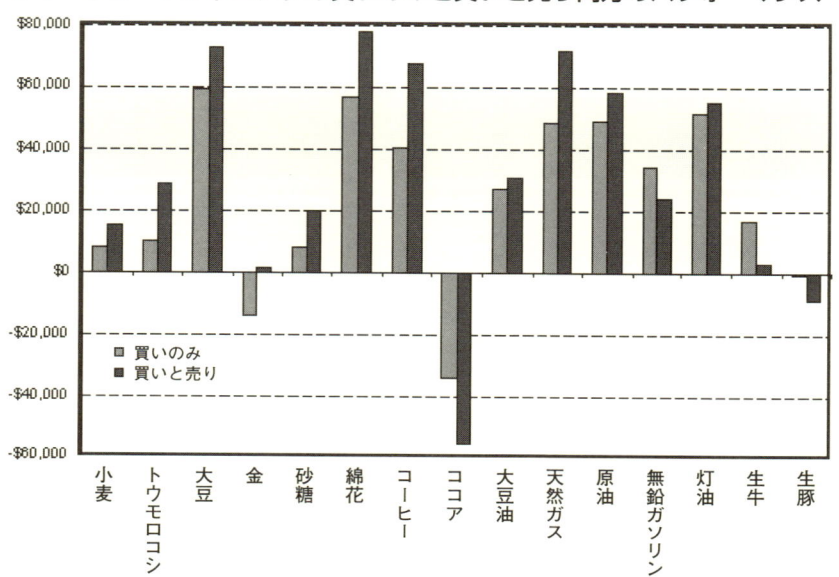

凡例：
- 買いのみ
- 買いと売り

（横軸：小麦、トウモロコシ、大豆、金、砂糖、綿花、コーヒー、ココア、大豆油、天然ガス、原油、無鉛ガソリン、灯油、生牛、生豚）

チャート4　ゴールデンSXの買いのみと買いと売り両方のパフォーマンス

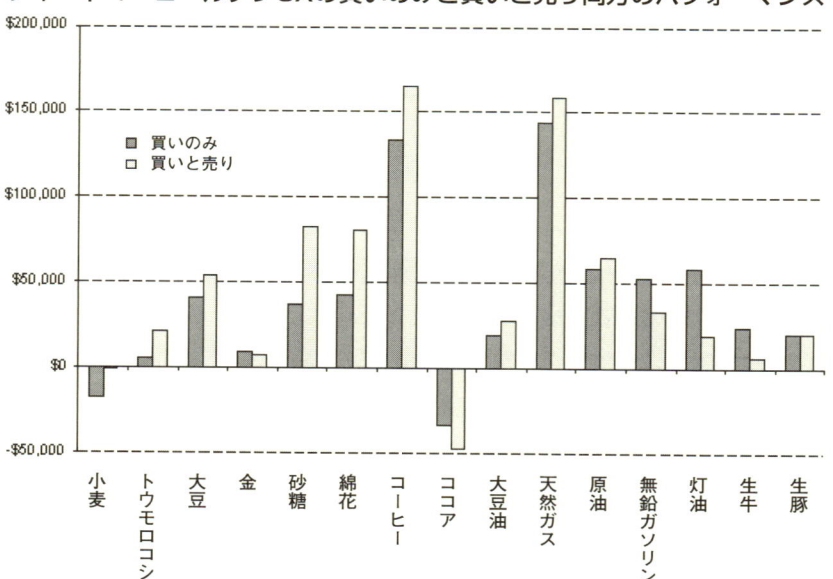

凡例：
- 買いのみ
- 買いと売り

（横軸：小麦、トウモロコシ、大豆、金、砂糖、綿花、コーヒー、ココア、大豆油、天然ガス、原油、無鉛ガソリン、灯油、生牛、生豚）

データからは買いと売り両方のほうがパフォーマンスが良いことが分かる。どのシステムも買いと売り両方のほうがパフォーマンスは高い。買いのみのトレードにメリットがあるのなら、買いと売り両方はもっとメリットがあるはずだ。これまでは利益しか見てこなかったが、買いと売り両方のほうが良いと結論づける前に、リスクの部分も見ておこう。**チャート5**から**チャート7**は各システムの買いのみと買いと売り両方のトレードのドローダウンを示したものだ。

チャート5　アベレイションの買いのみと買いと売り両方のドローダウン

チャート6　アンドロメダの買いのみと買いと売り両方のドローダウン

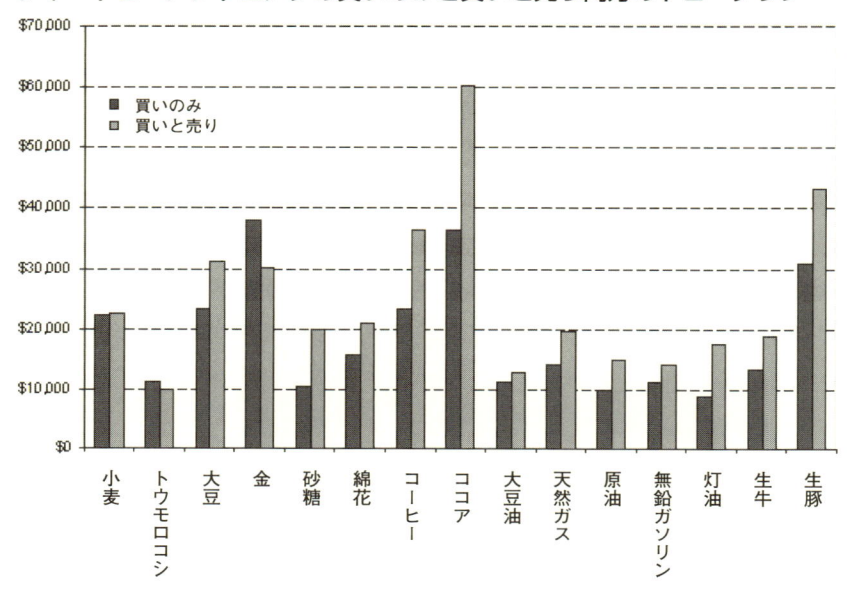

チャート7　ゴールデンSXの買いのみと買いと売り両方のドローダウン

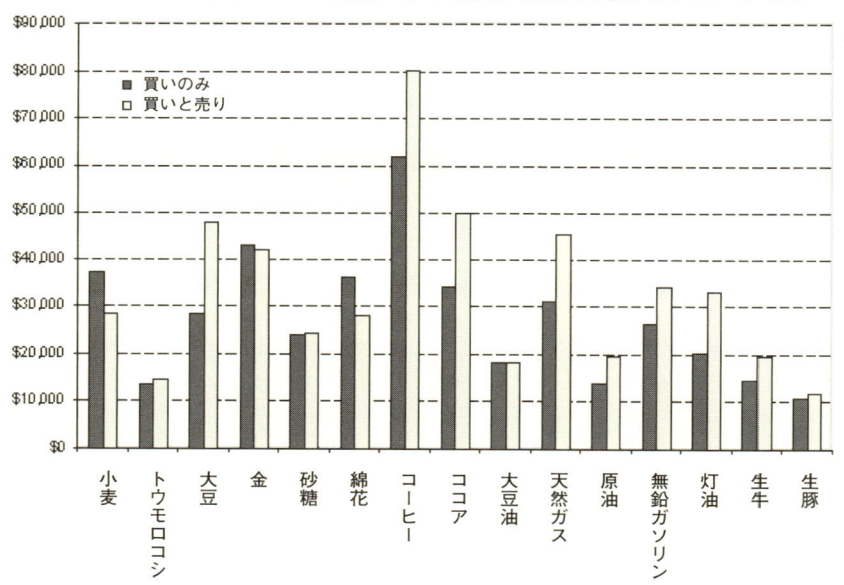

結果を見ると分かるように、買いと売り両方のトレードはリスクも上昇している。つまり、買いと売り両方のトレードでは利益も増えるが、ドローダウンも増えるということである。では、商品のトレードは買いのみが良いのだろうか。**チャート8**を見て自分自身の結論を導きだしてもらいたい。

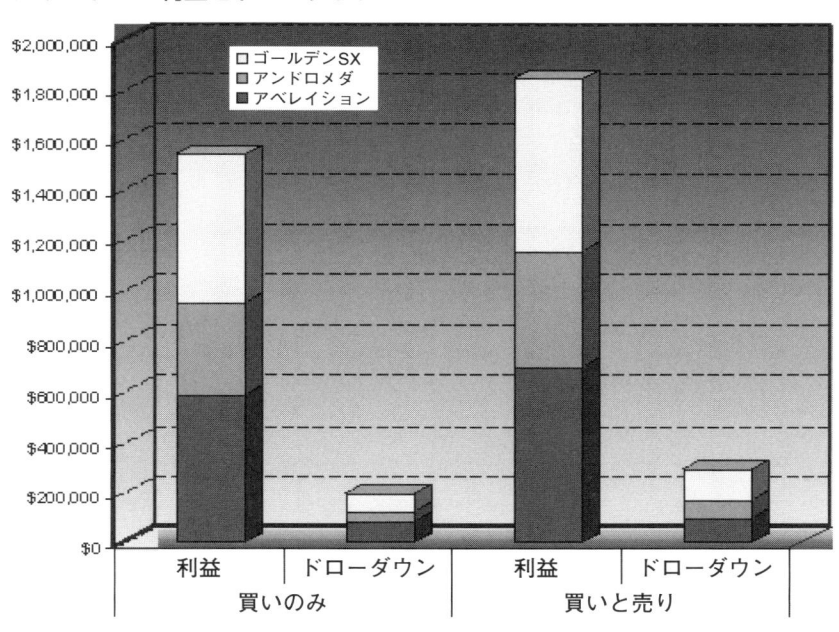

チャート8　利益とドローダウン

さて、あなたの結論は？　アベレイションは買いと売り両方に比べると買いのみのほうが利益・ドローダウン比率は上昇しているが、あとの2つは低下している。注意しなければならないのは、今見ているのは非常に特殊なポートフォリオだということである。金融や通貨を含めれば、買いのみのトレードでは結果は違ってくるだろう。今回のこのコーナーを終わる前に、別のシステムを2つ見ておこう。バイ・ア

ンド・ホールド戦略と100日/200日の移動平均線の交差システムの2つである。

	総損益	年次平均損益	最大DD	過去12カ月の損益	過去12カ月のDD	年間トレード数	勝率	市場時間	勝ち：負け	%Gain/Mr+DD	
小麦	-43050	-1276	69488	-1950	4450	5	42.9	100	0.7	-1.8	WD
トウモロコシ	-35457	-1051	48025	-4725	4763	5	41.2	100	0.7	-2.2	CN
大豆	-19660	-583	87390	-5110	10435	6	47.8	100	0.9	-0.7	SD
金	-54400	-1774	125490	3200	4970	6	42.9	100	1.0	-1.4	GC
砂糖	-23990	-727	104642	941	2296	4	47.7	100	0.8	-0.7	SU
綿花	360	11	62265	2890	7085	5	44.2	100	1.0	0.0	CT
コーヒー	74363	2318	106219	1781	23156	5	47.8	100	1.2	2.1	KC
ココア	-36900	-1471	46630	-4220	6300	5	38.9	100	0.7	-3.1	CC
大豆油	-2466	-73	40956	-2010	4110	6	43.3	100	1.0	-0.2	BO
天然ガス	124270	8061	59080	65920	42030	6	50.5	100	1.6	12.4	NG
原油	68970	3123	22730	18360	13470	6	53.4	100	1.5	12.0	CL
無鉛ガソリン	139453	6748	26204	32374	26204	6	61.3	100	2.1	23.9	HU
灯油	79834	3090	33180	26447	18136	6	53.5	100	1.4	8.8	HO
生牛	24680	731	22020	2600	3700	6	54.7	100	1.2	3.2	LC
生豚	10524	312	26200	-444	9572	6	53.2	100	1.1	1.1	LH

	純損益	最大DD日付	トレード数	市場時間	必要平均証拠金	年次損益×10÷最大DD	%Gain/Mr+DD	%Gain/20%DD
過去6カ月	79489	65056 20050520	53	100	27370		172.0	
過去12カ月	123989	73476 20050103	91	100	27370		122.9	
年平均	9049	26086 Avg. Hi 33	72	100	20956		16.9	
トータル	305396	300652 19990712	2425	100	20956	0.3	2.8	0.6

　バイ・アンド・ホールド戦略はあまりうまくいかないようだ。次に、100日移動平均線が200日移動平均線を上に交差したら買い、100日移動平均線が200日移動平均線を下に交差したら手仕舞うというシステムを見てみよう。

	総損益	年次平均損益	最大DD	過去12カ月の損益	過去12カ月のDD	年間トレード数	勝率	市場時間	勝ち：負け	%Gain/Mr+DD	
小麦	-29088	-862	52138	-138	2613	3	41.3	51	0.7	-1.6	WD
トウモロコシ	-11207	-332	24263	-2088	3663	3	37.6	50	0.8	-1.3	CN
大豆	1025	30	60855	-4720	10435	4	49.6	50	1.0	0.0	SD
金	8180	267	65750	-650	4970	4	52.8	52	1.1	0.4	GC
砂糖	3461	105	68410	280	2307	3	42.2	49	1.0	0.2	SU
綿花	-10020	-304	43875	-1185	7085	3	44.3	52	0.9	-0.7	CT
コーヒー	68869	2147	79931	-75	19894	3	47.3	45	1.3	2.5	KC
ココア	-19030	-759	28830	-640	5070	3	37.8	46	0.6	-2.5	CC
大豆油	4272	127	32766	96	2994	4	45.4	51	1.1	0.4	BO
天然ガス	137890	8944	42030	66050	42030	4	50.8	58	2.0	18.6	NG
原油	58490	2649	23010	18360	13470	4	58.0	54	1.8	10.0	CL
無鉛ガソリン	87473	4233	26204	32374	26204	4	60.8	54	2.2	15.0	HU
灯油	64138	2483	46444	26447	18136	4	52.6	54	1.5	5.1	HO
生牛	5420	161	25072	1168	2640	4	53.1	53	1.1	0.6	LC
生豚	-8464	-251	31284	-3292	8368	4	47.4	55	0.9	-0.8	LH

	純損益	最大DD日付	トレード数	市場時間	必要平均証拠金	年次損益×10÷最大DD	%Gain/Mr+DD	%Gain/20%DD
過去6カ月	75312	56395 20050520	47	100	20779		189.0	
過去12カ月	107504	75810 20050103	73	100	21400		108.5	
年平均	10686	30199 Avg. Hi 33	45	97	10353		18.6	
トータル	360650	262721 19931007	1527	97	10353	0.4	3.7	0.8

　移動平均線の交差システムはバイ・アンド・ホールド戦略よりはうまくいったが、前の３つのシステムほどは良くない。

　ジム・ロジャーズの本は2004年の後半に出版された。彼のアドバイスにしたがってすぐに商品を買っていれば……10万ドルの利益もかたくなかっただろう。彼は短期的には正しかったが、これからの数年はどうなるのだろうか。

2005年第6号
フューチャーズ・トゥルースの20年を振り返って

　フューチャーズ・トゥルースが創設されたのは1985年のことである。ジョン・ヒルが「レインボー・マーチャント」たちによって喧伝されるたわごとにしびれを切らしたため、フューチャーズ・トゥルースを立ち上げたのだ。当時、システムベンダーたちはあり得ないパフォーマンスをでっち上げていた。検証ソフトもなければ、データもなく、コンピューターの処理速度も遅い中でこれらのパフォーマンスを確認することはほぼ不可能だった。そこでジョン・ヒルは私財と時間を投じて、エクスカリバー検証ソフトの開発に乗り出した。この種のソフトウエアはこれが最初ではなかったが、当時では最も高度なものだった。ヒルはシステムベンダーたちが喧伝するシステムをエクスカリバーを使って検証した。すると、その真の姿が見えてきた。システムベンダーたちは怒りをあらわにした。彼らは真実を明らかにして販売をじゃまされるのを嫌がった。フューチャーズ・トゥルースを立ち上げたきっかけは若干不純ではあったが、メカニカルなシステムを検証・監視するうちに、良いアイデアを持つベンダーが私たちに歩み寄り、メカニカルなシステムのすべてが無価値ではないことを示してくれるように言ってきた。

　私がフューチャーズ・トゥルースに入ったのは1989年である。ヘンダーソンビル・タイムズ・ニュースでプログラマーを募集していたのだ。当時、私はノースカロライナ大学アッシュビルの3年生だった。3年生も終わり夏のアルバイト探しをしていた矢先だった。私が最初にヒルに会ったとき、先物のこともメカニカルなトレードシステムのことも知らなかった。私にとって幸いだったのは、ヒルはトレーダー

を探していたわけではなかったことだ。彼が欲しかったのはプログラマーだったのだ。フォートランとＣ言語の知識があったおかげで職にありつけたというわけだ。１年後、大学卒業を前に、ヒルはGUI（グラフィカル・ユーザー・インターフェース）をエクスカリバーに搭載するために私に正社員の職をオファーしてきた。そのあとは周知のとおりである。

　1985年以来、フューチャーズ・トゥルースは何千というトレードシステムを検証し、開発の手助けをしてきた。しかし、こうしたシステムの大部分は過度に最適化されており、フューチャーズ・トゥルースのパフォーマンス表ではそれほど長続きはしなかった。そんななか、素晴らしいパフォーマンスを上げ、健全な市場原理に基づくシステムがパフォーマンス表の常連となった。長年にわたって存在し、時の試練に耐えたシステムのなかには、デイブ・フォックスのダラートレーダー（1991年）、キース・フィッチェンのアベレイション（1993年）、リチャード・サイデンバーグのＲブレーカーとＲレベルズ（1993年）、ランディ・スタッキーのオリジナルのキャットスキャン（1994年）、ジアド・チャハールのベーシス（1997年）、チャールズ・ルボーのシステムズ・トレーディング・クラブ（1997年）、ジョン・トーランのトレンドチャネル（1998年）などがある。これはほんの一例にすぎず、このほかのシステムのなかにもこれらと同じく長年にわたって使われ続けているものもある。一方で、これらよりももっと有名で幅広く宣伝されてきたが、すでに存在しないシステムもある。リカーランス、トレンド・レフレクション、キー・トゥー・カランシーズ、ミクロスター、Ｒ＆Ｗテクニカルサービスなどがそうだ。

　今回のこのコーナーでは、この数年を振り返って、このコーナーや私たちのマガジンに登場したテーマやシステムについて考えてみることにしよう。

　このコーナーの1998年12月・1999年１月号では、過大な最適化の落

とし穴について書いた。非常に素晴らしいパフォーマンスを示す過度にカーブフィットされたシステムを紹介したが、このシステムの8年間にわたるウォークフォワードテストを行ったところ、過度なカーブフィットの醜い真実が明らかになった。ここでは、1999年から現在までにわたってこの過度に最適化されたシステムを検証し、最悪の道をたどるかどうか調べてみることにしよう。

表1　過度にカーブフィットされたシステムの例（1991年～2005年11月）

	総損益	年次平均損益	最大DD	過去12カ月の損益	過去12カ月のDD	年間トレード数	勝率	市場時間	勝ち：負け	%Gain/Mr+DD	シャープレシオ
英ポンド	17900	1200	43088	7825	4813	21	33.5	86	1.1	2.7	0.00
ユーロ通貨（DM）	8350	563	61413	6400	8363	25	27.9	71	1.0	0.9	0.00
日本円	29563	1982	40000	-2000	13113	29	40.4	93	1.1	4.7	0.00
スイスフラン	-43538	-2919	61463	-4350	6925	31	36.2	75	0.9	-4.6	0.00

	純損益	最大DD	日付	トレード数	市場時間	必要平均証拠金	年次損益×10÷最大DD	%Gain/Mr+DD	%Gain/20%DD
過去6カ月	2056	15763	20051107	49	100	7002		17.3	
過去12カ月	7875	24513	20050321	105	100	7057		24.2	
年平均	823	10169	Avg. Hi 14	106	100	6760		4.5	
トータル	12275	118063	20000417	1582	100	6760	0.1	0.7	0.1

　見てお分かりのように、このシステムは最悪の道をたどったが、奈落の底から復活している。一時は11万8000ドルの損失を出したが、最終的には1万3000ドルの利益を出している。残念ながら、これは悪い前触れにすぎない。同号では、堅牢と思えるパラメーターでウォークフォワードテストを行った。これらのパラメーターはパラメーター対リターンの2次元グラフを描いて選んだものだ。正のリターンを生みだす、安定したパラメーターを選びだした。**図1**は堅牢なパラメーターを見つけるのに使ったグラフの例だ。**表2**は「堅牢な」パラメーターを使ったこのシステムのパフォーマンスを示したものだ。

図1

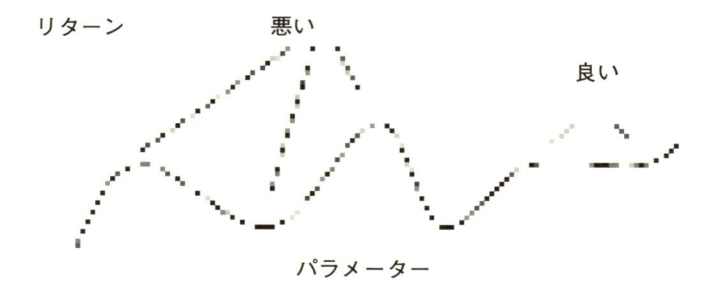

(リターン vs パラメーター のグラフ。悪い／良いの領域を示す)

表2　「堅牢な」パラメーターを使ったシステムの例（1991年〜2005年11月）

	総損益	年次平均損益	最大DD	過去12カ月の損益	過去12カ月のDD	年間トレード数	勝率	市場時間	勝ち：負け	%Gain/Mr+DD	シャープレシオ
英ポンド	60275	4041	20625	5463	8656	21	42.1	97	1.3	18.3	0.00
ユーロ通貨（DM）	24138	1627	52713	-4075	12300	19	33.6	84	1.1	2.9	0.00
日本円	29600	1984	35038	863	10913	22	31.8	84	1.1	5.3	0.00
スイスフラン	15438	1035	29563	-1500	9625	19	37.0	90	1.1	3.3	0.00

	純損益	最大DD	日付	トレード数	市場時間	必要平均証拠金	年次損益×10÷最大DD	%Gain/Mr+DD	%Gain/20%DD
過去6カ月	12769	13450	20050914	39	100	7345		119.2	
過去12カ月	750	34769	20050504	83	100	7371		1.8	
年平均	8678	23940	Avg. Hi 14	81	100	7201		27.2	
トータル	129450	78500	20020412	1206	100	7201	1.1	10.0	2.2

　このパラメーターの選択は過度にカーブフィットされたものよりも堅牢だ。結果は過度にカーブフィットされたものよりは良いが、まだ若干カーブフィットされている。各通貨がそれ自体のパラメーターを持っているのだ。本当に堅牢なパラメーターなら各通貨で共通するはずである。1998年に各通貨に共通のパラメーターで検証した結果を示したものが**表3**である。

表3 各通貨で「共通の」パラメーターを持つシステムの例（1993年〜2005年11月）

	総損益	年次平均損益	最大DD	過去12カ月の損益	過去12カ月のDD	年間トレード数	勝率	市場時間	勝ち:負け	%Gain/Mr+DD	シャープレシオ
英ポンド	3306	222	43000	5744	6813	19	34.8	93	1.0	0.5	0.00
ユーロ通貨（DM）	26738	1803	37188	-4388	13038	20	33.4	85	1.1	4.5	0.00
日本円	42800	2869	49950	8613	11575	19	38.8	90	1.2	5.5	0.00
スイスフラン	18388	1233	34300	2163	8750	18	35.6	91	1.1	3.4	0.00

	純損益	最大DD	日付	トレード数	市場時間	必要平均証拠金	年次損益×10÷最大DD	%Gain/Mr+DD	%Gain/20%DD
過去6カ月	16906	13619	20050916	33	100	7579		156.6	
過去12カ月	12131	27325	20050504	72	100	7566		34.4	
年平均	6116	24835	Avg. Hi 14	76	100	7281		18.6	
トータル	91231	98038	20020328	1137	100	7281	0.6	5.8	1.2

　このパラメーターが最良であると言いたいところだが、残念ながらそうではない。「堅牢」なパラメーターで検証すると、最も利益の多かったのは英ポンドだったが、そのほかの3つの通貨は「共通の」パラメーターを使ったのとほぼ同じパフォーマンスであった。これから分かることは、トレードシステムの開発においてはパラメーターの選択が最も重要だということである。

　トレードプランを立てるときにパラメーターの選択と同じくらい重要なのがポートフォリオの構成である。1990年、ピーター・アーンはフューチャーズ・トゥルースにDCS2を持ち込み、小さくても分散化されたポートフォリオでの検証を依頼してきた。この15年、この非常にシンプルなシステムは何回もトップ10入りした。2005年第5号ではDCS2は11位だったが、古いシステムのなかでは最高位だった。そこで、DCS2の資産曲線とパフォーマンスを検証して、過去15年にわたって高いパフォーマンスを維持してきた理由を探ってみることにした。私はこのシステムを16の市場からなるポートフォリオで1枚ベースで検証してみた（ただし、往復手数料およびスリッページとして75ドルを用いるものとする）。**表4**は1986年からのパフォーマンスを示したものだ。

表4　DCS2のパフォーマンス

	総損益	年次平均損益	最大DD	過去12カ月の損益	過去12カ月のDD	年間トレード数	勝率	市場時間	勝ち:負け	%Gain/Mr+DD	シャープレシオ
Tボンド	21170	1330	37360	-7980	13740	7	43.9	91	1.2	3.3	0.00
Tノート	31570	1983	14760	-5760	9490	7	50.0	88	1.4	12.2	0.00
英ポンド	-13444	-845	56425	-14000	19794	7	34.8	89	0.9	-1.5	0.00
日本円	94750	5953	33250	10475	5813	7	50.0	91	1.7	16.8	0.00
スイスフラン	50550	3176	23363	-5725	10263	7	48.6	87	1.4	12.6	0.00
ユーロ通貨（DM）	115188	7275	29900	4325	12563	7	50.5	90	1.7	22.5	0.00
大豆	-12225	-768	37880	-4145	10535	9	38.5	92	0.9	-2.0	0.00
綿花	40890	2569	25000	35	5265	8	42.1	93	1.3	9.9	0.00
生牛	6404	402	23296	3572	1956	9	43.5	92	1.1	1.7	0.00
銅	4475	281	26763	10338	8225	9	43.1	91	1.1	1.0	0.00
砂糖	-1546	-97	12690	2811	1176	7	41.4	90	1.0	-0.7	0.00
オレンジジュース	-2123	-133	30323	-2858	5070	9	40.6	93	1.0	-0.4	0.00
灯油	-19055	-1197	51509	-1436	26737	10	34.4	93	0.9	-2.2	0.00
原油	31840	2000	21850	-6120	17650	9	50.3	91	1.2	7.9	0.00
天然ガス	116760	7493	51400	18200	33280	9	48.3	92	1.5	13.0	0.00
銀	-32685	-2054	41815	-16475	22675	8	39.4	97	1.1	-4.6	0.00

	純損益	最大DD	日付	トレード数	市場時間	必要平均証拠金	年次損益x10÷最大DD	%Gain/Mr+DD	%Gain/20%DD
過去6カ月	41962	28321	20050913	69	100	30623		137.3	
過去12カ月	-14672	96595	20050630	136	100	30097		-11.3	
年平均	27133	51913	Avg. Hi 15	128	100	29904		32.0	
トータル	431862	113194	20050630	2035	100	29904	2.4	18.6	4.8

グラフ1　DCS2の資産曲線（1986年～）

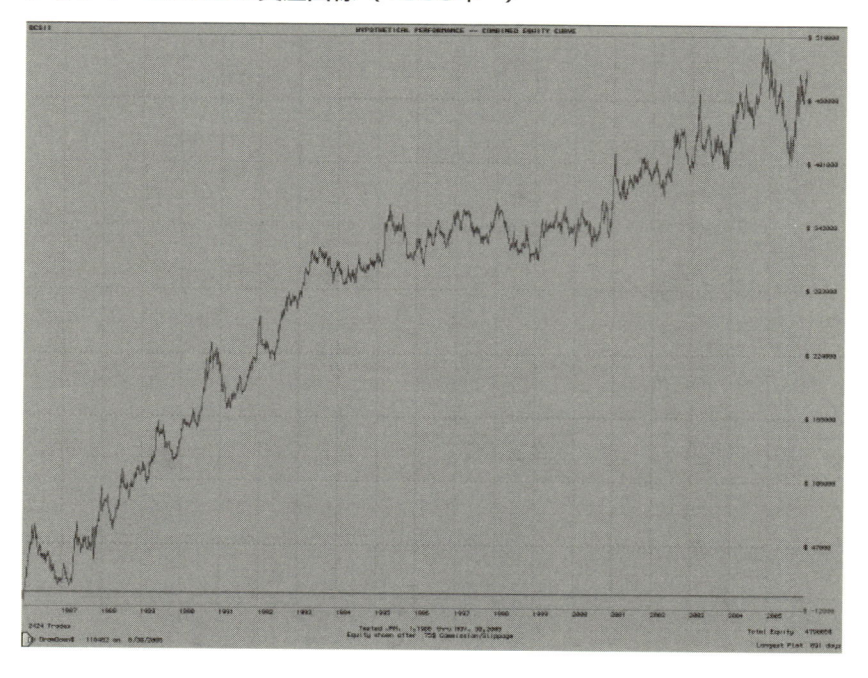

全体的なパフォーマンスは良いが、ドローダウンを見ると大概のトレーダーはこのシステムでトレードしたがらないだろう。そこで重要になるのがポートフォリオの構成だ。私の経験によれば、ほとんどのトレンドフォローシステム（DCS2もトレンドフォロワー）はエネルギー、通貨、エキゾチック、金融以外ではあまりうまくいかない。肉、金属、穀物はこのシステム向きではない。これは貴重な情報だが、10万ドルのドローダウンを喫した今では役に立たない。この情報が1990年に入手できたとしたらどうなっていただろう。**表5**はDCS2の1975年（取引が開始されてから）から1989年までのパフォーマンスを示したものだ。

表5　DCS2（検証期間── 1975年～1989年）

	総損益	年次平均損益	最大DD	過去12カ月の損益	過去12カ月のDD	年間トレード数	勝率	市場時間	勝ち:負け	%Gain/Mr+DD	シャープレシオ
Tボンド	-1480	-122	37850	-1360	10120	8	40.7	87	1.0	-0.3	0.00
Tノート	10270	1354	18220	-6030	9010	7	41.8	87	1.2	6.9	0.00
英ポンド	129088	8852	26131	2888	12500	6	58.0	89	2.2	32.1	0.00
日本円	81150	6323	14613	5138	14613	6	55.1	85	2.7	37.7	0.00
スイスフラン	99300	6809	15388	3063	15388	6	47.3	91	2.3	39.6	0.00
ユーロ通貨（DM）	134213	9203	24313	6700	24313	6	53.3	87	2.3	34.3	0.00
大豆	90860	4293	26315	-1280	6460	8	44.9	89	1.7	15.5	0.00
綿花	48050	2786	23705	5610	5045	8	47.0	89	1.4	11.3	0.00
生牛	10996	557	14124	-860	2920	9	43.2	93	1.1	3.8	0.00
銅	35675	2088	15813	-6950	13325	7	44.4	89	1.4	11.6	0.00
砂糖	107162	6212	17696	-3662	5902	7	50.0	86	2.5	33.8	0.00
オレンジジュース	11978	698	16808	10178	3315	9	48.6	90	1.2	3.9	0.00
灯油	23772	2358	23600	9530	6439	9	44.2	93	1.3	9.2	0.00
原油	16660	2631	13560	6910	3270	9	51.9	92	1.6	15.5	0.00
天然ガス	0	0	0	0	0	0	0.0	0	0.0	0.0	0.00
銀	162830	9394	92600	3135	4385	7	45.6	87	1.8	9.9	0.00

	純損益	最大DD	日付	トレード数	市場時間	必要平均証拠金	年次損益×10÷最大DD	%Gain/Mr+DD	%Gain/20%DD
過去6カ月	-17269	51265	19891026	65	98	23814		-44.3	
過去12カ月	29797	65051	19891026	127	99	24295		32.5	
年平均	45173	35121	Avg. Hi 21	77	100	15279		73.0	
トータル	959932	69382	19800324	1642	100	15279	6.5	47.0	13.0

　これは市場がトレンド相場であった古き良き時代のパフォーマンスだ。1990年1月1日にこれらの結果に基づいてポートフォリオを構築しなければならなかったとすれば、銀、生牛、Tボンドを外していただろう。そのほかの市場は良い結果を出している。このポートフォリオは通貨の比率が大きいため、英ポンドとユーロ通貨（DM）の比率

を減らし、1990年には存在していなかった天然ガスは外す。今にして思えば大豆も外すべきだったが、1990年にはこの市場は最高のパフォーマーの1つだった。それでは構成を変えたポートフォリオでのパフォーマンスを見てみよう。

表6　DCS2による選ばれた銘柄によるポートフォリオ（検証期間──1990年から現在）

	総損益	年次平均損益	最大DD	過去12カ月の損益	過去12カ月のDD	年間トレード数	勝率	市場時間	勝ち／負け	%Gain/Mr+DD	シャープレシオ
Tボンド	31570	1983	14760	-5760	9490	7	50.0	88	1.4	12.2	0.00
日本円	94750	5953	33250	10475	5813	7	50.0	91	1.7	16.8	0.00
スイスフラン	50550	3176	23363	-5725	10263	7	48.6	87	1.4	12.6	0.00
大豆	-12225	-768	37880	-4145	10535	9	38.5	92	0.9	-2.0	0.00
綿花	40890	2569	25000	35	5265	8	42.1	93	1.3	9.9	0.00
銅	4475	281	26763	10338	8225	8	44.9	91	1.1	1.0	0.00
砂糖	-1546	-97	12690	2811	1176	7	41.4	90	1.0	-0.7	0.00
オレンジジュース	-2123	-133	30323	-2858	5070	9	40.6	93	1.0	-0.4	0.00
灯油	-19055	-1197	51509	-1436	26737	10	34.4	93	0.9	-2.2	0.00
原油	31840	2000	21850	-6120	17650	9	50.3	91	1.2	7.9	0.00
	純損益	最大DD	日付	トレード数	市場時間	必要平均証拠金	年次損益×10÷最大DD	%Gain/Mr+DD	%Gain/20%DD		
過去6カ月	29018	22321	20050912	43	100	16084		147.3			
過去12カ月	-2306	52527	20050630	85	100	15684		-3.3			
年平均	13736	29677	Avg. Hi 15	81	100	15599		29.4			
トータル	218629	64612	19910416	1286	100	15599	2.1	16.8	4.3		

　新しい構成のポートフォリオでは利益は減少しているが、最大ドローダウンはおよそ半分に減っている。この新しい構成のポートフォリオは利益・ドローダウン比率は同じだが、リスクは減少した。良いシステムは往来するが、けっして死ぬことはないことをDCS2は証明している。市場はその性質を変えることもDCS2は証明してくれた。その好例が大豆だ。大豆は1969年から1990年まではトレンド相場だが、1990年から現在にかけてはトレンドは大きな反転とともに終焉した。もし今新しいポートフォリオを構築するのであれば、大豆はその構成から外すだろう。しかし、これをやった途端にマーフィーの法則が働いて、大豆はすぐに元のさやに戻るだろう。残念ながら、システムの実績を見る以外にポートフォリオを選ぶ手立てはない。私の考えでは、良いポートフォリオは多くのセクターを含み、正からまずまずの期待

値を持つ市場を含むものだ。1990年の検証ではＴノートはあまり良い結果を示さなかったが、Ｔボンドを外したので、金融セクターのものを含める必要があった。するとどうだろう。Ｔノートは良い市場の１つになっていたのだ。

　1980年代後半、リー・ゲッテスはボラティリティとパターン認識に基づくS&Pデイトレードシステム、ボルパットを開発した。これには多くのトレードシステムの基礎となる２つの概念が含まれていた。今日のS&P市場は80年代とはまったく異なり、この間に開発されたほとんどのシステムは今では機能しないことを多くのトレーダーは知っている。**グラフ２**を見て、80年代のシステムが90年代後半からこの10年にかけて機能したかどうかを見極めてもらいたい。

グラフ２

　1996年、私は『フューチャーズ・マガジン』誌のためにダイナミッ

クブレイクアウト・システム（DBS）を開発した。これは「適応エンジン」をコアとして開発したものだ。このエンジンは単純なドンチャン・ブレイクアウトの長さに合わせるためにボラティリティを使う。イージーランゲージのコードは以下のとおりである。

{Dynamic Break Out by George Pruitt

Inputs: ceilingAmt(60),floorAmt(20);
Vars: lookBackDays(20),todayVolatility(0),yesterDayVolatility(0),deltaVolatility(0);
Vars: buyPoint(0),sellPoint(0);

todayVolatility = StdDev(Close,30);
yesterDayVolatility = StdDev(Close[1],30); {See how I offset the function call to get yesterday's value}
deltaVolatility = (todayVolatility - yesterDayVolatility)/todayVolatility;
lookBackDays = lookBackDays * (1 + deltaVolatility);
lookBackDays = Round(lookBackDays,0);
lookBackDays = MinList(lookBackDays,ceilingAmt); {Keep adaptive engine
within bounds}
lookBackDays = MaxList(lookBackDays,floorAmt);

buyPoint = Highest(High,lookBackDays);
sellPoint = Lowest(Low,lookBackDays);

Buy("DBS Buy") tomorrow at buyPoint stop;

Sell("DBS Sell") tomorrow at sellPoint stop;

表7はダイナミックブレイクアウト・システムの分散化したポートフォリオに対する1996年から現在までのパフォーマンスを示したものだ。

表7　ダイナミックブレイクアウト・システム（検証期間──1996年～現在）

	総損益	年次平均損益	最大DD	過去12カ月の損益	過去12カ月のDD	年間トレード数	勝率	市場時間	勝ち／負け	%Gain/Mr+DD	シャープレシオ
Tボンド	-5790	-649	39670	-4670	7060	10	40.2	100	0.9	-1.5	0.00
Tノート	-2206	-247	27300	-1850	7763	9	40.5	100	1.0	-0.9	0.00
英ポンド	34088	3823	47600	9500	5813	9	44.0	100	1.3	7.7	0.00
日本円	7163	803	24075	163	12088	9	45.2	100	1.1	3.1	0.00
スイスフラン	30250	3425	24038	3850	12575	10	38.4	100	1.2	12.9	0.00
ユーロ通貨（DM）	20360	2283	12170	2170	5750	9	39.5	100	1.3	16.6	0.00
大豆	18920	2122	15040	-5860	7230	9	45.7	100	1.3	12.8	0.00
綿花	11952	1340	11712	-676	4784	11	40.2	100	1.3	10.9	0.00
生牛	33920	3804	21960	4230	16500	12	41.7	100	1.4	15.0	0.00
銅	8581	962	29971	-2100	21202	12	38.5	100	1.1	3.0	0.00
砂糖	11255	1262	14415	70	6785	12	41.1	100	1.1	8.0	0.00
オレンジジュース	8790	986	16085	-1485	6965	11	40.4	100	1.1	5.8	0.00
灯油	-2063	-231	29525	5838	7675	11	38.4	100	1.0	-0.7	0.00
原油	-21825	-2448	26238	-6538	7413	12	33.3	100	0.6	-9.1	0.00
天然ガス	-988	-111	9488	-2513	4525	11	35.8	100	1.0	-1.1	0.00
銀	-3002	-337	13362	2083	1602	10	37.6	100	0.9	-2.4	0.00

	純損益	最大DD	日付	トレード数	市場時間	必要平均証拠金	年次損益×10÷最大DD	%Gain/Mr+DD	%Gain/20%DD
過去6カ月	16700	50603	20050916	88	100	26193		43.5	
過去12カ月	4985	50603	20050916	173	100	26193		6.5	
年平均	16702	45781	Avg. Hi 8	168	100	26166		23.2	
トータル	148930	84846	20000609	1496	100	26166	2.0	15.0	3.9

この20年で『フューチャーズ・トゥルース』誌は、薄いニュースレターのようなものからニューススタンドに並ぶ品質の雑誌へと様変わりした。雑誌の95％は社内で4色のプリンターを使って作成される。1989年に私が入社したころは、62のシステムのパフォーマンスを印刷するのにコピー機を使っていたが、のちにゲステットナーの謄写機を購入した。これは見栄えはよいが、インクが乾くのに数日を要した。2001年までこれを使った。次の写真は『フューチャーズ・トゥルース』誌の表紙のコピーをである。次の20年もこの業界にとどまって、システムトレード業界に有益な情報を提供し続けたいと思っている。

1994 1998

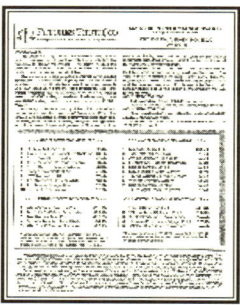

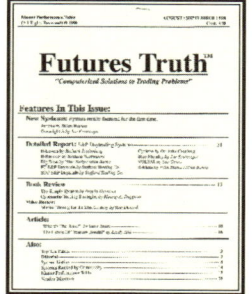

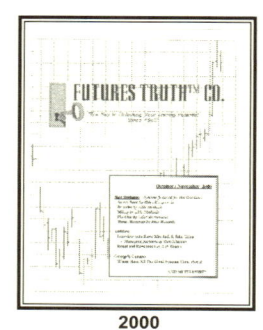

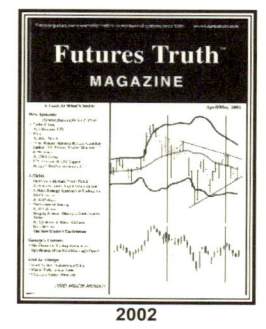

2000 2002

■著者紹介
ジョージ・プルート（George Pruitt）
フューチャーズ・トゥルースCTAの研究部長で、『フューチャーズ・トゥルース』誌の編集長。メカニカルシステムの開発、分析、実行およびトレーディングの25年の経験を持つ。1990年、コンピューターサイエンスの理学士の学位を取得してノースカロライナ大学アッシュビル校を卒業。副専攻は数学。数々の論文を『フューチャーズ』誌や『アクティブトレーダー』誌で発表してきた。『アクティブトレーダー』誌の2003年8月号では表紙を飾った。著書に『究極のトレーディングガイド』『勝利の売買システム』（いずれもパンローリング）がある。本書はプルートが12年にわたって『フューチャーズ・トゥルース』のために書いてきた論文や研究をまとめたもの。

■監修者紹介
長尾慎太郎（ながお・しんたろう）
東京大学工学部原子力工学科卒。日米の銀行、投資顧問会社、ヘッジファンドなどを経て、現在は大手運用会社勤務。訳書に『魔術師リンダ・ラリーの短期売買入門』『新マーケットの魔術師』『マーケットの魔術師【株式編】』（いずれもパンローリング、共訳）、監修に『高勝率トレード学のススメ』『フルタイムトレーダー完全マニュアル』『新版　魔術師たちの心理学』『コナーズの短期売買実践』『システムトレード　基本と原則』『一芸を極めた裁量トレーダーの売買譜』『裁量トレーダーの心得 初心者編』『裁量トレーダーの心得 スイングトレード編』『ラリー・ウィリアムズの短期売買法【第2版】』『コナーズの短期売買戦略』『株式売買スクール』『損切りか保有かを決める最大逆行幅入門』『続マーケットの魔術師』『アノマリー投資』『続高勝率トレード学のススメ』『グレアムからの手紙』『シュワッガーのマーケット教室』など、多数。

■訳者紹介
山下恵美子（やました・えみこ）
電気通信大学・電子工学科卒。エレクトロニクス専門商社で社内翻訳スタッフとして勤務したあと、現在はフリーランスで特許翻訳、ノンフィクションを中心に翻訳活動を展開中。主な訳書に『EXCELとVBAで学ぶ先端ファイナンスの世界』『リスクバジェッティングのためのVaR』『ロケット工学投資法』『投資家のためのマネーマネジメント』『高勝率トレード学のススメ』『勝利の売買システム』『フルタイムトレーダー完全マニュアル』『新版　魔術師たちの心理学』『資産価値測定総論1、2、3』『テイラーの場帳トレーダー入門』『ラルフ・ビンスの資金管理大全』『テクニカル分析の迷信』『タープ博士のトレード学校　ポジションサイジング入門』『アルゴリズムトレーディング入門』『クオンツトレーディング入門』『スイングトレード大学』『コナーズの短期売買実践』『ワン・グッド・トレード』『FXメタトレーダー4 MQLプログラミング』『ラリー・ウィリアムズの短期売買法【第2版】』『損切りか保有かを決める最大逆行幅入門』『株式超短期売買法』『プライスアクションとローソク足の法則』（以上、パンローリング）、『FORBEGINNERSシリーズ90　数学』（現代書館）、『ゲーム開発のための数学・物理学入門』（ソフトバンク・パブリッシング）がある。

2013年11月2日　初版第1刷発行

ウィザードブックシリーズ ㉑

トレードシステムはどう作ればよいのか 1
―― トレーダーが最も知りたい検証のイロハ

著　者	ジョージ・プルート
監修者	長尾慎太郎
訳　者	山下恵美子
発行者	後藤康徳
発行所	パンローリング株式会社

〒 160-0023　東京都新宿区西新宿 7-9-18-6F
TEL 03-5386-7391　FAX 03-5386-7393
http://www.panrolling.com/
E-mail　info@panrolling.com

編　集	エフ・ジー・アイ（Factory of Gnomic Three Monkeys Investment）合資会社
装　丁	パンローリング装丁室
組　版	パンローリング制作室
印刷・製本	株式会社シナノ

ISBN978-4-7759-7178-9

落丁・乱丁本はお取り替えします。
また、本書の全部、または一部を複写・複製・転訳載、および磁気・光記録媒体に
入力することなどは、著作権法上の例外を除き禁じられています。

本文　©Emiko Yamashita／図表　© Pan Rolling　2013 Printed in Japan

システムトレードの達人たちに学ぶ
プログラミング編

ロバート・パルド（Robert Pardo）

使えるシステムの判断法

トレーディング戦略の設計・検証のエキスパートして知られ、プロのマネーマネジャーとしても長い経歴を持つ。マネーマネジメント会社であるパルド・キャピタル・リミテッド（PCL）をはじめ、コンサルティング会社のパルド・グループ、独自の市場分析サービスを提供するパルド・アナリティックス・リミテッドの創始者兼社長でもある。ダン・キャピタルとの共同運用でも知られているパル殿提唱したウォークフォワードテスト（WFT）はシステムの検証に革命をもたらした。トレーディングの世界最大手であるゴールドマンサックス、トランスワールド・オイル、大和証券でコンサルタントを勤めた経験もある。

アルゴリズムトレーディング入門
ウィザードブックシリーズ 167

定価 本体7,800円+税　ISBN:9784775971345

トレーディングアイデアを、検証、適正な資金配分を経て、利益の出る自動化トレーディング戦略に育て上げるまでの設計図。

アート・コリンズ（Art Collins）

シュワッガーに負けないインタビュアー

ロバート・パルドとも親しいアート・コリンズは、1986年から数多くのメカニカルトレーディングシステムの開発を手掛け、またプロトレーダーとしても大きな成功を収めている。1975年にノースウエスタン大学を卒業し、1989年からシカゴ商品取引所（CBOT）の会員、また講演者・著述家でもある。著書には『マーケットの魔術師【大損失編】』などがある。

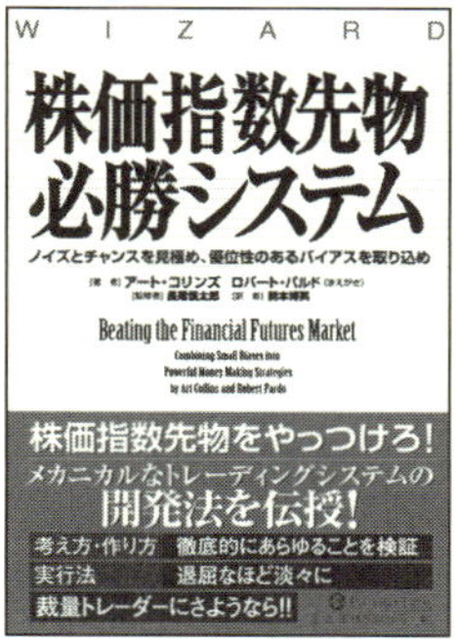

株価指数先物必勝システム
ウィザードブックシリーズ 137

定価 本体5,800円+税
ISBN:9784775971048

マーケットの魔術師 システムトレーダー編
ウィザードブックシリーズ 90

定価 本体2,800円+税
ISBN:9784775970522

ジョン・R・ヒル

トレーディングシステムのテストと評価を行う業界最有力ニュースレター『フューチャーズ・トゥルース（Futures Truth）』の発行会社の創業者社長。株式専門テレビ CNBC のゲストとしてたびたび出演するほか、さまざまな投資セミナーの人気講師でもある。オハイオ州立大学で化学工学の修士号を修得。

システム検証人

ウィザードブックシリーズ54

究極のトレーディングガイド

定価 本体4,800円+税　ISBN:9784775970157

全米一の投資システム分析家が明かす「儲かるシステム」

この『究極のトレーディングガイド』は多くのトレーダーが望むものの、なかなか実現できないもの、すなわち適切なロジックをベースとし、安定した利益の出るトレーディングシステムの正しい開発・活用法を教えてくれる。最近のトレードの爆発的な人気を背景に、多くのトレーダーはメカニカル・トレーディングシステムを使いたいと思っている。その正しい使い方をマスターすれば、これほど便利なツールはほかにない。

あなたのトレード成績を向上させる秘訣がこの本にある！

- トレーディングシステムベスト10から優秀なシステムを紹介
- トレンドやパターンについても解説　本書であなたのシステムは進化する

本書P.363で紹介されているシステムポートフォリオの例

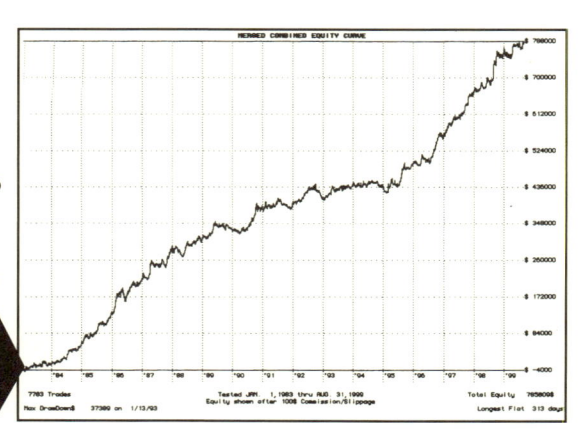

リシ・K・ナラン

短期クオンツアルファ戦略を専門とする代替投資運用会社であるテレシス・キャピタル LLC の創設者兼社長。サンタ・バーバラ・アルファ・ストラテジーズ社では役員および共同ポートフォリオマネジャーを務め、1999年から2002年まではクオンツヘッジファンド、トレードワークス社の共同創設者兼社長を務めた。カリフォルニア大学バークレー校・経済学部卒。

ウィザードブックシリーズ171

クオンツトレーディング入門
規律と秩序で戦略を自動化するための手法

定価 本体4,800円+税　ISBN:9784775971383

「ブラックボックス」は「クリアボックス」だった!?

クオンツトレーディング戦略はまたの名を「ブラックボックス」ともいい、説明が難しく、理解しづらいというのが世間一般の見方だ。確かにこのアプローチにはある程度の複雑さはある。しかし、正しいガイダンスに従えば、障害を乗り越え、この分野で秀でることも不可能ではない。難しい数式などは一切使わず、実例や役立つエピソードをふんだんに織り込んだ本書は、普通の人にも理解しやすい。

あなたの「知りたい」に答えます

- クオンツはどのようにしてアルファを獲得するのか
- 理論駆動型システムとデータマイニング戦略の違い
- クオンツはリスクをどのようにモデル化するのか
- クオンツトレーディングから投資全般について何を学ぶことができるのか

この数年における厳しい市場環境と、ヘッジファンドやクオンツファンドを取り巻く否定的な見方を考えると、クオンツトレーディングの実態を理解することが今ほど必要とされているときはない。本書で提供した枠組みは、クオンツ戦略への理解を高め、成功するクオンツ戦略を見分け、自分のポートフォリオにクオンツ戦略をどのように組み込むべきかを理解する一助となり、投資プロセスのパフォーマンスを向上させるための良き水先案内人となるだろう。

システムトレード関連書籍

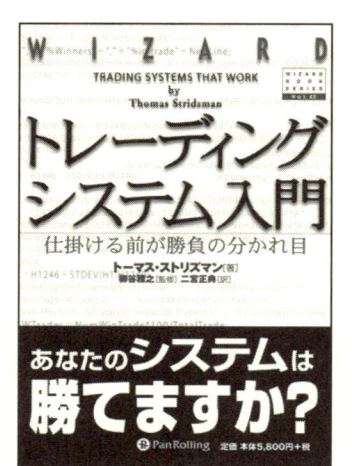

ウィザードブックシリーズ42
トレーディングシステム入門
著者:トーマス・ストリズマン

定価 本体5,800円+税　ISBN:9784775970034

仕掛ける前に勝負はすでに決着がついている!
巨額のマネーを動かす機関投資家であろうと、ポケットマネーの身銭を切って戦う個人投資家であろうと、成功と失敗の分かれ目は、結局、あなたが構築したトレーディングシステムにかかっている。トレーディングの運命を任せるに足るシステムと考え抜かれた戦略的トレーディングシステムの設計方法について、すべてを網羅した画期的書籍!

ウィザードブックシリーズ11
売買システム入門
著者:トゥーシャー・シャンデ

定価 本体7,800円+税　ISBN:9784939103315

「勝つトレーディング・システム」の全解説!
トレーディング上のニーズに即した「実際的な」システムの構築法。図表や数々の例を用いて、トレードの基本、新しいシステム、資金残高曲線分析、マネーマネジメント、データスクランブルなどについて、深く言及。

ウィザードブックシリーズ63
マーケットのテクニカル秘録
著者:チャールズ・ルボー、デビッド・ルーカス

定価 本体5,800円+税　ISBN:9784775970256

コンピュータートレーディングの決定版!
今日の先物取引では、インターネットを通じ手ごろな価格でデータにアクセスできる。広範囲のテクニカル指標を表示することができる優れた最新ソフトを使えば、データ分析を即座に、効率的に行うことができる。

システムトレード関連書籍

ウィザードブックシリーズ183
システムトレード 基本と原則
著者:ブレント・ペンフォールド

定価 本体4,800円+税　ISBN:9784775971505

あなたは勝者になるか敗者になるか？
勝者と敗者を分かつトレーディング原則を明確に述べる。トレーディングは異なるマーケット、異なる時間枠、異なるテクニックに基づく異なる銘柄で行われることがある。だが、成功しているすべてのトレーダーをつなぐ共通項がある。トレーディングで成功するための普遍的な原則だ。
またそれらを裏付ける成功した幅広いトレーダーたちの珍しいインタビューを掲載。

システムトレード発見のポイント
著者:斉藤正章

定価 本体2,800円+税　ISBN:9784775991206

売買ルールの着眼点から
売買ポートフォリオの最適化まで
現在の知識と経験を積み重ねた状態で、その「遠回り」を整理してみると、必要ないくつかの「ポイント」さえ押さえておけば、それほどの時間をかけずに実運用に耐えられるものができるのではないか。

使える売買システム判別法
著者:山本克二

定価 本体28,000円+税　ISBN:9784775990971

確率統計で考えるシステムトレード入門
システムトレードで最も重要なのは、「これまでの実績」ではない。「これからの実力」を見極め、"常勝チームの監督"になることだ。
エクセルで実力を見極め強力なポートフォリオをつくり、許容リスクのなかで最高のリターンを期待できる組み合わせを探る。

システムトレード関連書籍

ウィザードブックシリーズ138
トレーディングエッジ入門

著者:ボー・ヨーダー

定価 本体3,800円+税　ISBN:9784775971055

統計的、戦略的なエッジを味方につけて、「苦労しないで賢明にトレードする」秘密

エッジがなければ、トレーディングはそのコストによって長期的には損失になる。トレーディングのエッジを獲得するためには、マーケットのなかで統計的に優位な「何か」を探さなければならない。そして、最高のエッジは、トレーダー心理が引き起こすマーケットの転換期に現れる。

ウィザードブックシリーズ119
フルタイムトレーダー完全マニュアル

著者:ジョン・F・カーター

定価 本体3,800円+税　ISBN:9784775963302　63分

相場で生計を立てるための全基礎知識

初期の学習曲線を素早く乗り越えて、儲かるフルタイムトレーダーへの近道を模索するトレーダーに格好の書。
トレードに必要なすべてを余すことなく、かつ分かりやすく伝える。

ウィザードブックシリーズ159
ロジカルトレーダー

著者:マーク・B・フィッシャー

定価 本体5,800円+税　ISBN:9784775971260

超短期のトレードから
ポジショントレードまで応用可能!

エゴを捨てる、ギャンブル理論、「次!」などの概念を組み合わせれば、ACDシステムはあらゆるトレードスタイルや理論にも応用できる。

ラリー・R・ウィリアムズ

10000%の男

ウィザードブックシリーズ 196
ラリー・ウィリアムズの短期売買法【第2版】
投資で生き残るための普遍の真理

定価 本体7,800円+税　ISBN:9784775971611

短期システムトレーディングのバイブル！
読者からの要望の多かった改訂「第2版」が10数年の時を経て、全面新訳。直近10年のマーケットの変化をすべて織り込んだ増補版。日本のトレーディング業界に革命をもたらし、多くの日本人ウィザードを生み出した教科書！

ウィザードブックシリーズ97
ラリー・ウィリアムズの「インサイダー情報」で儲ける方法
定価 本体5,800円+税　ISBN:9784775970614

"常勝大手投資家"コマーシャルズについて行け！ラリー・ウィリアムズが、「インサイダー」である「コマーシャルズ」と呼ばれる人たちの秘密を、初めて明かした画期的なものである。

ウィザードブックシリーズ 65
ラリー・ウィリアムズの株式必勝法
定価 本体7,800円+税　ISBN:9784775970287

正しい時期に正しい株を買う。話題沸騰！
ラリー・ウィリアムズが初めて株投資の奥義を披露！
弱気禁物！上昇トレンドを逃すな！

ラルフ・ビンス

オプティマルfの生みの親

ウィザードブックシリーズ 151
ラルフ・ビンスの資金管理大全

定価 本体12,800円+税　ISBN:9784775971185

**最適なポジションサイズと
リスクでリターンを最大化する方法**
リスクとリターンの絶妙なさじ加減で、トントンの手法を儲かる戦略に変身させる!!!資金管理のすべてを網羅した画期的なバイブル！

ローレンス・A・コナーズ

TradingMarkets.com の創設者兼CEO(最高経営責任者)。1982年、メリル・リンチからウォール街での経歴をスタートさせた。著書には、リンダ・ブラッドフォード・ラシュキとの共著『魔術師リンダ・ラリーの短期売買入門(ラリーはローレンスの愛称)』(パンローリング)などがある。

ウィザードブックシリーズ169
コナーズの短期売買入門

定価 本体4,800円+税　ISBN:9784775971369

短期売買の新バイブル降臨!
時の変化に耐えうる短期売買手法の構築法
世の中が大きく変化するなかで、昔も儲って、今も変わらず儲かっている手法を伝授。また、トレードで成功するために最も重要であると言っても過言ではないトレード心理について、決断を下す方法と自分が下した決断を完璧に実行する方法を具体的に学ぶ。

ウィザードブックシリーズ180
コナーズの短期売買実践

定価 本体7,800円+税　ISBN:9784775971475

システムトレーダーのバイブル降臨!
システムトレーディングを目指すトレーダーにとって、最高の教科書。トレーディングのパターンをはじめ、デイトレード、マーケットタイミングなどに分かれて解説された本書は、儲けることが難しくなったと言われる現在でも十分通用するヒントや考え方、システムトレーダーとしてのあなたの琴線に触れる金言にあふれている。

ウィザードブックシリーズ197
コナーズの短期売買戦略

定価 本体4,800円+税　ISBN:9784775971642

検証で分かった
トレーディング業界の常識は非常識!
何十年もかけて蓄えたマーケットに関する知恵、トレーディング業界で当然視されている多くの常識がまったくの間違いであることを、豊富な図表と検証で明らかにしている。

アル・ブルックス

1950年生まれ。医学博士で、フルタイムの個人トレーダーとして約20数年の経験を持つ。ニューイングランド地方の労働者階級出身で、トリニティ大学で数学の理学士号を修得。卒業後、シカゴ大学プリッツカー医科大学院に進学、ロサンゼルスで約10年間眼科医を開業していた。その後、独立したデイトレーダーとしても活躍。

ウィザードブックシリーズ 206

プライスアクショントレード入門
足1本ごとのテクニカル分析とチャートの読み方

定価 本体5,800円+税　ISBN:9784775971734

指標を捨てて、価格変動と足の動きだけに注視せよ
単純さこそが安定的利益の根源！ 複雑に組み合わされたテクニックに困惑する前に、シンプルで利益に直結するチャートパターンを習得しよう。 トレンドラインとトレンドチャネルライン、前の高値や前の安値の読み方、ブレイクアウトのダマシ、ローソク足の実体やヒゲの長短など、相場歴20年のトレーダーが体得した価格チャートの読み方を学べば、マーケットがリアルタイムに語りかけてくる仕掛けと手仕舞いのポイントに気づくことができるだろう。

ウィザードブックシリーズ 209

プライスアクションと
ローソク足の法則
足1本の動きから隠れていたパターンが見えてくる

定価 本体5,800円+税　ISBN:9784775971734

プライスアクションを極めれば、隠れたパターンが見えてくる！
トレードは多くの報酬が期待できる仕事だが、勤勉さと絶対的な規律が求められる厳しい世界である。成功を手にするためには、自分のルールに従い、感情を排除し、最高のトレードだけを待ち続ける忍耐力が必要だ。

アレキサンダー・エルダー

ウィザードブックシリーズ 9
投資苑
心理・戦略・資金管理

定価 本体5,800円+税　ISBN:9784939103285

現在14刷

世界12カ国語に翻訳され、各国で超ロングセラー!
精神分析医がプロのトレーダーになって書いた心理学的アプローチ相場本の決定版!成功するトレーディングには3つのM(マインド、メソッド、マネー)が肝心。投資苑シリーズ第一弾。

ウィザードブックシリーズ 50
投資苑がわかる203問

定価 本体2,800円+税　ISBN:9784775970119

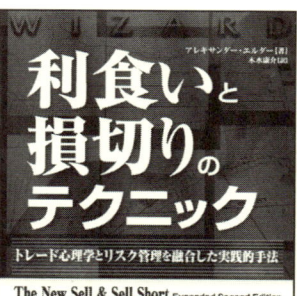

ウィザードブックシリーズ 56
投資苑2

定価 本体5,800円+税　ISBN:9784775970171

ウィザードブックシリーズ 120
投資苑3

定価 本体7,800円+税　ISBN:9784775970867

ウィザードブックシリーズ 57
投資苑2　Q&A

定価 本体2,800円+税　ISBN:9784775970188

ウィザードブックシリーズ 121
投資苑3　スタディガイド

定価 本体2,800円+税　ISBN:9784775970874

ウィザードブックシリーズ 194
利食いと損切りのテクニック
トレード心理学とリスク管理を融合した実践的手法

定価 本体3,800円+税　ISBN:9784775971628

自分の「売り時」を知る、それが本当のプロだ!
「売り」を熟知することがトレード上達の秘訣。
出口戦術と空売りを極めよう!
『投資苑』シリーズでも紹介されている要素をピンポイントに解説。多くの事例が掲載されており、視点を変え、あまり一般的に語られることのないテーマに焦点を当てている。

バン・K・タープ博士

コンサルタントやトレーディングコーチとして国際的に知られ、バン・タープ・インスティテュートの創始者兼社長でもある。これまでトレーディングや投資関連の数々のベストセラーを世に送り出してきた。講演者としても引っ張りだこで、トレーディング会社や個人を対象にしたワークショップを世界中で開催している。またフォーブス、バロンズ、マーケットウイーク、インベスターズ・ビジネス・デイリーなどに多くの記事を寄稿している。

新刊発売予定!

ウィザードブックシリーズ 134

新版 魔術師たちの心理学
トレードで生計を立てる秘訣と心構え

定価 本体2,800円+税　ISBN:9784775971000

秘密を公開しすぎた

ロングセラーの大幅改訂版が(全面新訳!!)新登場。儲かる手法(聖杯)はあなたの中にあった!!あなただけの戦術・戦略の編み出し方がわかるプロの教科書!「勝つための考え方」「期待値でトレードする方法」「ポジションサイジング」の奥義が明らかになる!本物のプロを目指す人への必読書!

ウィザードブックシリーズ 160

タープ博士のトレード学校
ポジションサイジング入門

定価 本体2,800円+税　ISBN:9784775971277

普通のトレーダーがスーパートレーダーになるための自己改造計画

『新版 魔術師たちの心理学』入門編。
「自己分析」→「自分だけの戦略」→「最適サイズでトレード」
タープが投げかけるさまざまな質問に答えることで、トレーダーになることについて、トレーダーであることについて、トレーダーとして成功することについて、あなたには真剣に考える機会が与えられるだろう。

| マーク・ダグラス | ブレット・スティーンバーガー | アリ・キエフ | ダグ・ハーシュホーン |

トレード心理学の四大巨人による
不朽不滅の厳選ロングセラー5冊！

トレーダーや投資家たちが市場に飛び込んですぐに直面する問題とは、マーケットが下がったり横ばいしたりすることでも、聖杯が見つけられないことでも、理系的な知識の欠如によるシステム開発ができないことでもなく、自分との戦いに勝つことであり、どんなときにも揺るがない規律を持つことであり、何よりも本当の自分自身を知るということである。つまり、トレーディングや投資における最大の敵とは、トレーダー自身の精神的・心理的葛藤のなかで間違った方向に進むことである。これらの克服法が満載されたウィザードブック厳選5冊を読めば、次のステージに進む近道が必ず見つかるだろう!!

ブレット・N・スティーンバーガー博士 (Brett N. Steenbarger)

ニューヨーク州シラキュースにある SUNY アップステート医科大学で精神医学と行動科学を教える准教授。自身もトレーダーであり、ヘッジファンド、プロップファーム（トレーディング専門業者）、投資銀行のトレーダーたちの指導・教育をしたり、トレーダー訓練プログラムの作成などに当たっている。

なぜ儲からないのか。自分の潜在能力を開花させれば、トレード技術が大きく前進することをセルフコーチ術を通してその秘訣を伝授！

**悩めるトレーダーのための
メンタルコーチ術**

定価 本体3,800円+税
ISBN:9784939103575

トレーダーの精神分析

定価 本体2,800円+税
ISBN:9784775970911

マーク・ダグラス (Mark Douglas)

トレーダー育成機関であるトレーディング・ビヘイビアー・ダイナミクス社社長。自らの苦いトレード体験と多くのトレーダーたちの経験を踏まえて、トレードで成功できない原因とその克服策を提示。最近は大手商品取引会社やブローカー向けに、心理的テーマや手法に関するセミナーを開催している。

本国アメリカよりも熱烈に迎え入れられた『ゾーン』は刊行から10年たった今も日本の個人トレーダーたちの必読書であり続けている!

ゾーン 14刷 オーディオブックあり
定価 本体2,800円+税
ISBN:9784939103575

規律とトレーダー 5刷 オーディオブックあり
定価 本体2,800円+税
ISBN:9784775970805

アリ・キエフ (Ari Kiev)

スポーツ選手やトレーダーの心理ケアが専門の精神科医。ソーシャル・サイキアトリー・リサーチ・インスティテュートの代表も務め、晩年はトレーダーたちにストレス管理、ゴール設定、パフォーマンス向上についての助言をし、世界最大規模のヘッジファンドにも永久雇用されていた。2009年、死去。

世界最高のトレーダーのひとりであるスティーブ・コーエンが心酔して自分のヘッジファンドであるSACキャピタルに無期限で雇った!

アリ・キエフのインタビューを収録!

トレーダーの心理学 2刷
定価 本体2,800円+税
ISBN:9784775970737

マーケットの魔術師 [株式編] 増補版
定価 本体2,800円+税
ISBN:9784775970232

ジェイソン・ウィリアムズ

ジョンズ・ホプキンス大学で訓練を受けた精神科医。下位専門分野として心身医学の研修も受けており、世界的に有名な人格検査NEO PI-Rについては共同開発者のひとりから実施方法と分析方法を直接学んだ。バージニア州北部在住で、精神科の入院患者と外来患者の両方を診療している。顧客のなかには、良い精神状態を保つことで資産の運用効率を最大にしたい富裕層も含まれている。

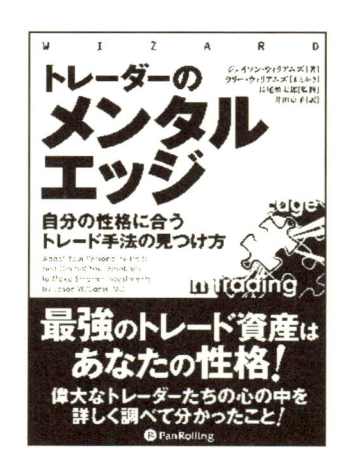

ウィザードブックシリーズ 210

トレーダーのメンタルエッジ
自分の性格に合うトレード手法の見つけ方

定価 本体3,800円+税　ISBN:9784775971772

**最強のトレード資産である
あなたの性格をトレードに活用せよ!
己を知ることからすべてが始まる!**

トレードには堅実な戦略と正確なマーケット指標が欠かせない。しかし、この2つがいざというときにうまく機能するかどうかは、その時点におけるあなたの心の状態で決まる。つまり、不利な状況で最高のトレードシステムが砂上の楼閣のごとく崩壊するかどうかは、あなた次第なのである。

トレードで長期的な成功を収めるためのカギ

- あなたにはシステムトレードと裁量トレードのどちらに向いているのかを見極める
- リスクを恐れる原因を理解することでそれを克服する
- 1日の初めにトレードに対する生来の不安を静める
- 利益率を上げるための「ツール」として楽観主義を利用する
- すべてのトレードについて仕掛ける理由を毎回慎重に考えることができる

■まえがき（ラリー・ウィリアムズ）

親というのは、自ら子供に人生の教訓を与えたいと思っている。そして、子供から学ぶことはあまりないと思っている。自分も同じ道を通ってきたからだ。私も親として、きっかけを見つけて道筋を示さなければならない、と思ってきた。ところが、息子のジェイソン・ウィリアムズが書いた本書を読んで、その考えは一変した。　私は、マーケットで50年近くトレードしているが、本書を読んで息子から教えられた。子供が先生になったのだ。…